特殊儿童康复训练与保健系列丛书

U0688508

手把手
教你做语言训练

第一册　发音训练

马红英　李　萍　陈建军　总 主 编

陈建军　马红英　　　　　本册主编

上海教育出版社
SHANGHAI EDUCATIONAL
PUBLISHING HOUSE

图书在版编目（CIP）数据

手把手教你做语言训练. 第一册，发音训练 / 陈建军，马红英主编；徐银秀，钱慧红副主编；徐银秀执行主编. — 上海：上海教育出版社，2024.7. —（特殊儿童康复训练与保健系列丛书）. — ISBN 978-7-5720-2546-4

Ⅰ. G762

中国国家版本馆CIP数据核字第2024FT8308号

本书编委会

总 主 编　马红英　李　萍　陈建军

编　　委（以姓氏笔画为序）

马占刚　马红英　刘　君　刘　轶　孙宏燕

杨　燕　李　萍　余　兆　张珏春　张蒉婧

陈建军　陈　嬿　范　敏　茅　娟　徐珍珍

徐银秀　钱慧红　殷　勤　彭云晖　虞明稚

分册编委会
第一册　发音训练

主　　编　陈建军　马红英

副 主 编　徐银秀　钱慧红

执行主编　徐银秀

编写人员　徐银秀　张蒉婧　孙宏燕　彭云晖　马占刚

陈建军　钱慧红

第二册　常用句式训练

主　　编　李　萍　马红英

副 主 编　范　敏　余　兆

执行主编　刘　君　张珏春

编写人员　刘　君　张珏春　陈　嬿　徐珍珍　范　敏

余　兆　马红英

第三册　情景对话训练

主　　编　李　萍　马红英

副 主 编　范　敏　余　兆

执行主编　杨　燕　茅　娟

编写人员　杨　燕　茅　娟　刘　轶　徐珍珍　殷　勤

虞明稚　李　萍

前　言

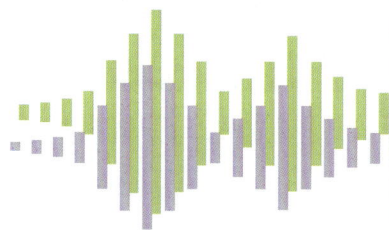

研究显示，儿童言语沟通障碍已经成为制约其学业发展、社会融入的核心障碍之一，对言语沟通障碍儿童进行早期干预刻不容缓。但是，目前针对言语沟通障碍儿童的系统干预的书籍少之又少。

《手把手教你做语言训练》（以下简称《语言训练》）是为教师和家长编写的言语沟通训练实训指导手册，旨在为使用者提供科学、系统的言语沟通训练方案。

训练内容

《语言训练》由三个分册构成。各册训练项目安排如下：

第一册：发音训练。包括发音生理功能训练和声母及韵母发音的训练项目 29 个。

第二册：常用句式训练。包括生活中常用单句和复句的训练项目 35 个。

第三册：情景对话训练。包括家庭、学校、社区情景对话训练项目 50 个。

编写思路

1. 《语言训练》依据《培智学校康复训练课程标准（2016 年版）》和《上海市辅读学校言语沟通训练课程指南（征求意见稿）》编写。训练内容涵盖了发音、常用句式、语用、会话技能等重要领域。

2. 根据儿童语言与认知发展规律来安排训练内容的顺序，努力体现儿童语言沟通能力的发展过程和儿童语言运用的基本需求。

3. 尽量创设沟通环境，通过真实的沟通场景、具体的沟通任务开展项目训练。基于此认识，《语言训练》依托儿童熟悉的生活情景设置沟通事件，以情景对话的方式，引导儿童认识语境，表达需求，遵守会话原则，掌握固定的语言表达格式，提升儿童参与训练的兴趣。训练时，训练者只需引导儿童一步步完成书中布置的沟通任务，即可实现训练目标。

编写结构

《语言训练》除言语呼吸训练和口腔功能训练等5个项目外，其余训练项目的结构大致相同，每个项目的训练均由三个部分组成。

第一部分是给训练者的训前提示，包括能力准备和训练目标。"能力准备"是提示使用者在训练前对儿童完成本项目训练的先备条件进行评估，只有当儿童具备完成本目标的知识技能时，才能进入目标训练程序；"训练目标"则是提示使用者关于本项目的训练内容和要点。

第二部分呈现了项目训练的素材和程序，其中包括热身训练、项目训练（如发音训练、句式训练等）和拓展训练三个板块。"热身训练"是项目训练前的热身活动，旨在调动儿童兴趣，集中对相关知识技能的注意，为正式实施目标训练作铺垫；"项目训练"是言语沟通训练的主体，旨在通过专项训练促进儿童形成所训目标的能力；"拓展训练"则是项目训练的延伸，旨在引导儿童将通过本训练项目获得的技能及时迁移运用到具体的沟通场景中。

第三部分是训练结果评价和训练操作建议。"评价"根据训练目标设置的评价要点和目标达成要求进行，旨在帮助使用者及时了解儿童的训练效果，判断能否进入下一个训练项目的学习；"训练小贴士"是针对本项目的训练，从材料准备、训练重点、训练方法等维度提出的操作性建议。

统一的结构方便使用者把握训练目标、要点和步骤，但如果儿童有不同的训练基础和沟通习惯，使用者可以据此调整训练结构，设计个性化的训练程序。

适用对象

1. 训练对象：《语言训练》适用于构音障碍、句法发展迟缓、沟通困难等言语沟通障碍儿童的语言沟通干预训练，也可用于普通幼儿的语言游戏活动。

2. 使用人员：本书使用者为语言康复教师、特殊学校语言训练教师、普通学校资源教师、普通幼儿园语言教师及特殊儿童家长。

我们的希望

希望《语言训练》的出版能够丰富国内言语沟通障碍儿童训练的资源，为一线语言康复训练教师提供言语沟通干预实践指导，提升言语沟通障碍儿童的语言运用能力，满足家长对言语沟通障碍儿童交际能力发展的期待。

本书编写组

2023 年 12 月

简　介

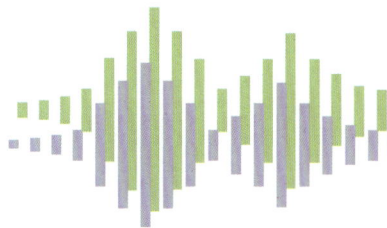

　　《手把手教你做语言训练》第一册《发音训练》包括发音生理功能训练和韵母、声母的发音训练两大部分。

　　发音生理功能训练包括：言语呼吸训练，下颌运动训练，唇运动训练，舌运动训练。言语呼吸训练旨在训练儿童发音时控制气流的能力，而下颌、唇、舌的运动训练旨在增强儿童发音器官的灵活性和协调性。在每个训练项目中，编者首先介绍相关的生理功能知识，提示训练者当儿童出现一些常见的异常情况时，可以选择相应的活动进行训练。每个训练项目都包括精心设计的5~8个训练活动，每个训练活动都设置了训练目标、训练材料、训练过程、训练小贴士、评价等板块，为训练者提供科学、清晰、可操作的训练方案。

　　韵母、声母发音训练包括6个单韵母、10个声母、4个复韵母和4个鼻韵母的发音训练。10个声母覆盖了双唇、唇齿、舌尖前、舌尖中、舌面和舌根等不同发音部位，以及塞音、擦音、塞擦音（送气、不送气）、边音、鼻音等不同发音方法的音；4个复韵母和4个鼻韵母则覆盖了前响、中响、后响等复韵母，以及前鼻韵母和后鼻韵母。训练者在遇到儿童有同类声母、韵母发音困难时，可参考相应的训练篇目。

　　每篇声母和韵母训练中都先呈现"能力准备"和"训练目标"。"能力准备"清晰地列出在实施该声母、韵母发音训练前儿童应具备的听辨音能力和口腔运动能力；"训练目标"指明了通过该发音训练后儿童应达到的能力水平。这两项内容分别指向训练的起点和终点，供训练者训练、评价时参考。每篇训练内容设计了热身训练、发音训练、拓展训练等板块，其中含有相应的训练要点和训练方法。值得注意的是，训练者在做热身训练时，除了可以采用"动一动"中的活动，必要时可参考发音生理功能训练项目对儿童的发音起点能力进行评价，以判断儿童发音的困难所在。篇末有评价表和训练小贴士。评价表方便训练者及时了解训练成效，训练小贴士是给使用者的训练建议和训练时的注意事项。

目　录

1 发音生理功能训练

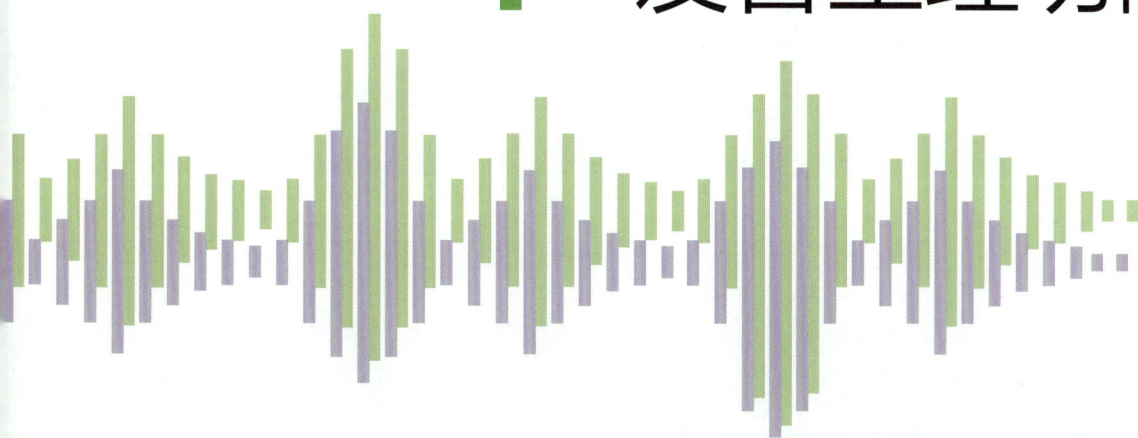

1.1 言语呼吸训练

儿童姓名 _____ 训练者 _____ 日期 _____

写在前面

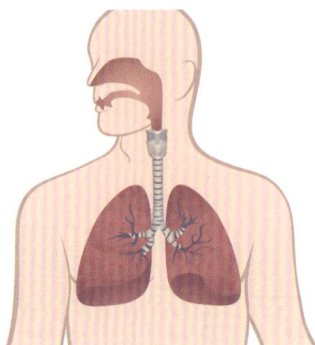

言语的产生离不开呼吸系统的支持。发音时需要有足量、稳定的气流呼出并撞击声带，经口腔、鼻腔各部分的调节，形成不同的语音。

针对儿童的呼吸训练一般包含呼吸放松训练、呼吸支持训练和呼吸与发声协调性训练。呼吸放松训练，可缓解、放松紧张的呼吸肌群；呼吸支持训练，主要针对因气息不足导致的说话声音小、句子长度短的儿童；呼吸与发声协调性训练，主要针对说话一字一顿、说话明显不连贯的儿童。

训练者可以根据儿童呼吸、发声障碍的情况，选择相应的活动内容进行训练。

问题与训练项目

☐ 呼吸功能异常，呼吸肌群紧张。·············· 活动一 活动二

☐ 非心理因素造成的说话声音小，
非认知因素造成的句子长度短、·············· 活动三 活动四
断句异常等。

☐ 说话一字一顿，明显不连贯。·············· 活动五 活动六

活动一　耸耸肩

训练目标

能在耸立与放下双肩时，配合吸气与呼气。

训练材料

镜子

训练过程

训练者在镜子前示范以下动作，儿童在镜子前模仿。

1. 双脚开立与肩同宽，双臂自然下垂。
2. 慢慢耸起双肩的同时吸气，保持3秒。
3. 迅速放下双肩的同时呼气。
4. 以上动作重复3次为一组，可练习3～5组。

训练小贴士

1. 可选择舒缓的轻音乐作为背景音乐，引导儿童在自然放松的状态下进行训练，注意呼吸与动作的配合。
2. 若儿童模仿耸肩动作有困难，训练者可调整指导语，如"耸起肩膀去找你的小耳朵"，或者直接用双手扶住儿童双臂上提，帮助儿童更好地理解动作要领。

活动二 伸手摘苹果

训练目标

能在上举与放下手臂时，配合吸气与呼气。

训练材料

镜子 苹果（实物或模型）

训练过程

训练者事先在举起手能够到的高处放置苹果，并在镜子前示范以下动作，模拟摘苹果，儿童在镜子前模仿。

1. 站立，双臂自然下垂。
2. 慢慢吸气的同时举起左侧手臂至最高点摘苹果。摘下苹果后，慢慢呼气的同时放下左手臂，回到原位。
3. 同样的方法，举起右手臂摘苹果并放下。
4. 左右手臂交替进行以上动作，连续 3 次为一组，可练习 3～5 组。

训练小贴士

1. 可以选择舒缓的轻音乐作为背景音乐，引导儿童在自然放松的状态下进行训练，注意呼吸与动作的配合。
2. 可以根据儿童的喜好，将苹果换成橘子、葡萄或星星的图片等。

活动三 吹一吹

训练目标

1. 用鼻深吸气后，能快速用力地吹训练物品。
2. 用鼻深吸气后，能缓慢平稳地吹训练物品。

训练材料

蜡烛 悬浮球等

训练过程

训练者示范以下动作，儿童模仿。
1. 吹蜡烛

（1）用鼻深吸气后，快速用力吹灭点燃的蜡烛，连续吹 3 次为一组，可练习 3～5 组。
（2）用鼻深吸气后，缓慢平稳地吹蜡烛，使火苗抖动却不熄灭（让小火苗跳舞），连续吹 3 次为一组，可练习 3～5 组。

2. 悬浮球吹吹乐

（1）用鼻深吸气后，快速用力吹悬浮球，连续吹 3 次为一组，可练习 3～5 组。

（2）用鼻深吸气后，缓慢平稳地吹悬浮球，并使小球平稳地浮在空中，保持 3 秒，连续吹 3 次为一组，可练习 3～5 组。

训练小贴士

1. 为了增加训练的趣味性，训练者可与儿童同时进行吹一吹的练习，并将引导语调整为"我们来比一比，看谁先吹灭蜡烛"，"我们来看一看，谁的小球浮起来的时间更长"等。

2. 可根据儿童喜好替换训练材料，可以是肥皂泡、哨子、纸青蛙等。

活动四 持续平稳发长音 a

训练目标

深吸气后，能一口气持续平稳地发长音 a，保持 5 秒。

训练材料

写有拼音字母 a 的卡片

训练过程

训练者先示范发音，儿童模仿发音。

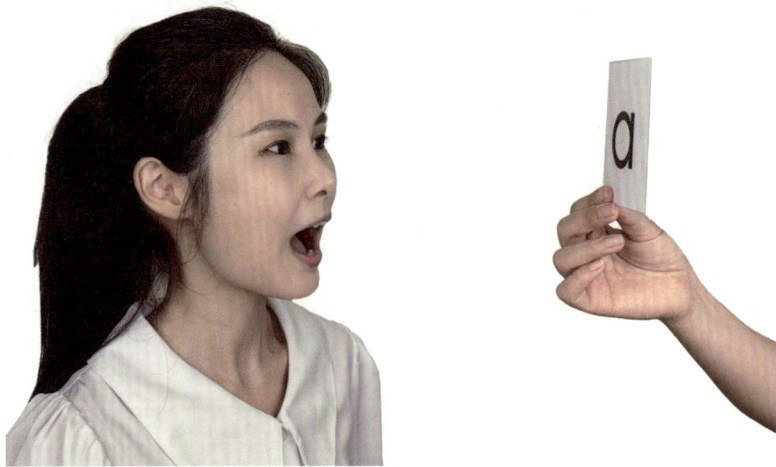

1. 训练者出示写有拼音字母 a 的卡片，示范发长音 a，保持 5 秒。同时将卡片从儿童面前向稍远处移动，通过卡片的缓慢匀速直线移动，提示儿童在发音时气息要保持平稳且连贯。
2. 引导儿童模仿发音。训练者可用手指在旁比画 1～5 来表示发音时长。发音要保持几秒钟，手指就比画相应的数字。

训练小贴士

1. 训练时须根据儿童的实际言语呼吸能力来设定训练目标。对于呼吸支持不足、发音急促、发音时长短的儿童，只要求其保持 1~2 秒即可。待发音能力稳定后，再逐步增加时长。

2. 为增加训练的趣味性，可以用开玩具车、滚球等方式，提示儿童发音时长。例如，指导语可以是"这是一辆声控小汽车。让我们用声音给小汽车加油吧""发音再长一些，让小汽车开得再远一些"。

3. 可将发音内容替换成其他单韵母，如 u、i 等。

活动五 一口气说完

训练目标

深吸气后，能一口气说完一句句子。

训练材料

与句子相关的图片，如苹果和西瓜的图片。

训练过程

训练者示范朗读句子，儿童跟读句子，逐字增加句子的长度。

苹果。

红苹果。

吃红苹果。

我吃红苹果。

我爱吃红苹果。

我吃红色的苹果。

我吃红色的大苹果。

瓜。

西瓜。

大西瓜。

一个大西瓜。

吃了一个大西瓜。

爸爸吃了一个大西瓜。

训练小贴士

1. 若儿童能顺利跟读，可尝试一口气快速朗读一句句子。
2. 若儿童能顺利朗读简单的句子，可尝试朗读复杂一点的句子。

活动六 摇头晃脑发 i 音

训练目标

深吸气后，转动头部，模仿戏腔连贯地变换音调发 i 音。

训练材料

写有拼音字母 i 的卡片

训练过程

1. 训练者在引导儿童发 i 音时，要求其转动头部，从低音到高音再到低音，循环发 i 音，连续发音 3~5 个循环为一组。

2. 引导儿童模仿发音。训练者可手持写有拼音字母 i 的卡片按图中轨迹移动，提示儿童体会发音时音调从低到高再到低，循环起伏、连贯变化的特点。

训练小贴士

1. 本训练活动主要针对个别发音器官紧张、呼吸发声不协调的儿童。转动头部发音能够在一定程度上改善儿童发音时发音器官紧张的状态，使其发音器官得到松弛。训练中，无需强调转头动作的准确度，让儿童尽可能在放松的状态下发音。

2. 训练时须根据儿童言语呼吸的实际能力设定训练目标。训练初期，建议先进行高低音变化的循环训练，儿童能连贯变调发音后，再逐步增加循环的次数。

3. 可将发音内容替换成其他单韵母或单音节词，如 u、mi 等。

评 价

评价内容	评价结果						备注
	__月__日	__月__日	__月__日	__月__日	__月__日	__月__日	
活动一							
活动二							
活动三							
活动四							
活动五							
活动六							

评价标准：A. 言语呼吸功能未见异常，能达到目标时间或次数。

B. 言语呼吸功能略显异常，仅能达到部分训练目标。

C. 言语呼吸功能异常，不能达到训练目标。

1.2 下颌运动训练

儿童姓名 _____ 训练者 _____ 日期 _____

写在前面

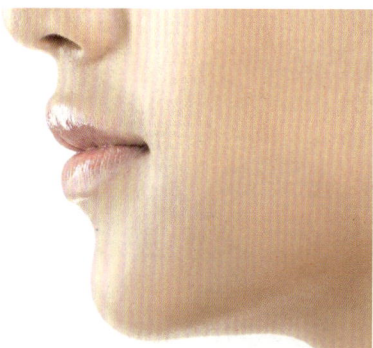

下颌是一个发音器官，它的运动幅度决定了发音时开口度的大小，而不同的开口度将形成不同的语音。在发音过程中，舌位的高低是由下颌的开闭决定的。即舌位高，下颌向上运动，开口度就小；舌位低，下颌向下运动，则开口度大。正常情况下，人说话时下颌是根据舌位的高低需求而向上或向下运动，但有些儿童因颌关节较紧或唇舌功能障碍等因素，导致下颌运动困难，影响了发音。训练者可以根据儿童在做下颌运动时存在的障碍，选择相应的活动内容进行训练。

问题与训练项目

☐ 嘴巴张不大。·· **活动一　活动四**

☐ 嘴巴闭拢困难。······································· **活动二　活动三**

☐ 下颌转换运动困难。································· **活动五**

☐ 咀嚼肌松弛，咀嚼困难。························· **活动二　活动六**

15

活动一　嘴巴开合

训练目标

1. 嘴巴能轻松充分张开，并保持 3 秒。
2. 嘴巴能张开再合上，并连续完成 3 组动作。

训练材料

镜子　医用手套

训练过程

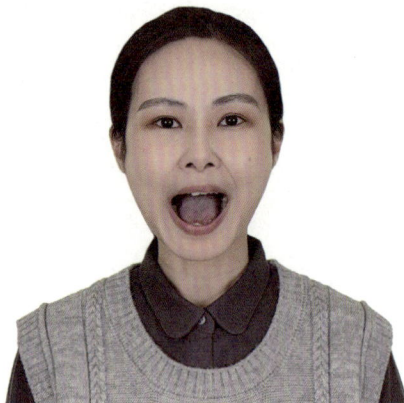

1. 张开嘴巴至最大状态，保持 3 秒。
2. 闭紧嘴巴。
3. 重复做以上动作 3 次。
4. 动作停止，放松。

训练小贴士

1. 若儿童嘴巴张开有困难，训练者可将拇指放在儿童下巴的位置慢慢向下拉，帮助儿童张开嘴巴至最大幅度。
2. 若儿童能力较强，可进一步要求其张开嘴巴保持 5 秒，或完成 5 组开合动作。

活动二　咬住雪糕棒

训练目标

能咬紧牙关，并保持 3 秒。

训练材料

镜子　医用手套　压舌板（可用消毒过的雪糕棒替代）

训练过程

1. 训练者将压舌板 / 雪糕棒横向平放在儿童下排门牙上。
2. 提示儿童上下齿咬紧压舌板 / 雪糕棒，训练者向外拉齿间物体。
3. 儿童咬紧牙关，保持 3 秒。
4. 停止动作，放松。

训练小贴士

1. 若儿童在咬紧牙关保持 3 秒期间放松，训练者可口头提示其咬紧。
2. 若儿童能力较强，可将要求提高为咬紧牙关保持 5 秒。

活动三 闭紧嘴巴

训练目标

能抗衡向下的拉力，嘴巴紧闭，并保持 3 秒。

训练材料

镜子　医用手套

训练过程

1. 训练者合上嘴巴，要求儿童模仿。
2. 训练者将拇指和食指分别放在儿童嘴角两边的下方，用适当的力气向下拉。儿童尽量紧闭嘴巴，保持 3 秒。
3. 停止动作，放松。

训练小贴士

1. 训练者可根据儿童情况调整拉力的大小。
2. 若儿童能力较强，训练者可将向下拉的时间延长至 5 秒。

活动四　张开嘴巴

训练目标

能抗衡向上的推力，嘴巴张开，并保持 3 秒。

训练材料

镜子　医用手套

训练过程

1. 训练者张开嘴巴，要求儿童模仿。
2. 训练者先用手固定儿童下颌，而后用适当的力气向上推。儿童尽量张开嘴巴，保持 3 秒。
3. 停止动作，放松。

训练小贴士

1. 训练者可根据儿童情况调整推力的大小。
2. 若儿童能力较强，训练者可将向上推的时间延长至 5 秒。

活动五 吃豆豆

训练目标

在外力作用下，下颌能向下、向上交替运动，并能连续完成 3 组动作。

训练材料

镜子 医用手套

训练过程

1. 播放吃豆豆的动画。训练者和儿童面对面，将大拇指放在儿童下颌缘上侧，食指弯曲，放在下颌缘下侧。
2. 训练者的大拇指向下用力，打开儿童的下颌。
3. 训练者的食指向上用力，闭合儿童的下颌。
4. 重复第二步和第三步的动作 3 次，模拟吃豆豆。
5. 停止动作，放松。

训练小贴士

若儿童能力较强，训练者可将要求提高为完成 5 组动作。

活动六　嚼一嚼

训练目标

儿童在模仿咀嚼动作时下颌松弛，自如运动。

训练材料

镜子　小饼干

训练过程

训练者在镜子前做以下动作，儿童在镜子前模仿。

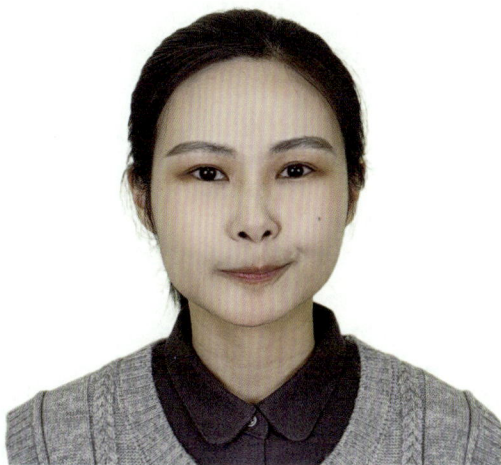

1. 将小饼干放入嘴巴咀嚼，然后吞咽。
2. 模仿咀嚼食物时的动作，注意下颌向四个方向的运动要到位。
3. 重复以上动作 3 次。
4. 停止动作，放松。

训练小贴士

1. 选用儿童喜欢的耐嚼食物或咀嚼棒进行训练。
2. 若儿童能力较强，训练者可跳过第一步，并将要求提高为完成 5 组动作。

评　价

评价内容	评价结果						备注
	__月__日	__月__日	__月__日	__月__日	__月__日	__月__日	
活动一							
活动二							
活动三							
活动四							
活动五							
活动六							

评价标准：A. 下颌能轻松、充分地运动，且能达到目标时间或次数。

B. 下颌能充分运动，但不能达到目标时间或次数。

C. 下颌运动受限，不能达到训练目标。

1.3 唇运动训练

儿童姓名 _____ 训练者 _____ 日期 _____

写在前面

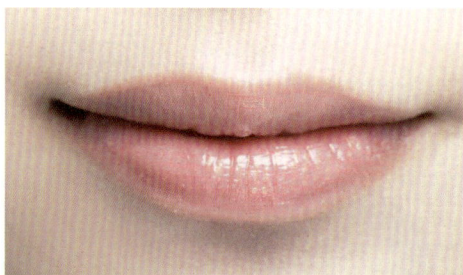

汉语中的有些元音及辅音（双唇音、唇齿音）的正确发音主要取决于唇的正确运动。唇通常有五种口部运动模式：展唇运动、圆唇运动、唇闭合运动、唇齿接触运动和唇的圆展交替运动。正常情况下，唇角能向两侧拉开，做微笑动作；双唇能拢圆/撮圆；口轮匝肌能收缩，使双唇闭合；上门牙能与下唇相碰；双唇还可以做圆唇和展唇的交替运动。训练者可以根据儿童在做唇运动时存在的障碍，选择相应的活动内容进行训练。

问题与训练项目

- ☐ 双唇难以闭合。……………………………… **活动一 活动二**
- ☐ 不会咧嘴；i 音构音障碍。……………………… **活动三**
- ☐ 不会嘟嘴；u 音构音障碍。…………………… **活动四 活动五**
- ☐ 上齿无法触碰下唇；f 音构音障碍。………… **活动六**
- ☐ 无法进行圆唇和展唇的交替运动。………… **活动七 活动八**

活动一　出声吻

训练目标

双唇能紧紧闭合，并保持 3 秒。

训练材料

镜子　医用手套

训练过程

训练者示范以下动作，儿童模仿。

1. 先将双唇紧闭，保持 3 秒，然后快速分开，发出一个亲吻声。
2. 以上动作重复数次。

训练小贴士

1. 训练者可以引导儿童亲亲妈妈或自己喜欢的玩偶。
2. 若儿童能力较强，训练者可以引导儿童连续亲吻 3 次。

活动二　夹饼干

训练目标

双唇能紧紧闭合，并保持 3 秒。

训练材料

镜子　饼干　医用手套

训练过程

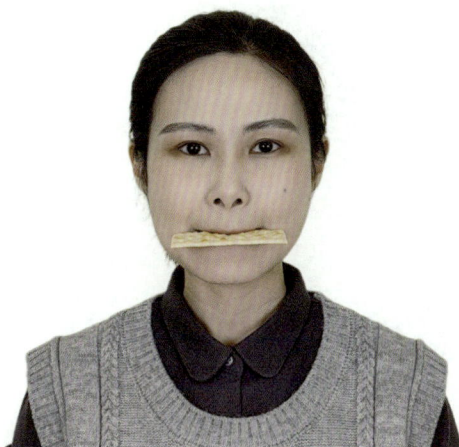

1. 训练者将饼干横着或竖着放在儿童双唇之间。
2. 儿童用双唇夹住饼干。
3. 保持 3 秒。

训练小贴士

1. 训练者可以根据儿童的情况增加训练难度，比如适当用力往外拉饼干，让儿童用双唇用力夹住饼干。
2. 若儿童双唇能夹住压舌板，训练者可以将饼干换成压舌板。

活动三 i 的哼唱

训练目标

双唇能外展，并保持 3 秒。

训练材料

镜子

训练过程

1. 训练者与儿童同时面对镜子。
2. 训练者示范双唇充分外展并发长音 i，引导儿童模仿，并保持 3 秒。
3. 用 i 音哼唱儿童熟悉的歌曲。

训练小贴士

1. 建议选择儿童比较熟悉的歌曲，比如《两只老虎》《生日歌》《小星星》等。
2. 哼唱过程中尽量保持 i 音的口型不变。

活动四　吹泡泡

训练目标

双唇能撮圆，并保持 3 秒。

训练材料

泡泡水　泡泡圈

训练过程

训练者示范以下动作，儿童模仿。

1. 将双唇撮圆。
2. 对准蘸了泡泡水的泡泡圈。
3. 轻轻吹气。

训练小贴士

1. 若儿童无法自主将双唇撮圆，训练者可提供粗吸管，辅助儿童用双唇将吸管包住。
2. 若儿童在有吸管辅助的情况下吹泡泡依然有困难，训练者可以将活动换成用吸管吹东西，比如用吸管吹碎纸屑、吹羽毛、吹棉球等。

活动五 纸片搬运工

训练目标

双唇能撮圆，并保持 3 秒。

训练材料

长吸管 趣味纸片

训练过程

训练者示范以下动作，儿童模仿。

1. 用双唇包住吸管。
2. 将吸管的另一头对准纸片。
3. 用力吸气并屏气。
4. 将吸管吸住的纸片转移到目的地。

训练小贴士

1. 若儿童屏气时间较短，训练者可以提供较短的吸管，降低难度。
2. 为了增加活动的趣味性，训练者可以在纸片上画动物，引导儿童完成"动物搬家"的活动，或者在纸片上画水果，引导儿童参与"摘果子"的活动。

活动六　刮果酱

训练目标 ···

　　上齿能轻松自如地接触下唇偏内侧的位置，并保持 3 秒。

训练材料 ···

　　镜子　果酱

训练过程 ···

1. 训练者在儿童下唇偏内侧的位置涂上果酱。
2. 儿童照镜子，用上齿将果酱刮干净。
3. 边刮果酱边发 f 音。
4. 重复数次。

训练小贴士

　　训练者可以根据儿童的喜好，将果酱换成蜂蜜等。

活动七 交替哼唱

训练目标

双唇能做圆展交替运动。

训练材料

镜子 写有拼音字母 i、u 的卡片

训练过程

训练者与儿童同时面对镜子。

1. 训练者出示写有拼音字母 i、u 的卡片。
2. 训练者示范并引导儿童交替发 i 和 u 的音来哼唱熟悉的歌曲。

训练小贴士

1. 对于不认识拼音字母 i、u 的儿童，教师可以选择用衣服和乌鸦的图片来代替拼音字母卡片。
2. 哼唱的节奏要慢，确保儿童发每个音时口型到位。
3. 建议选择儿童比较熟悉的歌曲，比如《两只老虎》《生日歌》《小星星》等。

活动八　亲一亲，笑一笑

训练目标

双唇能充分地做圆展交替运动，连续 3 次。

训练材料

镜子　玩偶

训练过程

训练者与儿童同时面对镜子。

1. 训练者示范并引导儿童做亲吻的表情。
2. 训练者示范并引导儿童做咧嘴笑的表情。
3. 训练者示范并引导儿童交替做亲吻和微笑的表情，连续做 3 次。

训练小贴士

1. 训练者在引导儿童做圆唇动作的时候，可以让儿童模仿生气时噘嘴的表情。
2. 若儿童能力较强，可以加快圆唇和展唇运动的节奏，但要确保每个动作做到位。

评　价

评价内容	评价结果						备注
	__月__日	__月__日	__月__日	__月__日	__月__日	__月__日	
活动一							
活动二							
活动三							
活动四							
活动五							
活动六							
活动七							
活动八							

评价标准：A. 唇能轻松、充分地运动，且能达到目标时间或次数。

B. 唇能充分运动，但不能达到目标时间或次数。

C. 唇运动受限，不能达到训练目标。

1.4 舌运动训练（一）

儿童姓名 _____ 训练者 _____ 日期 _____

写在前面

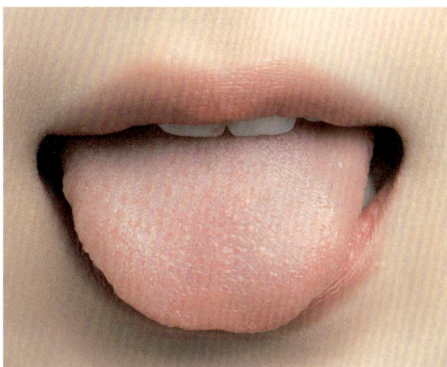

舌是最灵活的发音器官，发音时起很大的作用。舌可以分为舌尖、舌叶和舌面三部分，舌面又分为前、中、后三部分，习惯上将舌面后部称为舌根。舌在发音时的位置、形状和活动方式不同，可以形成不同的音素。成熟的舌运动中，舌头可以向前、后、上、下等方向运动，可以接触口腔中的任一部位。训练者可以根据儿童在做舌运动时存在的障碍，选择相应的活动内容进行训练。

问题与训练项目

☐ 舌尖上抬困难，无法接触硬腭；zh、ch、sh 构音不清。 .... 活动一　活动二

☐ 舌尖上抬困难，无法接触上齿龈；d、t、n、l 构音不清。 .... 活动三

☐ 舌头向前运动困难；z、c、s 构音不清。 .... 活动四　活动五

☐ 舌头向后运动困难；g、k、h 构音不清。 .... 活动六　活动七

☐ 舌面上抬困难；j、q、x 构音不清。 .... 活动八

活动一 舌舔唇运动

训练目标

舌尖能轻松伸出，舔到下唇，并向上移动舔到上唇，6 秒内交替完成 3 次。

训练材料

番茄酱 医用手套

训练过程

1. 训练者在儿童的上唇和下唇涂上少量番茄酱。
2. 轻微张嘴，水平伸出舌头，让舌头向外向上运动；保持唇的位置，让舌头向外向下运动，抵住下唇。
3. 交替完成 3 次，并将番茄酱舔完。

训练小贴士

1. 舌尖从下唇移至上唇的过程中，舌头不能缩回口中。
2. 若儿童能力较强，可要求其在规定时间内完成多次交替。

活动二　舌舔硬腭

训练目标

舌尖能向上抬起，接触硬腭并保持 3 秒。

训练材料

医用手套　小勺子　蜂蜜

训练过程

1. 训练者在儿童的硬腭处涂上蜂蜜。
2. 儿童张开嘴巴，舌尖用力上抬，接触硬腭，保持 3 秒，并舔到蜂蜜。

训练小贴士

涂蜂蜜的目的是帮助儿童找到对应部位，也可以用果酱、酸奶等代替。

活动三　舌舔齿龈运动

训练目标

舌尖能向上抵住上齿龈，然后向下抵住下齿龈，6秒内能连续完成3组交替动作。

训练材料

花生酱　医用手套

训练过程

1. 训练者分别在儿童的上齿龈和下齿龈内侧涂上花生酱。
2. 儿童张开嘴巴，舌尖向上运动，抵住上齿龈；舌尖再向下运动，抵住下齿龈。
3. 舌尖上下交替运动，重复以上动作3次。

训练小贴士

1. 训练者可根据儿童情况调整舌头向上向下运动的速度。
2. 涂花生酱的目的是帮助儿童找到对应部位，也可以用蜂蜜、酸奶等代替。

活动四　向前伸舌头

训练目标

舌头能轻松、充分地向前伸出，并保持 3 秒。

训练材料

棒棒糖　医用手套

训练过程

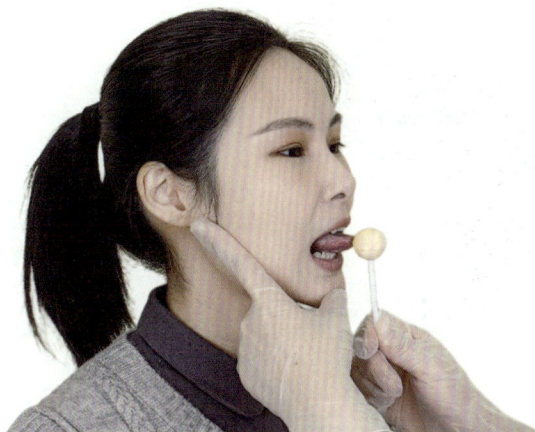

1. 训练者把棒棒糖放在儿童嘴巴前面。
2. 让儿童伸出舌头舔棒棒糖，保持 3 秒。
3. 将舌头缩回。
4. 重复以上动作 5 次。
5. 停止动作，放松。

训练小贴士

若儿童能力较强，可要求其伸出舌头舔棒棒糖，保持 5 秒。

活动五 发 i 音

训练目标

舌头能前伸轻触下齿龈，保持 3 秒。

训练材料

写有拼音字母 i 的卡片

训练过程

1. 训练者出示写有拼音字母 i 的卡片。
2. 儿童将舌头前伸轻触下齿龈，发 i 音，保持 3 秒。

训练小贴士

允许儿童根据其能力水平，发不同音调的 i 音。

活动六 发 u 音

训练目标

舌根能向后隆起，保持 3 秒。

训练材料

玩具火车

训练过程

1. 训练者出示玩具火车。
2. 让儿童圆唇，舌向后运动持续发 u 音，保持 3 秒，重复 3 次。

训练小贴士

1. 发音时训练者无法看到儿童舌头的情况，可以根据发音的准确性判断舌头是否向后运动。若发音不准确，可能是因为儿童的舌后部自主上抬困难，建议采用其他训练方式。
2. 允许儿童根据其能力水平，发不同音调的 u 音，或用 u 音来哼唱《两只老虎》《生日歌》等歌曲。

活动七　轻压舌后部

训练目标

舌根能向后隆起，保持 3 秒。

训练材料

医用手套　一小块饼干

训练过程

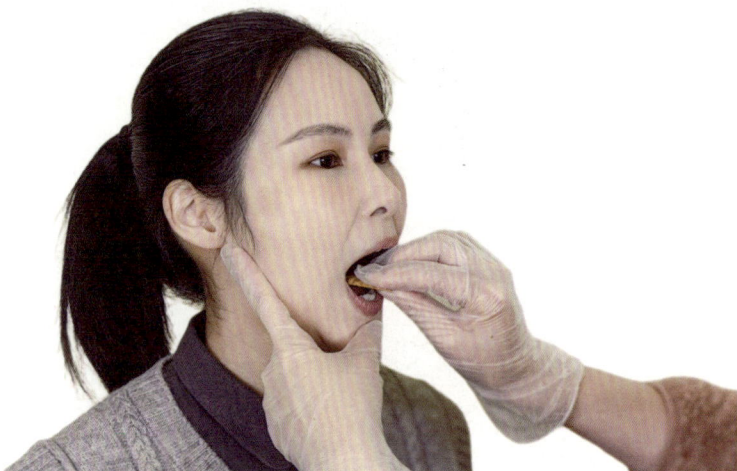

1. 训练者与儿童面对面而坐。
2. 儿童张开嘴巴，训练者将一小块饼干轻压儿童舌中央位置并往里推，促使舌根后缩上抬。
3. 训练者持续轻压，儿童舌后部向上顶饼干，保持 3 秒。

训练小贴士

1. 儿童的舌后部向上抬时，训练者能看到儿童的舌根隆起。
2. 若儿童能力较强，训练者可要求其将舌后部向上抬的时间延长至 5 秒。

活动八　顶碎小饼干

训练目标

舌前部能向上抬起，并保持 3 秒及以上。

训练材料

医用手套　薄饼干

训练过程

1. 儿童张开嘴巴，训练者用饼干向下压儿童的舌面前部。
2. 儿童的舌前部用力向上顶饼干，促使舌前部上抬。要求其用力将饼干顶碎。
3. 重复以上动作 3 次。

训练小贴士

根据儿童舌面上抬的能力，选用熟土豆片、山楂片、饼干等加以练习。

评 价

评价内容	评价结果						备注
	__月__日	__月__日	__月__日	__月__日	__月__日	__月__日	
活动一							
活动二							
活动三							
活动四							
活动五							
活动六							
活动七							
活动八							

评价标准：A. 舌头能轻松、充分地运动，且能达到目标时间或次数。

B. 舌头能充分运动，但不能达到目标时间或次数。

C. 舌头运动受限，不能达到训练目标。

1.5 舌运动训练（二）

儿童姓名 _____ 训练者 _____ 日期 _____

写在前面

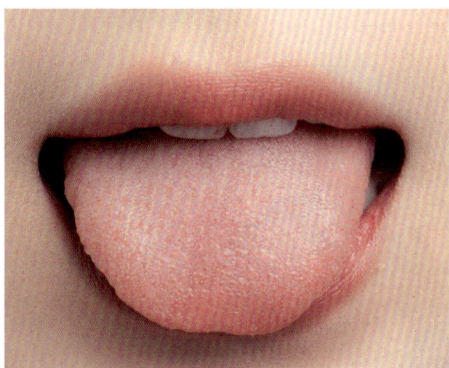

本训练板块共有 5 个活动，主要针对舌上下、前后、左右运动的转换不灵活或不充分，以及运动速度缓慢的情况进行矫正。

问题与训练项目

- ☐ 舌头向前运动和向后运动的转换不灵活或不充分，运动速度缓慢。 ·················· 活动一　活动五

- ☐ 舌头向左运动和向右运动的转换不灵活或不充分，运动速度缓慢。 ·················· 活动二　活动三　活动四

- ☐ 舌头向上运动和向下运动的转换不灵活或不充分，运动速度缓慢。 ·················· 活动四　活动五

活动一　舌前后运动

训练目标

舌头能轻松伸出,然后后缩,6秒内完成3次交替。

训练材料

海苔　医用手套

训练过程

1. 训练者将一片海苔放在儿童嘴巴前面。
2. 儿童略张嘴,让舌头水平伸出,尽可能伸长至舔到海苔;然后把舌头往后缩,尽可能缩到最里面。
3. 交替完成以上动作3次。

训练小贴士

1. 舌头伸出和缩回时,尽量保持在水平状态。
2. 若儿童能力较强,可要求其在规定时间内交替完成多次。

活动二　抵腮运动

训练目标

舌尖能抵住左腮部，然后向右移动抵住右腮部，6 秒内完成 3 次交替。

训练材料

医用手套

训练过程

1. 略微张开嘴巴，让舌尖从自然状态向左腮部运动，抵住左腮；固定下颌的位置，让舌尖向右腮部运动，抵住右腮。
2. 重复以上动作 3 次。

训练小贴士

1. 训练前口腔内不能充满气。
2. 让儿童用手抚摸脸部因舌尖抵住而突出的部位，感受舌尖的运动。

活动三 舌尖舔嘴角

训练目标

舌尖能轻松伸出舔到右嘴角，并向左移动舔到左嘴角，6秒内交替完成3次。

训练材料

海苔 医用手套

训练过程

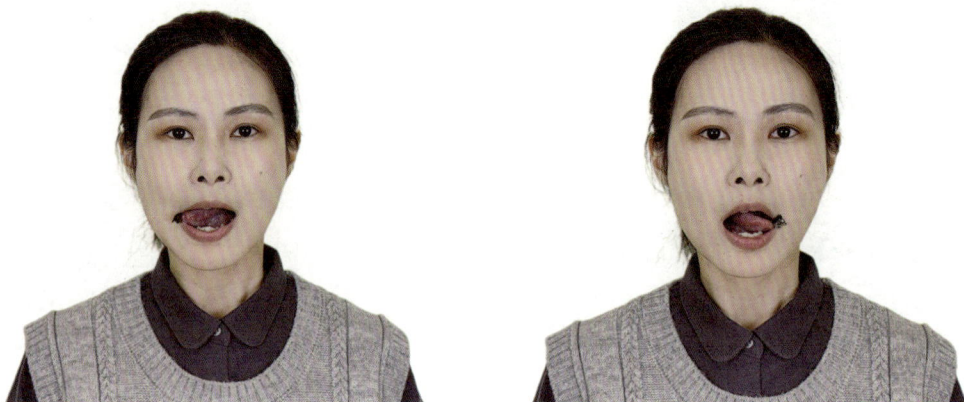

1. 训练者将2片海苔贴近儿童的左右嘴角。
2. 儿童将舌尖伸出舔右嘴角，然后从右嘴角移至左嘴角，要舔到海苔，交替完成3次。
3. 训练者将海苔贴在儿童的左右嘴角上，让儿童伸出舌尖舔到嘴角上的海苔，并用舌尖将海苔送入口中吃掉。

训练小贴士

1. 舌尖从右嘴角移至左嘴角的过程中，舌头不能缩回口中。
2. 若儿童能力较强，可要求其在规定时间内交替完成多次。

活动四　转舌运动

训练目标

舌尖能沿着上牙齿的外表面做顺时针旋转运动，5秒内完成一圈运动。

训练材料

医用手套

训练过程

①

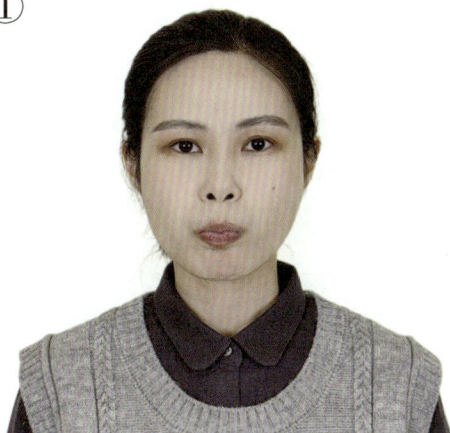

②

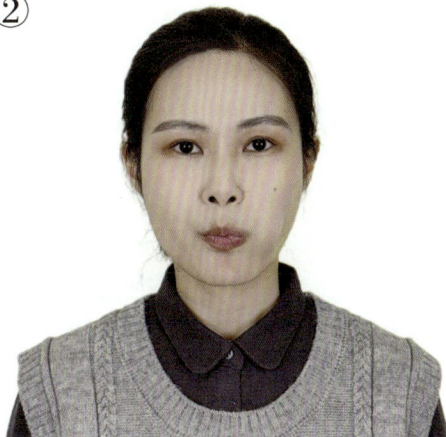

③

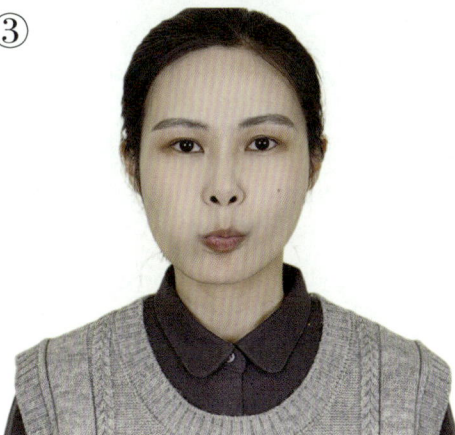

④

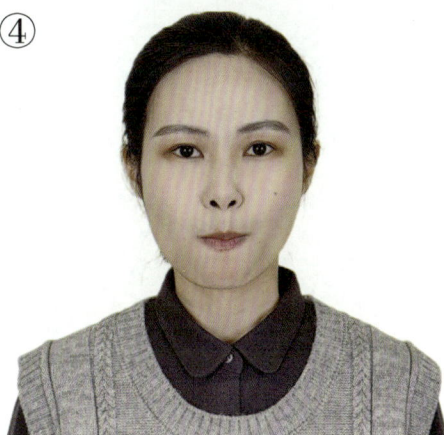

1. 舌尖上抬，让舌尖沿着上牙齿的外表面做顺时针旋转运动；固定下颌的位置，舌尖下降，沿着下牙齿的外表面继续做顺时针旋转运动。
2. 重复以上动作 3 次。

训练小贴士

1. 训练者示范时转舌速度要慢，让儿童慢慢跟着做。
2. 熟练度提高后，可以增加舌尖沿着牙齿外表面做逆时针旋转的运动，还可以要求儿童加快舌尖运动的速度。

活动五　弹舌运动

训练目标

舌尖能上抬接触硬腭，并在 6 秒内完成 3 次弹舌运动。

训练材料

医用手套

训练过程

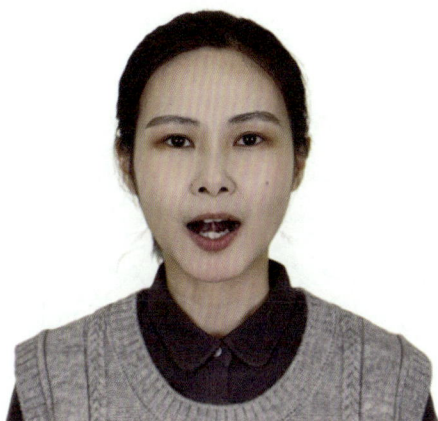

1. 略微张开嘴巴，舌尖上抬，轻抵硬腭。
2. 舌尖在硬腭处做上下弹的动作。
3. 重复以上动作 3 次。

训练小贴士

1. 训练者示范时弹舌速度要慢，让儿童慢慢跟着做。
2. 熟练度提高以后，可以要求儿童在短时间内做多次弹舌运动。

评　价

评价内容	评价结果						备注
	__月__日	__月__日	__月__日	__月__日	__月__日	__月__日	
活动一							
活动二							
活动三							
活动四							
活动五							

评价标准：A. 舌头能轻松、充分地运动，且能达到目标时间或次数。

B. 舌头能充分运动，但不能达到目标时间或次数。

C. 舌头运动受限，不能达到训练目标。

2　单韵母发音训练

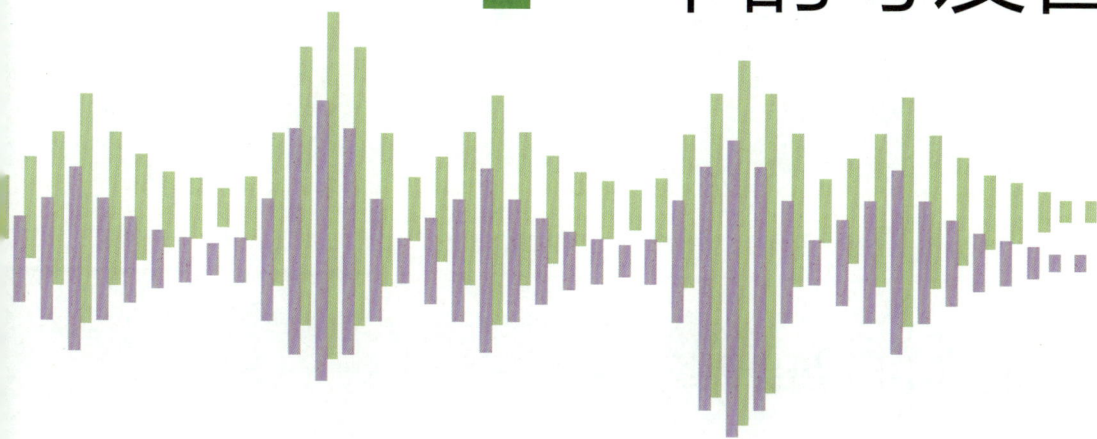

2.1 韵母 a 的发音训练

儿童姓名 _____ 训练者 _____ 日期 _____

能力准备   训练目标

能力准备

1. 能正确听辨韵母 a。

2. 下颌能自然充分地打开，且能稳定保持 3 秒以上。

3. 舌头能自然放平于口中，且能稳定保持 3 秒以上。

通过该环节，检验儿童是否具备听辨不同韵母的能力，以及正确发音的口部运动能力。如果尚未具备该能力，需要帮助儿童先练习此项内容。

训练目标

1. 能发准韵母 a。

2. 能发准 4~5 个词语中的韵母 a。

热身训练

训练要点

1. 能正确听辨韵母 a。

2. 下颌能自然充分地打开，且能稳定保持 3 秒以上。

3. 舌头能自然放平于口中，且能稳定保持 3 秒以上。

训练方法

1. 听一听

训练者选择一组词语，先分别示范发音，再随机说出这组词语中的某个词语，请儿童指认相应图片。

猫　　妈（请贴妈妈的照片）　　沙　　山

2. 动一动

（1）下颌开位控制法

引导儿童张大嘴巴，咬住一个较大的、结实的物体（如婴儿咀嚼器、苹果等），以便稳定下颌，保持 5 秒，同时让儿童用手指触摸颞颌关节处，感受下颌打开时的口部状态。多次练习后拿开咬住的物体，引导儿童自主打开下颌，保持 3 秒以上。

（2）拍打舌面法

引导儿童自然张嘴，舌体放松于口内。训练者用压舌板轻轻拍打儿童的舌面中部，重复几次，以此增强其舌面的感知觉。

 发音训练

训练要点

1. 能发准韵母 ɑ。
2. 仿说及自主表达时，能发准词语中的韵母 ɑ。

训练方法

1. 学一学

发音要领：嘴巴张大，舌头放松，微微隆起，声带振动。

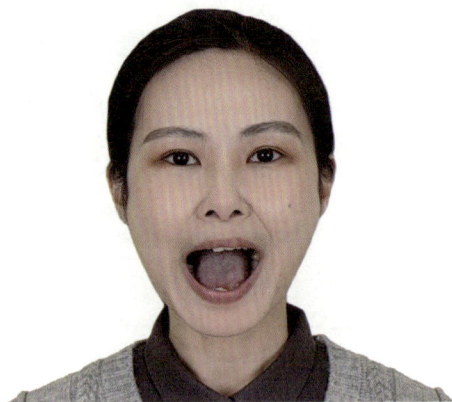

嘴巴张大 a a a

2. 说一说

训练者选择一张图片并示范词语的发音，儿童模仿。

　　　　（请贴妈妈的 照片）　　（请贴爸爸的 照片）

马　　　　八　　　　妈妈　　　　爸爸

辣椒　　　拔萝卜　　　采茶叶　　　搬沙发

3. 讲一讲

训练者指着任意一张图片提问，儿童回答。

（请贴爸爸、妈妈的照片）

（1）这是谁？

（2）这是什么？

（3）阿姨在做什么？叔叔和阿姨在做什么？

拓展训练

训练要点

能连续平稳地发长音 a——，保持 3 秒以上。

训练方法

训练者示范发长音 a——，再引导儿童模仿发音。可用手势提示发音的长短，调整发音时的气息。

评　价

评价内容	评价结果		
	A	B	C
1. 能发准韵母 ɑ。			
2. 能发准 4~5 个词语中的韵母 ɑ。			

评价标准：A. 自主发音时，能准确发音。
　　　　　B. 模仿发音时，能准确发音。
　　　　　C. 完全不能准确发音。

训练小贴士

1. 在热身训练进行下颌运动中的嘴巴开合训练时，须保持身体与头部姿势稳定。
2. 在进行词语发音训练时，可选择儿童认知范围内的词语进行训练，不必局限于本篇呈现的内容，并将发音学习与词意理解相结合。

2.2 韵母 o 的发音训练

儿童姓名 _____ 训练者 _____ 日期 _____

能力准备 | **训练目标**

能力准备

1. 能正确听辨韵母 o。
2. 双唇能自然拢圆,舌头后缩,且能稳定保持 3 秒以上。

通过该环节,检验儿童是否具备相应的听辨能力和正确发音的口部运动能力。如果尚未具备这些能力,需要帮助儿童先练习此项内容。

训练目标

1. 能发准韵母 o。
2. 能发准 4～5 个词语中的韵母 o。

·········· 热身训练 ··········

训练要点

1. 能正确听辨韵母 o。
2. 双唇能自然拢圆,舌头后缩,且能稳定保持 3 秒以上。

训练方法

1. 听一听

训练者选择一组词语,先分别示范发音,再随机说出这组词语中的某个词语，儿童指认相应图片。

波　　　　拔

墨　　　　马

2. 动一动

（1）吹泡泡

训练者双唇拢圆，用力吹泡泡，重复数次，儿童模仿。

（2）吹吸管

训练者双唇拢圆，含住较粗的吸管，吹气，儿童模仿。

🗣 发音训练

训练要点

1. 能发准韵母 o。
2. 仿说及自主表达时，能发准词语中的韵母 o。

训练方法

1. 学一学

发音要领：口半闭，圆唇，舌头后缩，声带振动。

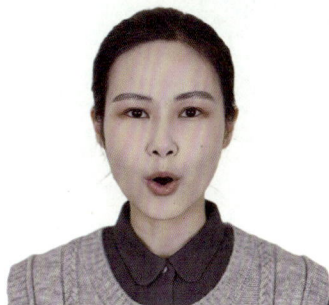

圆圆嘴巴 ooo

2. 说一说

训练者选择一张图片并示范词语的发音,儿童模仿。

窝　　　　墨　　　　水果　　　　蜗牛

菠萝　　　蘑菇　　　剥毛豆　　　拔萝卜

3. 讲一讲

训练者指着任意一张图片提问,儿童回答。

（1）这是什么?

（2）他/它在做什么？

拓展训练

训练要点

说词组和句子时语速由慢到快，确保儿童先在语速较慢的情况下能准确发出 o 音后，再加快语速。

训练方法

训练者读词组和句子，儿童跟读，巩固 o 的发音。

蘑菇。	菠萝。
婆婆洗蘑菇。	许多菠萝。
我帮婆婆采蘑菇。	伯伯采菠萝。
婆婆烧了蘑菇。	伯伯在果园里采菠萝。
我爱吃婆婆烧的蘑菇。	我帮伯伯拿菠萝。

评　价

评价内容	评价结果		
	A	B	C
1. 能发准韵母 o。			
2. 能发准 4~5 个词语中的韵母 o。			

评价标准：A. 自主发音时，能准确发音。
　　　　　B. 模仿发音时，能准确发音。
　　　　　C. 完全不能准确发音。

训练小贴士

圆唇训练的方法有许多，训练者可以选择适合儿童的方法进行训练，比如吹雪花片、吸面条、用吸管喝水等。

2.3 韵母 e 的发音训练

儿童姓名 _____ 训练者 _____ 日期 _____

能力准备　　　训练目标

能力准备

1. 能正确听辨韵母 e。

2. 双唇能展开，且能稳定保持 3 秒以上。

3. 舌头能向后运动，且能稳定保持 3 秒以上。

通过该环节，检验儿童是否具备相应的听辨能力和正确发音的口部运动能力。如果尚未具备这些能力，需要帮助儿童先练习此项内容。

训练目标

1. 能发准韵母 e。

2. 能发准 4~5 个词语中的韵母 e。

热身训练

训练要点

1. 能正确听辨韵母 e。

2. 双唇能展开，且能稳定保持 3 秒以上。

3. 舌头能向后运动，且能稳定保持 3 秒以上。

训练方法

1. 听一听

训练者选择一组词语，先分别示范发音，再随机说出这组词语中的某个词语，儿童指认相应图片。

车　　　吃

哥哥　　　姑姑

2. 动一动

（1）用杯子进食

训练者在杯子里装少量较浓稠的酸奶，使酸奶碰到儿童上唇，要求儿童直接喝酸奶。

（2）微笑练习

训练者示范微露牙齿微笑，儿童模仿，保持 3 秒钟。重复该练习。

（3）咀嚼器刺激法

儿童张开嘴巴，训练者用大咀嚼器向下压儿童的舌头中央处，从而达到舌头向后运动的目的。

发音训练

训练要点

1. 能发准韵母 e。
2. 仿说及自主表达时，能发准词语中的韵母 e。

训练方法

1. 学一学

大白鹅，e e e

发音要领：口半闭，扁唇，舌头后缩，嘴角向两边微展，声带振动。

2. 说一说

训练者选择一张图片并示范词语的发音，儿童模仿。

车

喝

叶子

绿色

可乐

椰子壳

男厕所

老爷爷

3. 讲一讲
训练者指着任意一张图片提问，儿童回答。

（1）这是什么？

（2）他 / 她在干什么？

（3）它是什么颜色的？

••••••• 拓展训练 •••••••

训练要点

能在提问时发准 e 音。

训练方法

引导儿童与训练者互换角色，儿童提问，训练者回答。

评 价

评价内容	评价结果		
	A	B	C
1. 能发准韵母 e。			
2. 能发准 4~5 个词语中的韵母 e。			

评价标准: A. 自主发音时，能准确发音。
B. 模仿发音时，能准确发音。
C. 完全不能准确发音。

训练小贴士

1. 用杯子进食时，可以根据儿童的喜好将酸奶替换为其他食物。
2. 在热身训练中，可以使用熟悉的亲属照片来替代"哥哥""姑姑"的图片。
3. 询问物品颜色时，可以根据儿童不同的能力选择单一颜色或多种颜色的物品。

2.4 韵母 i 的发音训练

儿童姓名 _____ 训练者 _____ 日期 _____

能力准备　训练目标

能力准备

1. 能正确听辨韵母 i。
2. 能自然充分地展唇，且能稳定保持 3 秒以上。
3. 舌头能自然放平于口中，且能稳定保持 3 秒以上。

通过该环节，检验儿童是否具备相应的听辨能力和正确发音的口部运动能力。如果尚未具备这些能力，需要帮助儿童先练习此项内容。

训练目标

1. 能发准韵母 i。
2. 能发准 4~5 个词语中的韵母 i。

热身训练

训练要点

1. 能正确听辨韵母 i。
2. 能自然充分地展唇，且能稳定保持 3 秒以上。
3. 舌头能自然放平于口中，且能稳定保持 3 秒以上。

训练方法

1. 听一听

训练者选择一组词语，先分别示范发音，再随机说出这组词语中的某个词语，请儿童指认相应图片。

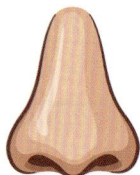 

鼻　　　　　拔

吸　　　　　虾

2. 动一动

展唇运动：引导儿童用上下齿咬住压舌板／雪糕棒，双唇向左右两侧展开，露齿笑，保持5秒。多次练习后，拿走压舌板／雪糕棒，引导儿童自主展唇，保持3秒以上。可以让儿童面对镜子，观察自己的双唇展开是否到位，运动是否稳定。

◦◦◦◦◦◦◦◦◦ 🗣))) 发音训练 ◦◦◦◦◦◦◦◦◦

训练要点

1. 能发准韵母 i。
2. 仿说及自主表达时，能发准词语中的韵母 i。

训练方法

1. 学一学

一件衣服，i i i

发音要领：口微开，展开嘴唇，上下齿相对，舌头前伸，舌尖抵住下齿背，声带振动。

2. 说一说

训练者选择一张图片并示范词语的发音，儿童模仿。

1 一

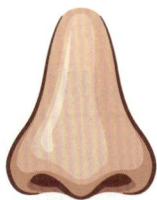 鼻

 椅子

 衣服

 蚂蚁

 吹笛子

 踢足球

 大公鸡

3. 讲一讲

训练者指着任意一张图片提问，儿童回答。

（1）这是什么？

（2）他/她在做什么？

····· 拓展训练 ·····

训练要点

能在说儿歌时，发准句子中的韵母 i。

训练方法

训练者示范说儿歌，儿童仿说。

买　梨

阿姨阿姨真美丽，

抱着弟弟去买梨。

一二三四五六七，

买了七个大鸭梨。

评　价

评价内容	评价结果		
	A	B	C
1. 能发准韵母 i。			
2. 能发准 4~5 个词语中的韵母 i。			

评价标准：A. 自主发音时，能准确发音。

　　　　　B. 模仿发音时，能准确发音。

　　　　　C. 完全不能准确发音。

训练小贴士

可以用雪糕棒、饼干等来替代压舌板。

2.5 韵母 u 的发音训练

儿童姓名 _____ 训练者 _____ 日期 _____

能力准备　　训练目标

能力准备

1. 能正确听辨韵母 u。

2. 双唇能撮圆，且能稳定保持 3 秒以上。

3. 舌头能向后运动，且能稳定保持 3 秒以上。

通过该环节，检验儿童是否具备相应的听辨能力和口部运动能力。如果尚未具备这些能力，需要帮助儿童先练习此项内容。

训练目标

1. 能发准韵母 u。

2. 能发准 4～5 个词语中的韵母 u。

热身训练

训练要点

1. 能正确听辨韵母 u。

2. 双唇能撮圆，且能稳定保持 3 秒以上。

3. 舌头能向后运动，且能稳定保持 3 秒以上。

训练方法

1. 听一听

训练者选择一组词语,先分别示范发音,再随机说出这组词语中的某个词语,儿童指认相应图片。

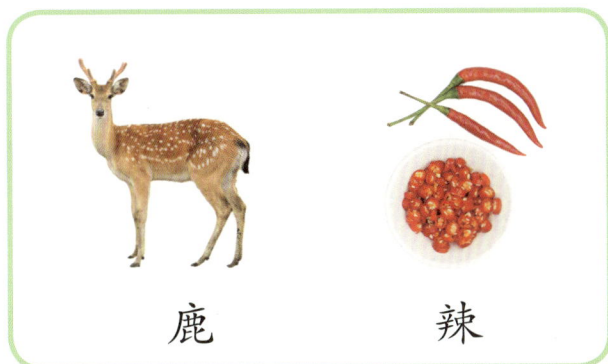

鹿　　　　辣

瓦　　　　五

2. 动一动

(1)圆唇训练

① 吸管进食法

儿童用吸管吸食浓稠的酸奶。

② 吹哨子、悬浮球吹吹乐

儿童用嘴唇夹住哨子或悬浮球,用力吹,重复数次。

③ 吹泡泡、吹棉球

儿童双唇撮圆,用力吹泡泡或棉球,重复数次。

(2)舌向后运动训练

① 咀嚼器刺激法

儿童张开嘴巴,训练者用大咀嚼器向下压儿童的舌头中央处,从而达到舌头向后运动的目的。

② 深压舌后部法

儿童张开嘴巴,训练者将压舌板放在儿童舌后部中央,向咽部持续轻压,让儿童向上顶压舌板。

))) 发音训练

训练要点

1. 能发准韵母 u。
2. 仿说及自主表达时，能发准词语中的韵母 u。

训练方法

1. 学一学

小火车，u u u

发音要领：口微张开，圆唇，唇略用力，舌头后缩，声带振动。

2. 说一说

训练者选择一张图片并示范词语的发音，儿童模仿。

兔　　　　　猪　　　　　哭　　　　　葡萄

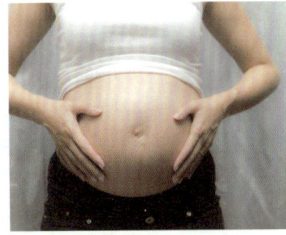

跳舞　　　　蒲公英　　　　摸肚子　　　　打招呼

3. 讲一讲

训练者指着任意一张图片提问，儿童回答。

（1）这是什么？

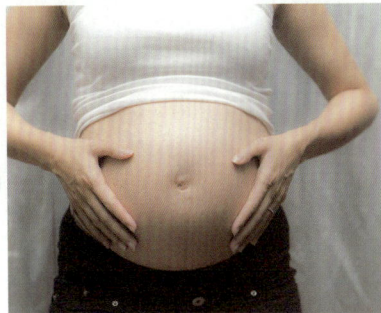

（2）他／她（们）在干什么？

拓展训练

训练要点

能在唱音时发准 u 音。

训练方法

用 u 音哼唱歌曲《两只老虎》。

评 价

评价内容	评价结果		
	A	B	C
1. 能发准韵母 u。			
2. 能发准 4~5 个词语中的韵母 u。			

评价标准：A. 自主发音时，能准确发音。
B. 模仿发音时，能准确发音。
C. 完全不能准确发音。

训练小贴士

1. 使用吸管进食法时，可用不同口径的吸管，也可通过调整酸奶的浓稠度来增加 / 降低难度。
2. 在拓展训练中，可以根据儿童的兴趣来选择哼唱的歌曲，如《生日歌》《小兔子乖乖》等。

2.6 韵母 ü 的发音训练

儿童姓名 _____ 训练者 _____ 日期 _____

能力准备　　训练目标

能力准备

1. 能正确听辨韵母 ü。

2. 双唇能紧紧地撮圆，且能稳定保持 3 秒以上。

3. 舌尖抵住下齿背，且能稳定保持 3 秒以上。

通过该环节，检验儿童是否具备相应的听辨能力和正确发音的口部运动能力。如果尚未具备这些能力，需要帮助儿童先练习此项内容。

训练目标

1. 能发准韵母 ü。

2. 能发准 4～5 个词语中的韵母 ü。

热身训练

训练要点

1. 能正确听辨韵母 ü。

2. 双唇能紧紧地撮圆，且能稳定保持 3 秒以上。

3. 舌尖抵住下齿背，且能稳定保持 3 秒以上。

训练方法

1. 听一听

训练者选择一组词语，先分别示范发音，再随机说出这组词语中的某个词语，儿童指认相应图片。

绿　　　　　辣

椅　　　　　雨

2. 动一动

（1）圆唇训练

① 吸管进食法

训练者把吸管放在儿童下唇上，让儿童吸食浓稠的酸奶。

② 吹哨子、悬浮球吹吹乐

儿童用双唇夹住哨子或悬浮球吹气口，用力吹，重复数次。

③ 吹泡泡、吹棉球

儿童双唇撮圆，用力吹泡泡或棉球，重复数次。

（2）舌向前运动训练

① 舌尖洗牙面

儿童用舌尖做洗牙面的动作，重复数次。

② 舌尖上卷

儿童将舌尖卷到上齿龈的外表面，上唇向下用力并保持3秒，重复数次。

（3）舌向下运动训练

① 舌尖舔蜂蜜

训练者将蜂蜜涂在儿童下齿龈内侧，引导儿童用舌尖舔蜂蜜，重复数次。

② 舌尖上下运动

儿童用舌尖交替抵住上下齿龈，重复数次。

发音训练

训练要点

1. 能发准韵母 ü。
2. 仿说及自主表达时能发准词语中的韵母 ü。

训练方法

1. 学一学

小鱼吐泡，ü ü ü

发音要领：口微开，近似闭拢状，用力圆唇，略向前凸，舌头前伸，舌尖抵住下齿背，声带振动。

2. 说一说

训练者选择一张图片并示范词语的发音，儿童模仿。

驴　　　　　鱼　　　　　雨　　　　　举重

胡须

羽毛球

剥玉米

骑毛驴

3. 讲一讲

训练者指着任意一张图片提问，儿童回答。

（1）这是什么？

（2）他在干什么？

拓展训练

训练要点

能在哼唱时发准 ü 音。

训练方法

用 ü 音哼唱歌曲《两只老虎》。

评　价

评价内容	评价结果		
	A	B	C
1. 能发准韵母 ü。			
2. 能发准 4~5 个词语中的韵母 ü。			
评价标准: A. 自主发音时，能准确发音。 B. 模仿发音时，能准确发音。 C. 完全不能准确发音。			

训练小贴士

在拓展训练中，可以根据儿童的兴趣来选择哼唱的歌曲，如《生日歌》《小兔子乖乖》等。

3 声母发音训练

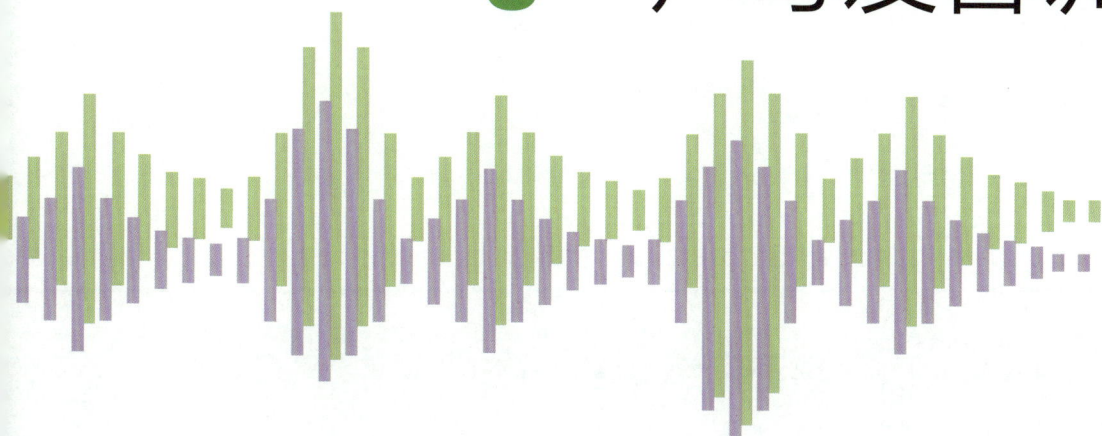

3.1 声母 b 的发音训练

儿童姓名 _____ 训练者 _____ 日期 _____

能力准备 | 训练目标

能力准备

1. 能正确听辨声母 b。
2. 双唇能紧紧夹住压舌板,且能稳定保持 3 秒以上。
3. 双唇闭合后能突然打开。

通过该环节,检验儿童是否具备相应的听辨能力和正确发音的口部运动能力。如果尚未具备这些能力,需要帮助儿童先练习此项内容。

训练目标

1. 能发准声母 b。
2. 能发准 4~5 个词语中的声母 b。

热身训练

训练要点

1. 能正确听辨声母 b。
2. 双唇能紧紧夹住压舌板,且能稳定保持 3 秒以上。
3. 双唇闭合后能突然打开。

训练方法

1. 听一听

训练者选择一组词语，先分别示范发音，再随机说出这组词语中的某个词语，儿童指认相应图片。

鼻子　　　　笛子

抛　　　　包

2. 动一动

（1）用勺子进食

训练者用勺子挖取一勺酸奶，要求儿童用双唇将勺子上的酸奶嘬干净。

（2）双唇夹压舌板

训练者将压舌板放于儿童的双唇之间，要求其用双唇夹住压舌板，保持3秒。

（3）咂唇

训练者示范咂唇，儿童模仿，练习 5 个轮次。

))) 发音训练

训练要点

1. 能发准声母 b。
2. 仿说及自主表达时，能发准词语中的声母 b。

训练方法

1. 学一学

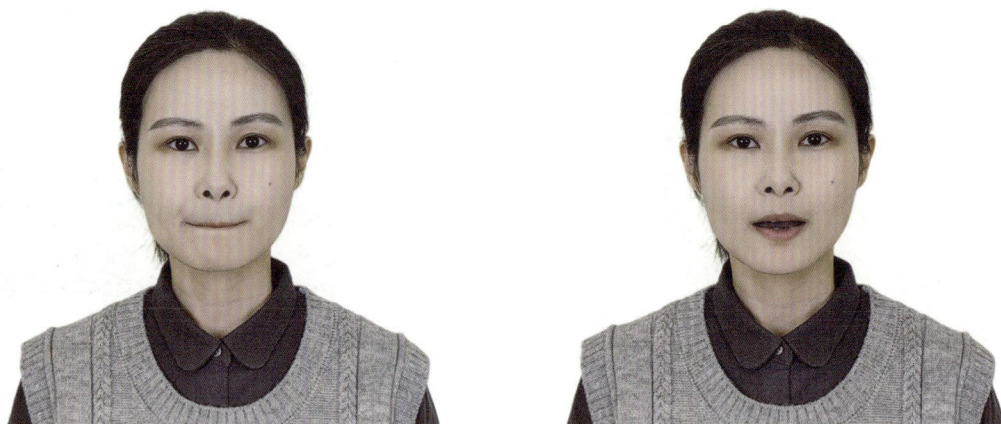

发音要领：双唇紧闭，阻碍气流，然后突然打开，发 b 音。

2. 说一说

训练者选择一张图片并示范词语的发音，儿童模仿。

　　　　笔　　　　　　　　

八　　　　　　笔　　　　　　搬　　　　　　杯子

跑步　　　　冰激凌　　　　铅笔盒　　　　胡萝卜

3. 讲一讲

训练者指着任意一张图片提问，儿童回答。

（1）这是什么？

（2）他 / 她（们）在干什么？

拓展训练

训练要点

能在跟唱或自己唱儿歌时，发准语流中的声母 b。

训练方法

训练者用合适的曲调示范唱儿歌，儿童跟唱。熟练后，儿童独立唱。

拔萝卜

一只小白兔，用力拔萝卜。

哎呀，哎呀，拔不动。

大家快来帮帮忙！

评 价

评价内容	评价结果		
	A	B	C
1. 能发准声母 b。			
2. 能发准 4~5 个词语中的声母 b。			

评价标准：A. 自主发音时，能准确发音。
B. 模仿发音时，能准确发音。
C. 完全不能准确发音。

训练小贴士

1. 若儿童对酸奶不感兴趣，训练者可以替换为儿童喜欢的其他流质食物。"咂唇"动作也可以用"飞吻"代替。

2. 训练材料可以是图片，也可以是相关模型和实物。训练者应根据儿童的认知水平和生活经验，选择或替换图片。

3. 涉及表示动作的词语时，如"搬""跑步"，训练者可演示动作。

4. 训练者应适时创设语言表达环境，在真实的情景中引导儿童练习发音。

3.2 声母 m 的发音训练

儿童姓名 _____ 训练者 _____ 日期 _____

能力准备　　训练目标

能力准备

1. 能正确听辨声母 m。

2. 双唇能充分闭合，且能稳定保持 3 秒以上。

通过该环节，检验儿童是否具备相应的听辨能力和正确发音的口部运动能力。如果尚未具备这些能力，需要帮助儿童先练习此项内容。

训练目标

1. 能发准声母 m。

2. 能发准 4~5 个词语中的声母 m。

热身训练

训练要点

1. 能正确听辨声母 m。

2. 双唇能充分闭合，且能稳定保持 3 秒以上。

训练方法

1. 听一听

训练者选择一组词语，先分别示范发音，再随机说出这组词语中的某个词语，儿童指认相应图片。

猫　　　　　　包

木　　　　　　醋

2. 动一动

唇闭合运动：引导儿童用双唇夹住饼干／压舌板，保持 5 秒以上。注意避免儿童用牙齿咬住饼干／压舌板。

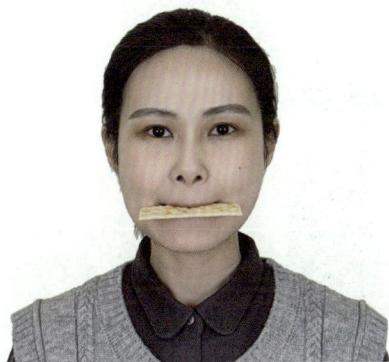

········· 发音训练 ·········

训练要点

1. 能发准声母 m。
2. 仿说及自主表达时，能发准词语中的声母 m。

训练方法

1. 学一学

发音要领：紧闭双唇，用鼻子发音，声带振动，发 m 音。

2. 说一说

训练者选择一张图片并示范词语的发音，儿童模仿。

（请贴妈妈的照片）

妈

门

芒果

芝麻

眉毛

牡丹花

戴帽子

骑木马

3. 讲一讲

训练者指着任意一张图片提问，儿童回答。

（请贴妈妈的照片）

（1）这是谁？

（2）这是什么？

（3）他 / 她在做什么？

拓展训练

训练要点

能在跟唱或自主唱儿歌时，发准语流中的声母 m。

训练方法

训练者与儿童一起学说、学唱儿歌《小猫喵喵》。

小猫喵喵

妈妈买菜我看家，

我和猫咪藏猫猫。

突然一下不见了，

喵喵喵，找到了！

评 价

评价内容	评价结果		
	A	B	C
1. 能发准声母 m。			
2. 能发准 4~5 个词语中的声母 m。			

评价标准：A. 自主发音时，能准确发音。
B. 模仿发音时，能准确发音。
C. 完全不能准确发音。

训练小贴士

1. 在"学一学"部分，若儿童不能顺利发出 m 音，可以用镜子或玻璃板横在儿童口鼻之间，让儿童观察用鼻子送气时镜面起雾的现象，通过视觉提示，引导儿童理解鼻音与非鼻音；还可以让儿童触摸训练者的鼻子，通过触觉提示，感受发 m 音时鼻腔的轻微振动。

2. 在"说一说"部分，可以选择儿童认知范围内的词语进行训练，不必局限于本篇呈现的内容，并将发音学习与词意理解相结合。

3. 在学习儿歌时，可以结合律动活动，或借助打击乐器的节奏，引导儿童感受音韵节奏，培养儿童的语言韵律感。

3.3 声母 f 的发音训练

儿童姓名 _____ 训练者 _____ 日期 _____

能力准备 　　训练目标

能力准备

1. 能正确听辨声母 f。

2. 上齿能轻触下唇内侧，且能稳定保持 3 秒以上。

3. 唇齿间能发出弱气流。

通过该环节，检验儿童是否具备相应的听辨能力和正确发音的口部运动能力。如果尚未具备这些能力，需要帮助儿童先练习此项内容。

训练目标

1. 能发准声母 f。

2. 能发准 4～5 个词语中的声母 f。

······ 热身训练 ······

训练要点

1. 能正确听辨声母 f。

2. 上齿能轻触下唇内侧，且能稳定保持 3 秒以上。

训练方法

1. 听一听

训练者选择一组词语,先分别示范发音,再随机说出这组词语中的某个词语,儿童指认相应图片。

飞　　　黑　　　　　　　　　虎　　　斧

2. 动一动

(1)下唇抵抗训练

训练者将压舌板放在儿童下唇上面,向下轻压儿童的下唇,儿童则用力向上抵抗,以此来提高儿童的唇部肌力。

(2)唇齿接触训练

训练者在儿童的下唇涂上果酱或放上一片海苔,让儿童用上齿把果酱刮干净,或把海苔咬碎。

发音训练

训练要点

1. 能发准声母 f。
2. 仿说及自主表达时,能发准词语中的声母 f。

训练方法

1. 学一学

发音要领：上齿轻触下唇，形成一条窄缝，气流从唇齿音的窄缝中挤出，发 f 音。

2. 说一说

训练者选择一张图片并示范词语的发音，儿童模仿。

飞　　　　房　　　　粉色　　　　蜜蜂

头发　　　方便面　　　电饭锅　　　穿衣服

3. 讲一讲

训练者指着任意一张图片提问，儿童回答。

（1）这是什么？

（2）它 / 她在干什么？

拓展训练

训练要点

能在跟唱儿歌或自己唱儿歌时，发准语流中的声母 f。

训练方法

训练者用合适的曲调示范唱儿歌，儿童跟唱。熟练后，儿童独立唱。

小蜜蜂

小蜜蜂，真神气，

就像一架小飞机。

飞到西，飞到东，

飞到花园采花蜜。

采完花蜜返蜂房，

酿出蜂蜜满芬芳。

评 价

评价内容	评价结果		
	A	B	C
1. 能发准声母 f。			
2. 能发准 4~5 个词语中的声母 f。			

评价标准：A. 自主发音时，能准确发音。
B. 模仿发音时，能准确发音。
C. 完全不能准确发音。

训练小贴士

1. 在"学一学"部分，训练者可采用发 f 音吹乒乓球、吹纸条、吹蜡烛等方式引导儿童发音。

2. 在拓展训练中，可以融入戏剧表演的元素，增加训练的趣味性。儿歌共有两段，建议根据儿童的能力来选择。

3.4 声母 t 的发音训练

儿童姓名 _____ 训练者 _____ 日期 _____

能力准备　训练目标

能力准备

1. 能正确听辨声母 t。

2. 舌尖能抵住上齿龈，且能稳定保持 3 秒以上。

3. 舌尖能抵住上齿龈，突然打开时有较强的气流送出。

通过该环节，检验儿童是否具备相应的听辨能力和正确发音的口部运动能力。如果尚未具备这些能力，需要帮助儿童先练习此项内容。

训练目标

1. 能发准声母 t。

2. 能发准 4～5 个词语中的声母 t。

热身训练

训练要点

1. 能正确听辨声母 t。

2. 舌尖能抵住上齿龈，且能稳定保持 3 秒以上。

3. 舌尖能抵住上齿龈，突然打开时有较强的气流送出。

训练方法

1. 听一听

训练者选择一组词语，先分别示范发音，再随机说出这组词语中的某个词语，儿童指认相应图片。

 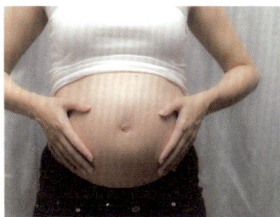

兔　　　　　肚

头　　　　　豆

2. 动一动

（1）舌尖抵住上齿龈

训练者示范用舌尖抵住上齿龈；儿童模仿用舌尖抵住上齿龈，并能稳定保持 3 秒以上。

（2）送气训练

① 借助纸巾

训练者将纸巾放在儿童嘴边，儿童发 t 音，发音时纸巾出现明显摆动。

② 镜面起雾法

训练者将镜子放在儿童面前，儿童发 t 音，发音时镜面出现较多雾气。

③ 触觉感知

训练者将手放在儿童嘴边，儿童发 t 音，发音时手部能感觉到较强的气流。

 发音训练

训练要点

1. 能发准声母 t。
2. 仿说及自主表达时，能发准词语中的声母 t。

训练方法

1. 学一学

发音要领：舌尖抵住上齿龈，憋住气后，突然弹离，气流从口中迸出，发 t 音。

2. 说一说

训练者选择一张图片并示范词语的发音，儿童模仿。

糖　　　　兔　　　　跳　　　　蛋挞

拖地　　　地毯　　　踢足球　　垃圾桶

3. 讲一讲

训练者指着任意一张图片提问，儿童回答。

（1）这是什么？

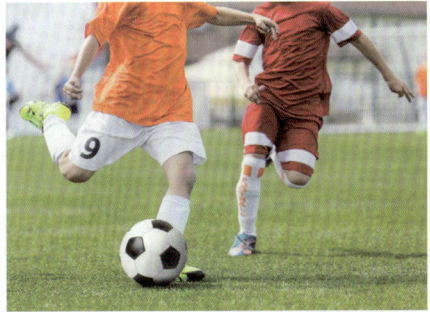

（2）她/他（们）在做什么？

◆◆◆ 拓展训练 ◆◆◆

训练要点

能发准句子中的声母 t。

训练方法

训练者读句子，儿童跟读。

> 1. 冬冬带着台灯和手电筒上了地铁。
>
> 2. 彤彤拿着饭团和蛋挞走进了电梯。

评 价

评价内容	评价结果		
	A	B	C
1. 能发准声母 t。			
2. 能发准 4~5 个词语中的声母 t。			

评价标准：A. 自主发音时，能准确发音。
B. 模仿发音时，能准确发音。
C. 完全不能准确发音。

训练小贴士

1. 送气音的训练方法有许多，训练者可以选择适合儿童的方法进行训练，比如镜面起雾法、触觉感知等。

2. 在"说一说"部分，建议训练者选择儿童认知范围内的词语进行发音训练，不必局限于本篇呈现的内容。

3. "讲一讲"主要是问答练习，引导儿童自主说出目标音。训练者不必局限于本篇呈现的内容，可在实际生活情景中进行训练。

3.5 声母 l 的发音训练

儿童姓名 _____ 训练者 _____ 日期 _____

能力准备　　　训练目标

能力准备

1. 能正确听辨声母 l。

2. 舌尖能抵住上齿龈，且能稳定保持 3 秒以上。

通过该环节，检验儿童是否具备相应的听辨能力和正确发音的口部运动能力。如果尚未具备这些能力，需要帮助儿童先练习此项内容。

训练目标

1. 能发准声母 l。

2. 能发准 4~5 个词语中的声母 l。

热身训练

训练要点

1. 能正确听辨声母 l。

2. 舌尖能抵住上齿龈，且能稳定保持 3 秒以上。

训练方法

1. 听一听

训练者选择一组词语，先分别示范发音，再随机说出这组词语中的某个词语，儿童指认相应图片。

鹿　　　　怒

男　　　　篮

2. 动一动

（1）舌尖抵住上齿龈

引导儿童用舌尖抵住上齿龈，轻轻回吸，发出"嗒嗒嗒"的音，重复数次。

（2）吸管刺激法

训练者手持一杯浓稠且可食用的液体（如酸奶），让学生用双唇夹住吸管，嘴唇和舌头协同用力吸。

发音训练

训练要点

1. 能发准声母 l。
2. 仿说及自主表达时，能发准词语中的声母 l。

训练方法

1. 学一学

发音要领：发音时，舌尖顶住上齿龈，气流从舌头两边出来，声带振动，发 l 音。

2. 说一说

训练者选择一张图片并示范发音，儿童模仿。

梨　　　　　鹿　　　　　龙　　　　　老虎

跨栏　　　　垃圾桶　　　吹喇叭　　　喝可乐

3. 讲一讲

训练者指着任意一张图片提问，儿童回答。

（1）这是什么？

（2）他 / 她 / 它在干什么？

✧ 拓展训练 ✧

训练要点

能发准句子中的声母 l。

训练方法

训练者示范读句子，儿童跟读，练习 l 在连续语音中的发音。

> 1. 姥姥拉毛驴。
>
> 2. 兰兰吃西兰花。
>
> 3. 李老师拿蜡笔。

评 价

评价内容	评价结果		
	A	B	C
1. 能发准声母 l。			
2. 能发准 4~5 个词语中的声母 l。			

评价标准：A. 自主发音时，能准确发音。
　　　　　B. 模仿发音时，能准确发音。
　　　　　C. 完全不能准确发音。

训练小贴士

1. 声母 l 属于边音，所以发音时，舌尖要抵住上齿龈，舌头下拉发声，气流从舌头两边出来。发音相对柔和，无鼻音，需要舌头有力。
2. 训练者可以自主编写拓展训练中的句子，根据儿童的能力选择不同的句长。

3.6 声母 h 的发音训练

儿童姓名 _____ 训练者 _____ 日期 _____

能力准备 　　 训练目标

能力准备

1. 能正确听辨声母 h。

2. 舌根部能隆起接触硬腭和软腭交界处，且能稳定保持 3 秒以上。

通过该环节，检验儿童是否具备相应的听辨能力和正确的口部运动能力。如果尚未具备这些能力，需要帮助儿童先练习此项内容。

训练目标

1. 能发准声母 h。

2. 能发准 4~5 个词语中的声母 h。

热身训练

训练要点

1. 能正确听辨声母 h。

2. 舌根部能隆起接触硬腭和软腭交界处，且能稳定保持 3 秒以上。

训练方法

1. 听一听

训练者选择一组词语，先分别示范发音，再随机说出这组词语中的某个词语，儿童指认相应图片。

飞　　　黑

好　　　烤

2. 动一动

（1）伸舌训练

训练者让儿童先将舌头前伸，然后后缩，重复数次。

（2）咀嚼器刺激训练

训练者用大咀嚼器向下压儿童的舌中央处，促使儿童的舌头向后缩，并上抬舌根。

🗣))) 发音训练

训练要点

1. 能发准声母 h。
2. 仿说及自主表达时，能发准词语中的声母 h。

训练方法

1. 学一学

发音要领：张开嘴巴，舌头向后缩，舌根上抬，并发出弱气流，发 h 音。

2. 说一说

训练者选择一张图片并示范词语的发音，儿童模仿。

花　　　　火　　　　黄瓜　　　　彩虹

画画　　　红绿灯　　　糖葫芦　　　芝麻糊

3. 讲一讲

训练者指着任意一张图片提问，儿童回答。

（1）这是什么？

（2）这是什么？你喜欢吃吗？为什么？

⟲ **拓展训练** ⟳

训练要点

能发准句子中的声母 h。

117

训练方法

训练者准备一盒水彩笔或油画棒，和儿童一起画一道彩虹。画好以后，让儿童说一说彩虹是什么颜色。

评　价

评价内容	评价结果		
	A	B	C
1. 能发准声母 h。			
2. 能发准 4~5 个词语中的声母 h。			

评价标准：A. 自主发音时，能准确发音。
　　　　　B. 模仿发音时，能准确发音。
　　　　　C. 完全不能准确发音。

训练小贴士

1. 在拓展训练中，若儿童对咀嚼器敏感，训练者可以用雪糕棒等材料来代替，或者从前往后循序渐进地下压儿童的舌头。若训练者没有相关材料，可以用手指来代替，但须注意卫生和安全。
2. 在"学一学"部分，训练者可采用发 h 音吹乒乓球、吹纸条、吹蜡烛等方式引导儿童发音。
3. 在拓展训练中，除了画彩虹，还可以画花朵、糖葫芦、火车、蝴蝶等。注意要边画边说。

3.7 声母 q 的发音训练

儿童姓名 _____　训练者 _____　日期 _____

能力准备　训练目标

能力准备

1. 能正确听辨声母 q。

2. 舌尖能抵住下门齿背，舌前部上抬，与硬腭前部接触，且能稳定保持 3 秒以上。

通过该环节，检验儿童是否具备相应的听辨能力和正确发音的口部运动能力。如果尚未具备这些能力，需要帮助儿童先练习此项内容。

训练目标

1. 能发准声母 q。

2. 能发准 4~5 个词语中的声母 q。

热身训练

训练要点

1. 能正确听辨声母 q。

2. 舌尖能抵住下门齿背，舌前部上抬，与硬腭前部接触，且能稳定保持 3 秒以上。

训练方法

1. 听一听

训练者选择一组词语，分别示范发音，再随机说出这组词语中的某个词语，儿童指认相应图片。

| 七 | 鸡 |

| 琴 | 心 |

2. 动一动

舌面上抬接触硬腭：训练者示范将舌尖抵住下门齿背，同时舌前部上抬，与硬腭前部接触；儿童模仿用舌尖抵住下门齿背，同时努力将舌前部上抬，与硬腭前部接触，稳定保持 3 秒以上。

〰〰〰〰〰 发音训练 〰〰〰〰〰

训练要点

1. 能发准声母 q。
2. 仿说及自主表达时，能发准词语中的声母 q。

训练方法

1. 学一学

发音要领：舌尖抵住上门齿背，舌前部上抬与硬腭前部接触，气流冲破舌根阻碍，同时发 q 音。

2. 说一说

训练者选择一张图片并示范词语的发音，儿童模仿。

球

钱

桥

气球

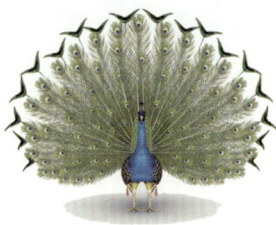

孔雀

裙子

铅笔盒

3. 讲一讲

训练者指着任意一张图片提问，儿童回答。

这是什么？

✺ 拓展训练 ✺

训练要点

读词语和短句时，语速由慢到快。先确保儿童在语速较慢的情况下能发准声母 q，再加快语速。

训练方法

训练者示范读词语和短句，儿童跟读。

> 七
>
> 气球
>
> 吹气球
>
> 七个气球
>
> 青色的气球
>
> 吹了几个气球
>
> 一二三四五六七

评　价

评价内容	评价结果		
	A	B	C
1. 能发准声母 q。			
2. 能发准 4~5 个词语中的声母 q。			

评价标准：A. 自主发音时，能准确发音。
　　　　　B. 模仿发音时，能准确发音。
　　　　　C. 完全不能准确发音。

训练小贴士

1. 送气音的训练方法有很多，训练者可以选择适合儿童的方法进行"学一学"的训练，比如镜面起雾法、触觉感知等。

2. 建议训练者选择儿童认知范围内的词语进行"说一说"的发音训练，不必局限于本篇呈现的内容。

3. "讲一讲"主要是问答练习，训练者要引导儿童自主发出目标音，不必局限于本篇呈现的问题和图片，可以在实际生活情景中进行问答练习。

3.8 声母 c 的发音训练

儿童姓名 _____ 训练者 _____ 日期 _____

能力准备	训练目标

能力准备

1. 能正确听辨声母 c。

2. 舌尖能抵住上门齿背，且能稳定保持 3 秒以上。

通过该环节，检验儿童是否具备相应的听辨能力和正确发音的口部运动能力。如果尚未具备这些能力，需要帮助儿童先练习此项内容。

训练目标

1. 能发准声母 c。

2. 能发准 4~5 个词语中的声母 c。

······ 热身训练 ······

训练要点

1. 能正确听辨声母 c。

2. 舌尖能抵住上门齿背，且能稳定保持 3 秒以上。

训练方法

1. 听一听

训练者选择一组词语, 先分别示范发音, 再随机说出这组词语中的某个词语, 儿童指认相应图片。

葱	虫	草	枣

2. 动一动

舌尖抵住上门齿背: 训练者示范将舌尖抵住上门齿背; 儿童模仿用舌尖抵住上门齿背, 稳定保持 3 秒以上。

🗣 发音训练

训练要点

1. 能发准声母 c。
2. 仿说及自主表达时, 能发准词语中的声母 c。

训练方法

1. 学一学

发音要领：舌尖抵住上门齿背，阻碍气流，然后逐渐放开，形成一条窄缝，让气流从窄缝中挤出，发 c 音。

2. 说一说

训练者选择一张图片并示范词语的发音，儿童模仿。

擦

草

菜

做操

草莓

厕所

擦桌子

大白菜

3. 讲一讲
训练者指着任意一张图片提问，儿童回答。

（1）这是什么？

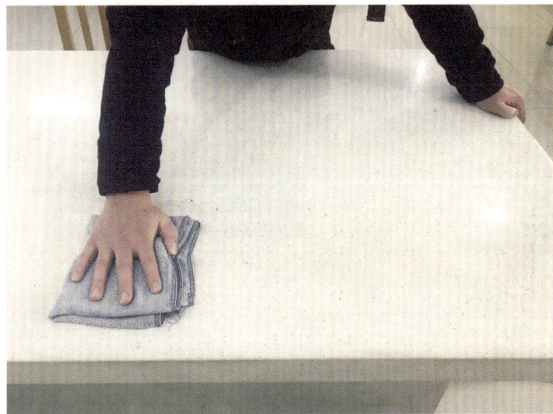

（2）他／她（们）在做什么？

（3）这是哪里？

········ 拓展训练 ········

训练要点

读词组时语速要由慢到快。确保儿童在语速较慢的情况下能准确发 c 音后，再加快语速。

训练方法

训练者示范读词组，儿童跟读 3~5 次，巩固 c 的发音。

做菜（z—c）　　厕所（c—s）　　村子（c—z）

送早餐（s—z—c）　　做早操（z—z—c）

做三次（z—s—c）　　做早餐（z—z—c）

评　价

评价内容	评价结果		
	A	B	C
1. 能发准声母 c。			
2. 能发准 4~5 个词语中的声母 c。			

评价标准：A. 自主发音时，能准确发音。
　　　　　B. 模仿发音时，能准确发音。
　　　　　C. 完全不能准确发音。

训练小贴士

1. 送气音的训练方法有许多，训练者可以选择适合儿童的方法进行"学一学"的训练，比如镜面起雾法、触觉感知等。

2. 建议选择儿童认知范围内的词语进行"说一说"的发音训练，不必局限于本篇呈现的字词。

3. "讲一讲"主要是问答练习，训练者要引导儿童自主发出目标音，不必局限于本篇呈现的内容，可以在真实的生活情景中进行问答练习。

3.9 声母 zh 的发音训练

儿童姓名 _____ 训练者 _____ 日期 _____

能力准备　　**训练目标**

能力准备

1. 能正确听辨声母 zh。

2. 舌尖能抵住硬腭，且能稳定保持 3 秒以上。

通过该环节，检验儿童是否具备相应的听辨能力和正确发音的口部运动能力。如果尚未具备这些能力，需要帮助儿童先练习此项内容。

训练目标

1. 能发准声母 zh。

2. 能发准 4~5 个词语中的声母 zh。

热身训练

训练要点

1. 能正确听辨声母 zh。

2. 舌尖能抵住硬腭，且能稳定保持 3 秒以上。

训练方法

1. 听一听

训练者选择一组词语，先分别示范发音，再随机说出这组词语中的某个词语，儿童指认相应图片。

猪　　　　哭

纸　　　　尺

2. 动一动

（1）舌尖抵住硬腭

引导儿童先用舌尖抵住上硬腭，然后轻轻回吸，发出"嗒嗒嗒"的音，重复数次。

（2）转送食物

训练者将脆饼干放进儿童嘴里，让儿童将饼干在两侧臼齿间进行转运，重复数次。

🗣》) 发音训练

训练要点

1. 能发准声母 zh。
2. 仿说及自主表达时，能发准词语中的声母 zh。

训练方法

1. 学一学

发音要领：发音时，舌尖翘起，抵在硬腭前端（上牙床后面的部位），然后舌尖稍稍离开，让气流从缝隙中挤出来，声带不振动。

2. 说一说

训练者选择一张图片并示范词语的发音，儿童模仿。

桌　　　　　钟　　　　　猪　　　　　帐篷

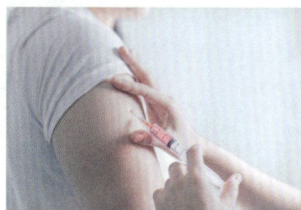　　　　　　

打针　　　　摘苹果　　　打招呼　　　八宝粥

3. 讲一讲

训练者指着任意一张图片提问，儿童回答。

（1）这是什么？

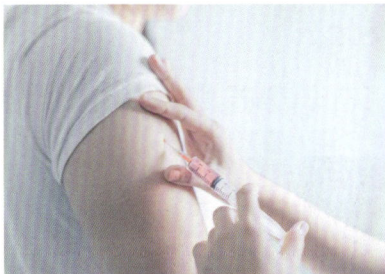

（2）他 / 她（们）在干什么？

拓展训练

训练要点

能发准句子中的声母 zh。

训练方法

训练者示范读短文，儿童跟读，练习 zh 在连续语音中的发音。

朱丽的一天

朱丽家的猪圈里住着猪妈妈和猪宝宝，猪宝宝叫嘟嘟，朱丽很喜欢它。这天早上，朱丽喝完粥，和妈妈去果园摘苹果；傍晚，朱丽跟爸爸去海边抓螃蟹，妈妈在旁边为他们拍照。这一天，朱丽玩得非常开心。

评　价

评价内容	评价结果		
	A	B	C
1. 能发准声母 zh。			
2. 能发准 4~5 个词语中的声母 zh。			

评价标准：A. 自主发音时，能准确发音。
　　　　　B. 模仿发音时，能准确发音。
　　　　　C. 完全不能准确发音。

训练小贴士

在拓展训练中，如果儿童仿说句子有困难，训练者可以降低难度，采用问答的方式，让儿童练习声母 zh 在词语或短语中的发音。

3.10 声母 r 的发音训练

儿童姓名 _____ 训练者 _____ 日期 _____

能力准备　　训练目标

能力准备

1. 能正确听辨声母 r。

2. 舌后部两侧缘能微微隆起，触碰上侧磨牙，且能稳定保持 3 秒以上。

通过该环节，检验儿童是否具备听辨和正确发音的口部运动能力。如果尚未具备这些能力，需要帮助儿童先练习此项内容。

训练目标

1. 能发准声母 r。

2. 能发准 4～5 个词语中的声母 r。

热身训练

训练要点

1. 能正确听辨声母 r。

2. 舌后部两侧缘能微微隆起，触碰上侧磨牙，且能稳定保持 3 秒以上。

训练方法

1. 听一听

训练者选择一组词语，先分别示范发音，再随机说出这组词语中的某个词语，儿童指认相应图片。

肉　　　　豆

热　　　　乐

2. 动一动

轻咬舌两侧：引导儿童微微张口，放松舌面，下颌轻轻咬合，仔细感受磨牙触碰舌后部两侧的位置，即发 r 音时舌头需上抬的部位。

🗣 发音训练

训练要点

1. 能发准声母 r。
2. 仿说及自主表达时，能发准词语中的声母 r。

训练方法

1. 学一学

发音要领：舌后面轻轻碰牙齿，通过触摸喉咙来感受声带振动，发 r 音。

2. 说一说

训练者选择一张图片并示范词语的发音，儿童模仿。

热　　　　人　　　　染布　　　　入口

牛肉　　　　虾仁　　　　芙蓉花　　　　润肤乳

3. 讲一讲

训练者指着任意一张图片提问，儿童回答。

（1）这是什么？

（2）他／她在做什么？

（3）她怎么了？

拓展训练

训练要点

仿说或自主念儿歌时，能发准声母 r。

训练方法

训练者与儿童一同进行揉捏面团 / 黏土的游戏，边做边说。

揉面团

揉面团，揉面团，

揉一揉，捏一捏，

面团变得软软的，

我来做个肉包子。

评 价

评价内容	评价结果		
	A	B	C
1. 能发准声母 r。			
2. 能发准 4~5 个词语中的声母 r。			

评价标准: A. 自主发音时,能准确发音。
B. 模仿发音时,能准确发音。
C. 完全不能准确发音。

训练小贴士

1. 在"学一学"部分,若儿童不能顺利发出 r 音,可用棉签轻轻按压舌后部两侧,通过触觉提示,帮助儿童找到准确的发音部位。同时,让儿童触摸训练者的喉部,感受声带振动,引导发出浊音 r。
2. 在"说一说"部分,可选择儿童认知范围内的图片或实物,不必局限于本篇呈现的内容,并将发音学习与词意理解相结合。
3. 在拓展训练中,要考虑儿童实际的水平,根据揉捏面团的动作,适当增减词句,如"加热水再揉一揉""使劲揉一揉",给予儿童更多的 r 音发音训练。

4 复韵母发音训练

4.1 复韵母 ai 的发音训练

儿童姓名 _____ 训练者 _____ 日期 _____

能力准备	训练目标

能力准备

1. 能正确听辨复韵母 ai。

2. 下颌能充分打开再合上，且能连续交替 3 次以上。

通过该环节，检验儿童是否具备相应的听辨能力和正确发音的口部运动能力。如果尚未具备这些能力，需要帮助儿童先练习此项内容。

训练目标

1. 能发准复韵母 ai。

2. 能发准 4~5 个词语中的复韵母 ai。

······● 热身训练 ●······

训练要点

1. 能正确听辨复韵母 ai。

2. 下颌能充分打开再合上，且能连续交替 3 次以上。

训练方法

1. 听一听

训练者选择一组词语，先分别示范发音，再随机说出这组词语中的某个词语，儿童指认相应图片。

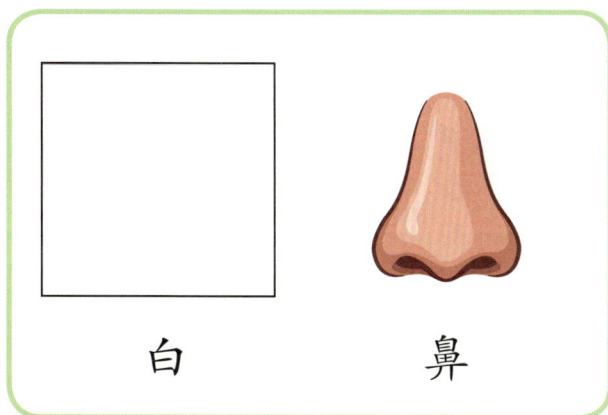

白　　　　鼻

爬　　　　牌

2. 动一动

模拟咀嚼：训练者引导儿童连续充分开合下颌，做咀嚼东西的动作。

 发音训练

训练要点

1. 能发准复韵母 ai。
2. 仿说及自主表达时，能发准词语中的复韵母 ai。

训练方法

1. 学一学

一颗爱心 ai ai ai

发音要领：发音时，先发 a 音，逐渐向 i 音滑动，气流不能中断。

2. 说一说

训练者选择一张图片并示范词语的发音，儿童模仿。

白	海	牌	排队

青菜	踩高跷	涂腮红	安全带

3. 讲一讲

训练者指着任意一张图片提问，儿童回答。

（1）这是什么？

（2）他／她（们）在干什么？

 拓展训练

训练要点

能在跟唱或自己唱儿歌时，发准语流中的复韵母 ai。

训练方法

训练者用合适的曲调示范唱儿歌，儿童跟唱。熟练后，儿童独立唱。

买 菜

提着菜篮去买菜，

青菜白菜油麦菜，

芹菜生菜空心菜，

样样都是我所爱。

评 价

评价内容	评价结果		
	A	B	C
1. 能发准复韵母 ai。			
2. 能发准 4~5 个词语中的复韵母 ai。			

评价标准：A. 自主发音时，能准确发音。
　　　　　B. 模仿发音时，能准确发音。
　　　　　C. 完全不能准确发音。

训练小贴士

1. 练习复韵母 ai 的发音前，须确保儿童已经掌握韵母 a、i 的发音。
2. 在拓展训练中，可以模拟买菜的情景，在教儿童认识各种蔬菜的过程中练习 ai 的发音，引导儿童将 ai 的发音迁移到实际生活中。

4.2 复韵母 ie 的发音训练

儿童姓名 _____ 训练者 _____ 日期 _____

能力准备　训练目标

能力准备

1. 能正确听辨复韵母 ie。

2. 下颌能打开再合上，且能连续交替 3 次以上。

3. 舌面前部能隆起与硬腭相对，舌面后部能隆起与软腭相对，且能连续交替 3 次以上。

通过该环节，检验儿童是否具备相应的听辨能力和正确发音的口部运动能力。如果尚未具备这些能力，需要帮助儿童先练习此项内容。

训练目标

1. 能发准复韵母 ie。

2. 能发准 4~5 个词语中的复韵母 ie。

热身训练

训练要点

1. 能正确听辨复韵母 ie。

2. 下颌能打开再合上，且能连续交替 3 次以上。

3. 舌面前部能隆起与硬腭相对，舌面后部能隆起与软腭相对，且能连续交替 3 次以上。

训练方法

1. 听一听

训练者选择一组词语，先分别示范发音，再随机说出这组词语中的某个词语，儿童指认相应图片。

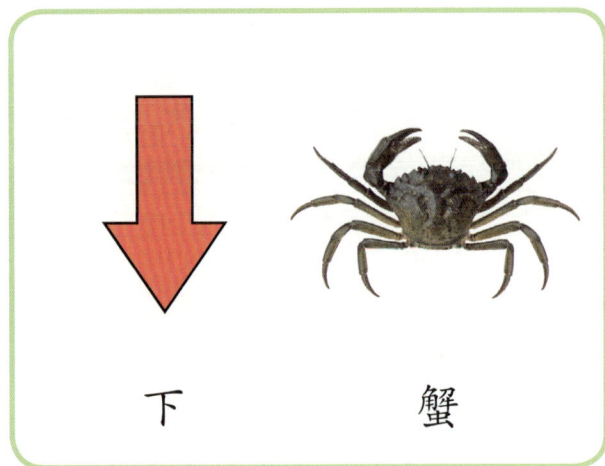

下　　　　　蟹

写　　　　　雪

2. 动一动

（1）下颌轮替训练

训练者引导儿童张嘴，再合上。重复数次。

（2）舌面前后部轮替训练

训练者引导儿童先发 i 音，再发 e 音。重复数次。

发音训练

训练要点

1. 能发准复韵母 ie。
2. 仿说及自主表达时，能发准词语中的复韵母 ie。

训练方法

1. 学一学

一颗椰子 ie ie ie

发音要领：双唇展开，舌面前部隆起与硬腭相对，发 i 音，舌位从前往后向 e 音滑动，舌面后部隆起与软腭相对，发 ie 音。

2. 说一说

训练者选择一张图片并示范词语的发音，儿童模仿。

  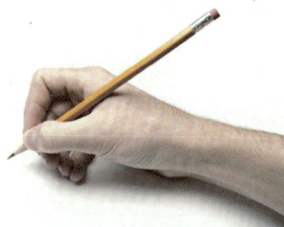 

切　　　　　　蟹　　　　　　写字　　　　　蝴蝶

贴纸　　　　　戒指　　　　　清洁工　　　　穿鞋子

3. 讲一讲

训练者指着任意一张图片提问，儿童回答。

（1）这是什么？

（2）他／她在做什么？

· · · · · · · 拓展训练 · · · · · · ·

训练要点

能发准句子中的复韵母 ie。

训练方法

训练者示范读句子，儿童跟读。

> 1. 姐姐洗茄子，接着切茄子，爷爷烧茄子，炒茄子，蒸茄子，还有一碗焖茄子。
>
> 2. 爷爷和姐姐穿好鞋子，去沙滩摘椰子，抓螃蟹。

评 价

评价内容	评价结果		
	A	B	C
1. 能发准复韵母 ie。			
2. 能发准 4~5 个词语中的复韵母 ie。			

评价标准: A. 自主发音时，能准确发音。
　　　　　　B. 模仿发音时，能准确发音。
　　　　　　C. 完全不能准确发音。

训练小贴士

1. 练习复韵母 ie 的发音前，须确保儿童已经掌握韵母 i 和 e 的发音。
2. 拓展训练中的例句较长，训练者可以根据儿童的实际水平缩短句长，或者自编句子。

4.3 复韵母 üe 的发音训练

儿童姓名 _____ 训练者 _____ 日期 _____

能力准备　　训练目标

能力准备

1. 能正确听辨复韵母 üe。

2. 双唇能撮圆再展开，且能连续交替 3 次以上。

3. 舌面前部能隆起与硬腭相对，舌面后部能隆起与软腭相对，且能连续交替 3 次以上。

通过该环节，检验儿童是否具备相应的听辨能力和正确发音的口部运动能力。如果尚未具备这些能力，需要帮助儿童先练习此项内容。

训练目标

1. 能发准复韵母 üe。

2. 能发准 4~5 个词语中的复韵母 üe。

热身训练

训练要点

1. 能正确听辨复韵母 üe。

2. 双唇能撮圆再展开，且能连续交替 3 次以上。

3. 舌面前部能隆起与硬腭相对，舌面后部能隆起与软腭相对，且能连续交替 3 次以上。

训练方法

1. 听一听

训练者选择一组词语，先分别示范发音，再随机说出这组词语中的某个词语，儿童指认相应图片。

| 鹊 | 切 | 写 | 雪 |

2. 动一动

（1）唇部轮替训练

训练人员引导儿童先噘嘴，再微笑。重复数次。

（2）舌面前后部轮替训练

训练人员引导儿童先发 i 音，再发 e 音。重复数次。

发音训练

训练要点

1. 能发准复韵母 üe。
2. 仿说及自主表达时，能发准词语中的复韵母 üe。

训练方法

1. 学一学

圆圆的月亮 üe üe üe

发音要领：双唇撮圆，舌面前部隆起与硬腭相对，发韵母 ü，舌在口中从前往后向 e 音滑动，舌面后部隆起与软腭相对，发 üe 音。

2. 说一说

训练者选择一张图片并示范词语的发音，儿童模仿。

靴

雪

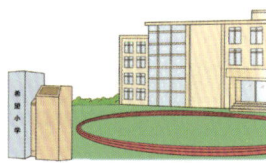

学校

雪山

月亮

喜鹊

听音乐

堆雪人

3. 讲一讲

训练者指着任意一张图片提问，儿童回答。

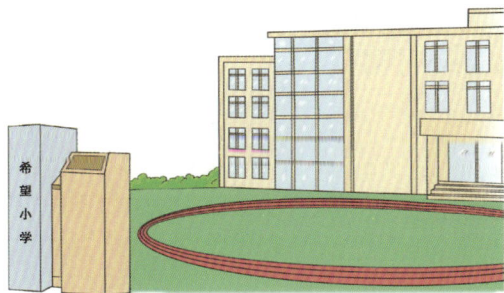

（1）这是哪里？

（2）这是什么？

（3）他 / 她在做什么？

拓展训练

训练要点

能在读句子时发准复韵母 üe。

训练方法

训练者示范读句子，儿童跟读，练习 üe 在连续语音中的发音。

1. 月亮越来越圆了。

2. 下雪了，我和姐姐穿上雪地靴，出门堆雪人。

评　价

评价内容	评价结果		
	A	B	C
1. 能发准复韵母 üe。			
2. 能发准 4~5 个词语中的复韵母 üe。			

评价标准：A. 自主发音时，能准确发音。
　　　　　B. 模仿发音时，能准确发音。
　　　　　C. 完全不能准确发音。

训练小贴士

1. 练习复韵母 üe 的发音前，须确保儿童已经掌握韵母 ü 和 e 的发音。
2. 建议训练者和儿童在真实的生活情景中进行"讲一讲"的问答，不必局限于本篇呈现的内容。

4.4 复韵母 uai 的发音训练

儿童姓名 _____ 训练者 _____ 日期 _____

能力准备 | 训练目标

能力准备

1. 能正确听辨复韵母 uai。

2. 下颌能充分打开再合上，且能连续交替 3 次以上。

3. 双唇能撮圆再展开，且能连续交替 3 次以上。

通过该环节，检验儿童是否具备相应的听辨能力和正确发音的口部运动能力。如果尚未具备这些能力，需要帮助儿童先练习此项内容。

训练目标

1. 能发准复韵母 uai。

2. 能发准 4~5 个词语中的复韵母 uai。

热身训练

训练要点

1. 能正确听辨复韵母 uai。

2. 下颌能充分打开再合上，且能连续交替 3 次以上。

3. 双唇能撮圆再展开，且能连续交替 3 次以上。

训练方法

1. 听一听

训练者选择一组词语，先分别示范发音，再随机说出这组词语中的某个词语，儿童指认相应图片。

蛙　　　　　歪

坏　　　　　画

2. 动一动

（1）下颌轮替训练

训练者引导儿童先张开嘴巴，张至最大，再合上。重复数次。

（2）唇部轮替训练

训练者引导儿童先嘟嘴，再微笑。重复数次。

🗣))) 发音训练

训练要点

1. 能发准复韵母 uai。
2. 仿说及自主表达时，能发准词语中的复韵母 uai。

训练方法

1. 学一学

头歪歪 uai uai uai

发音要领：先发 u 音，舌位向 a 音的位置滑动，并过渡至 i 音，双唇由合到开，发 uai 音。

2. 说一说

训练者选择一张图片并示范词语的发音，儿童模仿。

歪 拽 外婆 筷子

摔坏 乖宝宝 快递员 糖不甩[*]

---

* 糖不甩是一种地方传统小吃。

3. 讲一讲

训练者指着任意一张图片提问，儿童回答。

（请贴外公的
照片）

（请贴外婆的
照片）

（1）这是谁？

（2）做一做图中的动作，并说一说相应的词语。

拓展训练

训练要点

能发准句子中的复韵母 uai。

训练方法

筷子夹物：训练者和儿童分别用筷子夹物体（如仿真饺子），在活动中引导儿童表达，如"这是筷子""我用筷子夹饺子""我用筷子夹了一个饺子"等。

评 价

评价内容	评价结果		
	A	B	C
1. 能发准复韵母 uai。			
2. 能发准 4~5 个词语中的复韵母 uai。			

评价标准：A. 自主发音时，能准确发音。
　　　　　B. 模仿发音时，能准确发音。
　　　　　C. 完全不能准确发音。

训练小贴士

1. 练习复韵母 uai 的发音前，须确保儿童已经掌握韵母 u、a 和 i 的发音。

2. 在训练儿童说"外婆""外公"时，建议贴上儿童亲属的照片。

3. 学说"歪""拽""摔"等动词时，应结合动作演示来帮助儿童理解。

5　鼻韵母发音训练

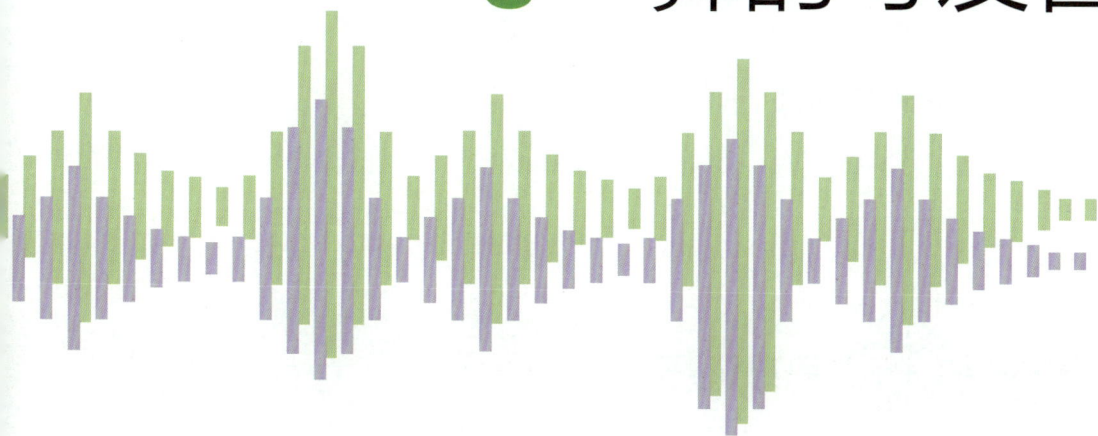

5.1 鼻韵母 an 的发音训练

儿童姓名 _____ 训练者 _____ 日期 _____

能力准备 　 训练目标

能力准备

1. 能正确听辨鼻韵母 an。

2. 下颌能充分打开再合上，且能连续交替 3 次以上。

3. 舌尖能上抬至上齿龈内侧，且能连续交替 3 次以上。

通过该环节，检验儿童是否具备相应的听辨能力和正确发音的口部运动能力。如果尚未具备这些能力，需要帮助儿童先练习此项内容。

训练目标

1. 能发准鼻韵母 an。

2. 能发准 4~5 个词语中的鼻韵母 an。

热身训练

训练要点

1. 能正确听辨鼻韵母 an。

2. 下颌能充分打开再合上，且能连续交替 3 次以上。

3. 舌尖能上抬至上齿龈内侧，且能连续交替 3 次以上。

训练方法

1. 听一听

训练者选择一组词语，先分别示范发音，再随机说出这组词语中的某个词语，儿童指认相应图片。

盐　　　　　圆

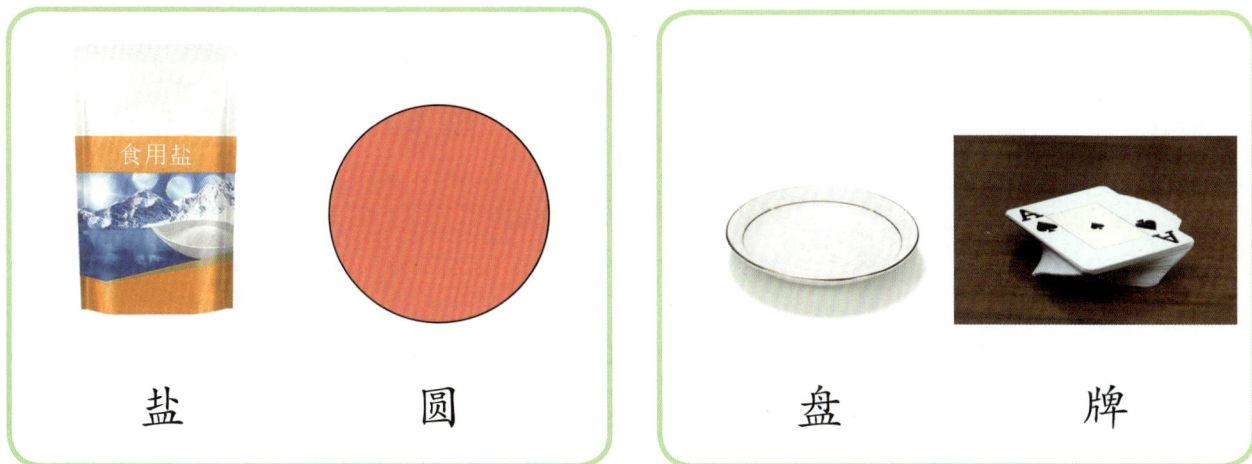

盘　　　　　牌

2. 动一动

（1）下颌轮替训练

训练者引导儿童先张开嘴巴，张至最大，再合上。重复数次。

（2）舌尖舔物训练

训练者引导儿童用舌尖舔棒棒糖，重复数次。

训练者将蜂蜜涂在儿童上齿龈内侧，引导儿童用舌尖舔。重复数次。

 )) 发音训练

训练要点

1. 能发准鼻韵母 an。

2. 仿说及自主表达时，能发准词语中的鼻韵母 an。

训练方法

1. 学一学

鹌鹑蛋 an an an

发音要领：先发 a 音，然后舌尖向上齿龈移动，最后抵住上齿龈，发前鼻音 an。口型由开到合。

2. 说一说

训练者选择一张图片并示范词语的发音，儿童模仿。

三

蓝

弹琴

吃饭

鸡蛋

蚕宝宝

打篮球

牛肉干

3. 讲一讲

训练者指着任意一张图片提问，儿童回答。

（1）这是什么？你最喜欢吃什么？

（2）他 / 她在干什么？

拓展训练

训练要点

能在语流中发准鼻韵母 an。

训练方法

训练者示范读儿歌，儿童跟读，练习鼻韵母 an 在连续语音中的发音。

登　山

一二三，天蓝蓝

我和爸爸去登山。

银杏树，金灿灿，

山顶风景真好看。

评　价

评价内容	评价结果		
	A	B	C
1. 能发准鼻韵母 an。			
2. 能发准 4~5 个词语中的鼻韵母 an。			

评价标准：A. 自主发音时，能准确发音。
　　　　　B. 模仿发音时，能准确发音。
　　　　　C. 完全不能准确发音。

训练小贴士

1. 练习鼻韵母 an 的发音前，须确保儿童已经掌握韵母 a 的发音，且鼻腔共鸣无异常。
2. 在拓展训练中，可以借助数量为 3 的物品来帮助儿童巩固鼻韵母 an 的发音。

5.2 鼻韵母 üan 的发音训练

儿童姓名 _____ 训练者 _____ 日期 _____

能力准备 训练目标

能力准备

1. 能正确听辨鼻韵母 üan。
2. 双唇能撮圆再展开，且能连续交替 3 次以上。
3. 下颌能充分打开再合上，且能连续交替 3 次以上。

通过该环节，检验儿童是否具备听辨和正确发音的口部运动能力。如果尚未具备这些能力，需要帮助儿童先练习此项内容。

训练目标

1. 能发准鼻韵母 üan。
2. 能发准 4~5 个词语中的鼻韵母 üan。

热身训练

训练要点

1. 能正确听辨鼻韵母 üan。
2. 双唇能撮圆再展开，且能连续交替 3 次以上。
3. 下颌能充分打开再合上，且能连续交替 3 次以上。

训练方法

1. 听一听

　　训练者选择一组词语，先分别示范发音，再随机说出这组词语中的某个词语，儿童指认相应图片。

元　　　　　　　丸

拳　　　　　　　钱

2. 动一动

（1）唇圆展交替运动

引导儿童先嘟嘴，再微笑。重复数次。

（2）下颌开合交替运动

引导儿童先将嘴巴张到最大，再合上。重复数次。

🗣))) 发音训练

训练要点

1. 能发准鼻韵母 üan。
2. 仿说及自主表达时，能发准词语中的鼻韵母 üan。

训练方法

1. 学一学

圆圆的太阳，üan üan üan

发音要领：双唇撮圆，舌面前部隆起与硬腭相对，发 ü 音，舌位向 a 音的方向滑降，等降到 a 音略靠后的位置就开始升高，接着发鼻音。

2. 说一说

训练者选择一张图片并示范词语的发音，儿童模仿。

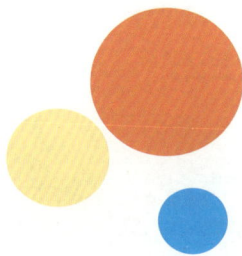

圆

拳

鸳鸯

喷泉

蛋卷

卷心菜

杜鹃花

电影院

3. 讲一讲

训练者指着任意一张图片提问，儿童回答。

（1）这是什么？

（2）小朋友在吃什么？

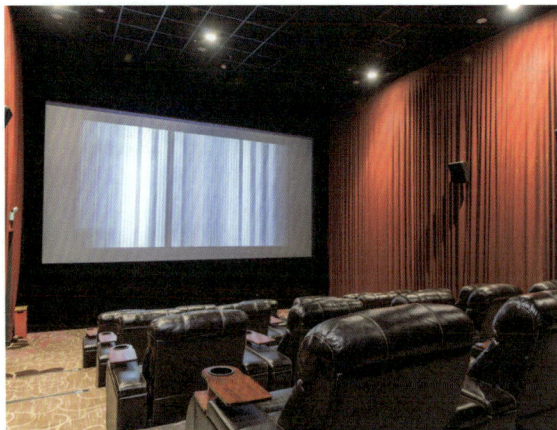

（3）这是哪里？在这里可以做什么？

✦ 拓展训练 ✦

训练要点

仿说或自主说句子时，能发准鼻韵母 üan。

训练方法

训练者与儿童手拉手进行"转圈圈"的游戏活动，边做边说。

转圈圈

手拉手，围成一个圆圈圈。

靠近一点，变成一个小圈圈。

拉开一点，变成一个大圈圈。

评 价

评价内容	评价结果		
	A	B	C
1. 能发准鼻韵母 üan。			
2. 能发准 4~5 个词语中的鼻韵母 üan。			

评价标准：A. 自主发音时，能准确发音。
　　　　　B. 模仿发音时，能准确发音。
　　　　　C. 完全不能准确发音。

训练小贴士

1. 练习 üan 的发音前，须确保儿童已经掌握韵母 ü 和 an 的发音。
2. 在"说一说"部分，可选择儿童认知范围内的图片或实物进行训练，不必局限于本篇呈现的内容，并将发音学习与词意理解相结合。

5.3 鼻韵母 ing 的发音训练

儿童姓名 _____ 训练者 _____ 日期 _____

能力准备　　训练目标

能力准备

1. 能正确听辨鼻韵母 ing。

2. 舌头能充分前伸后缩，且能连续交替 3 次以上。

3. 舌后部能上抬并维持 3 秒以上。

通过该环节，检验儿童是否具备相应的听辨能力和正确发音的口部运动能力。如果尚未具备这些能力，需要帮助儿童先练习此项内容。

训练目标

1. 能发准鼻韵母 ing。

2. 能发准 4~5 个词语中的鼻韵母 ing。

热身训练

训练要点

1. 能正确听辨鼻韵母 ing。

2. 舌头能充分前伸后缩，且能连续交替 3 次以上。

3. 舌后部能上抬并保持 3 秒以上。

训练方法

1. 听一听

训练者选择一组词语，先分别示范发音，再随机说出这组词语中的某个词语，儿童指认相应图片。

饼　　　　笔

心　　　　星

2. 动一动

（1）交替发 i、u 音

训练者引导儿童充分将舌头前伸发 i 音，然后后缩发 u 音。重复数次。

（2）发 k 音

训练者引导儿童将舌根抬向软腭，持续发 k 音。重复数次。

发音训练

训练要点

1. 能发准鼻韵母 ing。
2. 仿说及自主表达时，能发准词语中的鼻韵母 ing。

训练方法

1. 学一学

一只鹰，ing ing ing

发音要领：先发 i 音，紧接着舌根后缩并抵向软腭，让气流从鼻腔出。

2. 说一说

训练者选择一张图片并示范词语的发音，儿童模仿。

冰

瓶

钉

警察

吃月饼

乒乓球

吃苹果

看电影

3. 讲一讲

训练者指着任意一张图片提问，儿童回答。

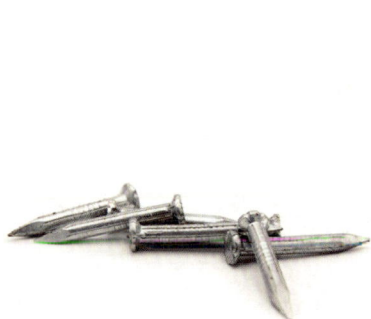

（1）这是什么？

（2）他／她（们）在干什么？

✧ 拓展训练 ✧

训练要点

能在读句子时发准鼻韵母 ing。

训练方法

训练者示范读句子，儿童跟读，练习鼻韵母 ing 在连续语音中的发音。

> 1. 大猩猩吃苹果。
>
> 2. 停车场有一辆警车。

评　价

评价内容	评价结果		
	A	B	C
1. 能发准鼻韵母 ing。			
2. 能发准 4~5 个词语中的鼻韵母 ing。			

评价标准：A. 自主发音时，能准确发音。
　　　　　B. 模仿发音时，能准确发音。
　　　　　C. 完全不能准确发音。

训练小贴士

1. 练习鼻韵母 ing 的发音前，须确保儿童已经掌握韵母 i 的发音，且鼻腔共鸣无异常。
2. 在拓展训练中，可以借助认识图形的活动，帮助儿童巩固鼻韵母 ing 的发音。

5.4 鼻韵母 uang 的发音训练

儿童姓名 _____ 训练者 _____ 日期 _____

能力准备	训练目标

能力准备

1. 能正确听辨鼻韵母 uang。

2. 双唇能撮圆再展开，且能连续交替 3 次以上。

3. 下颌能充分打开再合上，且能连续交替 3 次以上。

通过该环节，检验儿童是否具备相应的听辨和正确发音的口部运动能力。如果尚未具备这些能力，需要帮助儿童先练习此项内容。

训练目标

1. 能发准鼻韵母 uang。

2. 能发准 4~5 个词语中的鼻韵母 uang。

热身训练

训练要点

1. 能正确听辨鼻韵母 uang。

2. 双唇能撮圆再展开，且能连续交替 3 次以上。

3. 下颌能充分打开再合上，且能连续交替 3 次以上。

训练方法

1. 听一听

训练者选择一组词语，先分别示范发音，再随机说出这组词语中的某个词语，儿童指认相应图片。

黄	红

床	船

2. 动一动

（1）唇圆展交替运动

引导儿童先嘟嘴，再微笑。重复数次。

（2）下颌开合交替运动

引导儿童先将嘴巴张到最大，再合上。重复数次。

· · · · · · · · · · · · · · ·))) **发音训练** · · · · · · · · · ·

训练要点

1. 能发准鼻韵母 uang。
2. 仿说及自主表达时，能发准词语中的鼻韵母 uang。

训练方法

1. 学一学

小狗汪汪叫，uang uang uang

发音要领：双唇撮圆，发 u 音，舌位向 a 音的方向滑降，等降到 a 音略靠后的位置就开始升高，接着发鼻音。

2. 说一说

训练者选择一张图片并示范词语的发音，儿童模仿。

王

王　　　　床　　　　窗帘　　　　凤凰

箩筐　　　望远镜　　　化妆品　　　蜘蛛网

3. 讲一讲

训练者指着任意一张图片提问，儿童回答。

（1）这是什么？

（2）阿姨在做什么？

拓展训练

训练要点

仿说或自主说句子时，能发准鼻韵母 uang。

训练方法

训练者示范并引导儿童说绕口令。

红凤凰，黄凤凰，

粉红凤凰，花凤凰。

评　价

评价内容	评价结果		
	A	B	C
1. 能发准鼻韵母 uang。			
2. 能发准 4~5 个词语中的鼻韵母 uang。			

评价标准：A. 自主发音时，能准确发音。
　　　　　　B. 模仿发音时，能准确发音。
　　　　　　C. 完全不能准确发音。

训练小贴士

1. 练习鼻韵母 uang 的发音前，须确保儿童已经掌握韵母 u 和 a 的发音，且鼻腔共鸣无异常。

2. 在"说一说"部分，可选择儿童认知范围内的图片或实物进行训练，不必局限于本篇呈现的内容，并将发音学习与词意理解相结合。

《手把手教你做语言训练》编写人员简介

马红英，华东师范大学特殊教育学系副教授，担任《培智学校义务教育实验教科书·生活语文》《生活语文·听说》主编。长期从事特殊学校语文教材教法、特殊学生语文学业评价、特殊儿童语言发展与训练等领域的教学和研究工作。主持《上海市辅读学校言语沟通训练课程指南》《特殊儿童语言与沟通能力评估指导手册》《随班就读学生语文学业评价指导手册》的研发和编写工作。主编、参编著作10余部，发表专业论文40余篇。参与教育部《培智学校义务教育生活语文课程标准（2016年版）》《培智学校义务教育艺术休闲课程标准（2016年版）》的审读工作。

李萍，上海市普陀区启星学校原校长，高级教师。曾荣获上海市三八红旗手、上海市特殊教育先进个人、上海市园丁及普陀区劳模等称号。主持多项全国课题和上海市规划课题，研究成果获上海市教学成果一等奖。参与《上海市辅读学校行为训练课程指南》的编写，主编《启启星星社交故事集》。

陈建军，上海市青浦区辅读学校原校长、党支部书记，青浦区特殊教育指导中心常务副主任，上海市教育学会特殊教育专业委员会理事，上海市基础教育督学，高级教师。曾荣获首届上海市"四有好老师"（师德楷模）提名，青浦区改革创新先进个人称号。领衔完成了上海市随班就读支持保障体系实验区、上海市特殊教育医教结合实验区、上海市特殊教育学前教育设点布局与管理研究实验区、上海市特殊教育送教上门、医教结合服务实验区等实验项目的研究，课题成果获上海市基础教育教科研成果二等奖。出版《医教结合——我们在行动》《医教结合——我们在探究》《从接纳走向融合——特殊教育教学康复及支持服务》《三十春秋育弱苗——特殊教育研究与实践启示录》等著作。

徐银秀，毕业于华东师范大学特殊教育学系，特殊教育学硕士。上海市青浦区特殊教育指导中心教师，上海市教育委员会教研室特殊教育中心组成员。主要从事特殊儿童言语－语言康复训练、随班就读巡回指导等工作。参与《特殊儿童语言与沟通能力评估指导手册》《培智学校义务教育实验教科书·生活语文》《生活语文·听说》的编写工作。

范敏，上海市普陀区启星学校党支部书记、校长，上海市普陀区特殊教育康复指导中心主任。长期从事义务教育阶段语文教学工作，参与《培智学校义务教育〈生活语文〉教师教学用书》的编写，主持和参与多项特殊教育教学各级课题的研究，多次受邀在华东师范大学和各级特殊教育教师培训中作专题讲座。

钱慧红，上海市青浦区辅读学校高级教师，青浦区特殊教育教研员。从事特教工作二十多年，参与编写《培智学校义务教育实验教科书·劳动技能》。担任青浦区第六届、第七届名优教师"种子计划"团队主持人，先后带领青浦区特殊教育团队领衔上海市医教结合、随班就读教学、学前特殊教育等项目研究。主持开展区级重点项目研究，开发"十三五""十四五"区级教师培训课程。主编《医教结合，我们以生为本》，发表论文10余篇。

刘君，上海市普陀区启星学校科研室主任，高级教师。长期从事语文教学和学校教育科研工作。荣获上海市中小学青年教师教学评选活动一等奖和全国首届培智学校青年教师基本功大赛二等奖。参与《培智学校义务教育实验教科书·生活语文》审读试教工作和《培智学校义务教育实验教科书〈生活语文〉教师教学用书》教学设计的撰写工作，以及《生活语文·学习实践与评估》的编写工作，发表专业论文10余篇。

余兆，上海市普陀区教育学院特殊教育教研员，上海市普陀区启星学校语文教师，高级教师。长期从事语文教学、特殊儿童语言与沟通能力评估和训练工作。参与《培智学校义务教育实验教科书·生活语文》试教工作。申报并主持多项区级重大课题、一般课题和个人课题。参与华东师范大学"特殊学校语文教材教法"慕课教学。获2016年度上海市中小学中青年教师教学评选一等奖、上海市金爱心教师二等奖、上海市园丁奖等荣誉。

杨燕，上海市普陀区启星学校语文教师，语言训练教研组组长，一级教师。长期从事特殊学生语文教学、特殊儿童语言与沟通能力评估工作。参与编写《培智学校义务教育实验教科书〈生活语文〉教师教学用书》，主持的区级重点课题获上海市普陀区第十三届教育科学研究成果二等奖。曾获上海市园丁奖、普陀区园丁奖等荣誉。

张珏春，上海市普陀区启星学校语文教师，上海市普陀区特殊教育指导中心巡回指导教师，高级教师。长期从事特殊学校语文、普通学校随班就读等领域的教育教学研究工作，参与编写《培智学校义务教育实验教科书〈生活语文〉教师教学用书》，主持的课题获得上海市特殊教育专业委员会三等奖和普陀区教科研个人课题优秀。曾获上海市金爱心教师二等奖、普陀区园丁奖、普陀区青年岗位能手等荣誉。

茅娟，高级教师，毕业于华东师范大学，现任教于上海市普陀区启星学校。专注于特殊儿童语文课堂的教学与研究，参与编写《生活语文·学习实践与评估》《辅读学校 实用语文学本》及配套教参。多次代表学校参加各级教学评比和展示活动，2016年获得上海市中青年教师教学评优一等奖，2018年参加课改三十年"量身定制，个性发展"的现场教学展示活动。

刘轶，上海市普陀区启星学校语文教师，语文教研组组长，一级教师。毕业于华东师范大学特殊教育系特殊教育专业。长期从事语文一线教学，语言与沟通训练。曾获2020年度上海市中小学中青年教师教学评选一等奖，2021年度普陀杯青年教师教学评选一等奖。参与编写《培智学校义务教育实验教科书·生活语文》，参与区级课题"上海市辅读学校言语沟通训练课程指南的细化研究"。

虞明稚，上海市普陀区启星学校语文教师，毕业于华东师范大学，二级教师。工作后一直从事特殊儿童语文教学和言语－语言康复训练。参与区级课题"上海市辅读学校言语沟通训练课程指南的细化研究"，获得"教坛新秀"荣誉称号。

徐珍珍，上海市普陀区启星学校语文教师，毕业于华东师范大学，二级教师。长期从事特殊儿童语文教学、言语－语言康复训练工作。参与上海市普陀区教育科研课题"科学领域的积极心理健康课程建构"和"自闭症儿童青春期问题行为指导"。

殷勤，上海市普陀区启星学校教师，毕业于上海中医药大学康复治疗系，二级教师。从事特殊教育工作十二年，擅长特殊儿童的言语－语言康复训练。参与区级课题"上海市辅读学校言语沟通训练课程指南的细化研究"，多次参与教学展示活动。

陈嬿，上海市普陀区启星学校语文教师，语文教研组组长，高级教师。长期从事特殊学生语文教学、特殊儿童个别化康复训练工作。参与编写《启启星星社交故事集》，参与区级重点课题研究，申报并主持区级课题，发表多篇论文。曾获上海市园丁奖、普陀区园丁奖等荣誉。

孙宏燕，毕业于华东师范大学特殊教育学系，特殊教育学硕士。目前就职于上海市青浦区辅读学校，一级教师。长期从事针对特殊幼儿语言与沟通的康复教学，参与编写《特殊儿童语言康复主题教学》，参与多项市、区级课题研究。

彭云晖，华东师范大学特殊教育硕士，上海市闵行区启智学校教师，闵行区教育学院特殊教育中心组成员。主要从事特殊儿童的语言康复训练和数学教学工作。参与编写《走向高质量融合教育》一书。

马占刚，毕业于华东师范大学特殊教育学系，特殊教育学硕士。上海市青浦区辅读学校教师，学校教科室主任，主要承担培智学校康复训练与研究工作，青浦区特殊教育中心组成员。近年来先后获得上海市园丁奖、青浦区名优教师、青浦区特殊教育先进个人等荣誉称号。主持市级课题3项，区级课题1项，发表学术论文5篇。

张荑婧，华东师范大学言语听觉科学专业本科，特殊教育学在职硕士。上海市青浦区特殊教育指导中心教师，兼任青浦区随班就读巡回指导教师、青浦区特殊教育听力语言康复训练研究基地秘书。主要承担特殊儿童听觉与言语－语言康复训练工作。曾获青浦区教育系统园丁奖、青浦区特殊教育先进个人称号，多次在教学技能大赛、课题研究和论文评比中获奖。参与编写培智教材《生活语文·听说》和《特殊儿童语言康复主题教学》一书。

特殊儿童康复训练与保健系列丛书

手把手
教你做语言训练

第二册　常用句式训练

马红英　李　萍　陈建军　总主编
李　萍　马红英　　　　本册主编

上海教育出版社
SHANGHAI EDUCATIONAL
PUBLISHING HOUSE

图书在版编目（CIP）数据

手把手教你做语言训练. 第二册，常用句式训练 / 李萍，马红英主编；范敏，余兆副主编；刘君，张珏春执行主编. — 上海：上海教育出版社，2024.7. —（特殊儿童康复训练与保健系列丛书）. — ISBN 978-7-5720-2546-4

Ⅰ. G762

中国国家版本馆CIP数据核字第2024ZOR398号

本书编委会

总 主 编　马红英　李　萍　陈建军

编　　委（以姓氏笔画为序）

马占刚　马红英　刘　君　刘　轶　孙宏燕

杨　燕　李　萍　余　兆　张珏春　张薁婧

陈建军　陈　嬿　范　敏　茅　娟　徐珍珍

徐银秀　钱慧红　殷　勤　彭云晖　虞明稚

分册编委会

第一册　发音训练

主　　编　陈建军　马红英

副 主 编　徐银秀　钱慧红

执行主编　徐银秀

编写人员　徐银秀　张薁婧　孙宏燕　彭云晖　马占刚

　　　　　陈建军　钱慧红

第二册　常用句式训练

主　　编　李　萍　马红英

副 主 编　范　敏　余　兆

执行主编　刘　君　张珏春

编写人员　刘　君　张珏春　陈　嬿　徐珍珍　范　敏

　　　　　余　兆　马红英

第三册　情景对话训练

主　　编　李　萍　马红英

副 主 编　范　敏　余　兆

执行主编　杨　燕　茅　娟

编写人员　杨　燕　茅　娟　刘　轶　徐珍珍　殷　勤

　　　　　虞明稚　李　萍

前　言

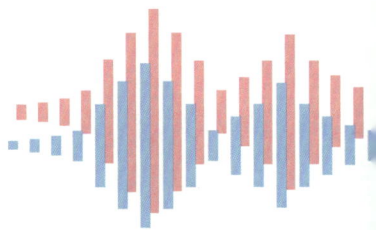

　　研究显示，儿童言语沟通障碍已经成为制约其学业发展、社会融入的核心障碍之一，对言语沟通障碍儿童进行早期干预刻不容缓。但是，目前针对言语沟通障碍儿童的系统干预的书籍少之又少。

　　《手把手教你做语言训练》（以下简称《语言训练》）是为教师和家长编写的言语沟通训练实训指导手册，旨在为使用者提供科学、系统的言语沟通训练方案。

训练内容

　　《语言训练》由三个分册构成。各册训练项目安排如下：

　　第一册：发音训练。包括发音生理功能训练和声母及韵母发音的训练项目 29 个。

　　第二册：常用句式训练。包括生活中常用单句和复句的训练项目 35 个。

　　第三册：情景对话训练。包括家庭、学校、社区情景对话训练项目 50 个。

编写思路

　　1.《语言训练》依据《培智学校康复训练课程标准（2016 年版）》和《上海市辅读学校言语沟通训练课程指南（征求意见稿）》编写。训练内容涵盖了发音、常用句式、语用、会话技能等重要领域。

　　2. 根据儿童语言与认知发展规律来安排训练内容的顺序，努力体现儿童语言沟通能力的发展过程和儿童语言运用的基本需求。

　　3. 尽量创设沟通环境，通过真实的沟通场景、具体的沟通任务开展项目训练。基于此认识，《语言训练》依托儿童熟悉的生活情景设置沟通事件，以情景对话的方式，引导儿童认识语境，表达需求，遵守会话原则，掌握固定的语言表达格式，提升儿童参与训练的兴趣。训练时，训练者只需引导儿童一步步完成书中布置的沟通任务，即可实现训练目标。

《语言训练》除言语呼吸训练和口腔功能训练等 5 个项目外，其余训练项目的结构大致相同，每个项目的训练均由三个部分组成。

第一部分是给训练者的训前提示，包括能力准备和训练目标。"能力准备"是提示使用者在训练前对儿童完成本项目训练的先备条件进行评估，只有当儿童具备完成本目标的知识技能时，才能进入目标训练程序；"训练目标"则是提示使用者关于本项目的训练内容和要点。

第二部分呈现了项目训练的素材和程序，其中包括热身训练、项目训练（如发音训练、句式训练等）和拓展训练三个板块。"热身训练"是项目训练前的热身活动，旨在调动儿童兴趣，集中对相关知识技能的注意，为正式实施目标训练作铺垫；"项目训练"是言语沟通训练的主体，旨在通过专项训练促进儿童形成所训目标的能力；"拓展训练"则是项目训练的延伸，旨在引导儿童将通过本训练项目获得的技能及时迁移运用到具体的沟通场景中。

第三部分是训练结果评价和训练操作建议。"评价"根据训练目标设置的评价要点和目标达成要求进行，旨在帮助使用者及时了解儿童的训练效果，判断能否进入下一个训练项目的学习；"训练小贴士"是针对本项目的训练，从材料准备、训练重点、训练方法等维度提出的操作性建议。

统一的结构方便使用者把握训练目标、要点和步骤，但如果儿童有不同的训练基础和沟通习惯，使用者可以据此调整训练结构，设计个性化的训练程序。

适用对象 ▎

1. 训练对象：《语言训练》适用于构音障碍、句法发展迟缓、沟通困难等言语沟通障碍儿童的语言沟通干预训练，也可用于普通幼儿的语言游戏活动。

2. 使用人员：本书使用者为语言康复教师、特殊学校语言训练教师、普通学校资源教师、普通幼儿园语言教师及特殊儿童家长。

我们的希望 ▎

希望《语言训练》的出版能够丰富国内言语沟通障碍儿童训练的资源，为一线语言康复训练教师提供言语沟通干预实践指导，提升言语沟通障碍儿童的语言运用能力，满足家长对言语沟通障碍儿童交际能力发展的期待。

本书编写组
2023 年 12 月

简　介

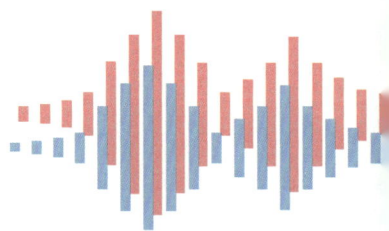

　　《手把手教你做语言训练》第二册《常用句式训练》依据儿童语言词句的发展规律，立足家庭、康复机构、特殊学校儿童语言教学实际和日常生活需求，力图将语言训练与儿童认知发展水平、实际生活环境有机结合起来，并展现教学全过程，帮助训练者（家长或教师）对语言学习期儿童进行语言教学和指导。

　　根据儿童语言获得规律，本册分为常用单句训练和常用复句训练两个部分，共有35个生活中的典型句式。每个句式训练均设置学习要点提示（知识／能力准备和训练目标）、热身训练、句式训练、拓展训练、评价和训练小贴士等板块，从多侧面、多角度展现学习内容，突出实用性，方便家长和教师操作与使用。

　　"知识／能力准备"列出儿童在进行该句式训练前应具备的语言水平和相关概念，训练者可使用"热身训练"中所列内容进行检验，判断儿童是否已具备学习该句式的能力。

　　"训练目标"指明儿童通过该训练应达到的语言水平。

　　"句式训练"提供了相应的训练要点和训练方法，呈现了具体且贴近儿童生活的句式训练内容，提供完整的训练行为，供训练者使用时参考。

　　"拓展训练"提供了真实的生活情景，可检验儿童对句式的掌握和泛化情况。

　　"评价"呈现了评价内容和评价结果，方便训练者及时了解和把握训练成效，合理调整训练进度。

　　"训练小贴士"提供了该句式训练需要准备的材料，以及训练时的注意事项。

目　录

1　常用单句训练

1 常用单句训练

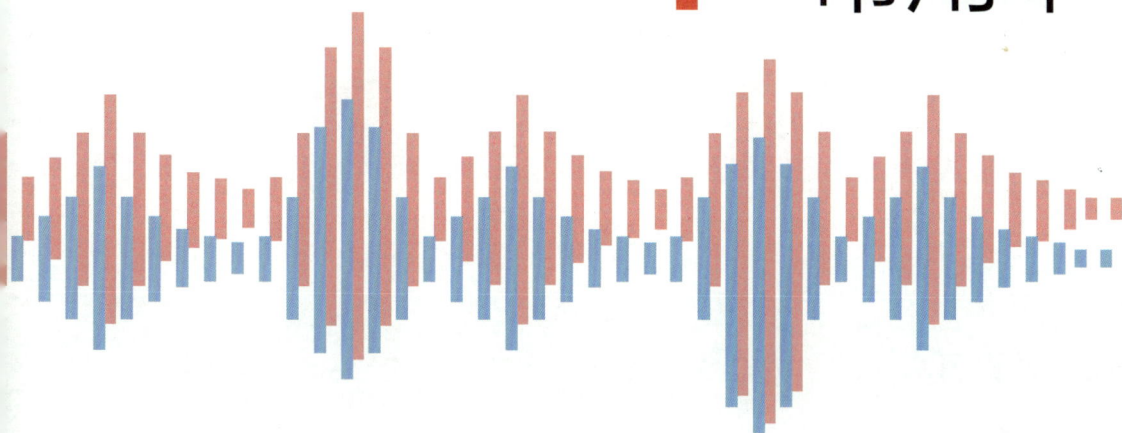

1.1 主谓结构双词句

儿童姓名＿＿＿＿＿　　训练者＿＿＿＿＿　　日期＿＿＿＿＿

| 知识 / 能力准备 | 训练目标 |

知识 / 能力准备
能使用常见的名词和常用的动词。

训练目标
1. 能听懂主谓结构双词句。
2. 能正确使用主谓结构双词句进行表达。

热身训练

一、看一看，说一说

1. 请你看一看，说出图中是谁，他怎么了。

2. 请你看一看，说出图中是什么，它在干什么。

二、听一听，指一指

1. 请你听一听，指出哪张图片表示"妈妈抱"。

2. 请你听一听，指出哪张图片表示"小猫吃"。

训练建议

热身训练的目的是检验儿童是否能听懂主谓结构双词句。如果儿童尚不能听懂主谓结构双词句，建议训练者通过看图学话的方法，或利用生活场景先让儿童听懂，再开始训练儿童使用主谓结构双词句进行表达。

句式训练

训练要点

使用主谓结构双词句进行表达。

训练方法

1. 训练者出示图片，引导儿童理解图片内容。
2. 训练者出示图片，示范使用主谓结构双词句进行表达，让儿童模仿。
3. 与儿童对话，让儿童独立使用主谓结构双词句进行表达。

我喝（橙汁）

训练者：这是什么？

儿　童：橙汁。

训练者：你喝吗？

儿　童：喝。

训练者：请你跟我说"我喝"。

儿　童：我喝。

训练者：说对了！你喝橙汁吗？

儿　童：我喝。

我想吃

训练者：这是什么？

儿　童：蛋糕。

训练者：你想吃吗？

儿　童：想。

训练者：请你跟我说"我想吃"。

儿　童：我想吃。

训练者：说对了！你想吃蛋糕吗？

儿　童：我想吃。

小鱼游泳

训练者：这是什么？

儿　童：鱼。

训练者：小鱼在干什么？（边问边做动作。）

儿　童：游 / 游泳。

训练者：请你跟我说"小鱼游泳"。

儿　童：小鱼游泳。

训练者：说得真棒！小鱼在干什么？

儿　童：小鱼游泳。

拓展训练

请你根据生活情景，使用主谓结构双词句说一说身边的事情。

评价

评价内容	评价结果
在动作／图片提示下能使用主谓结构双词句进行表达。	能／不能
能独立使用主谓结构双词句进行表达。	能／不能
拓展训练：能在生活情景中使用主谓结构双词句进行表达。	能／不能

训练小贴士

1. 训练材料可以是本篇中的图片，也可自行准备常见的生活场景图片。
2. 本训练内容以图片或自备物品为载体，训练者可以利用本篇中的图片，引导儿童用完整的句子来表达，逐步过渡到实际生活场景。
3. 建议让儿童联系实际生活，提高儿童的成就感。
4. 主谓结构双词句的基础是正确命名常见物品或动作，因此训练者要帮助儿童积累对物品或动作的正确命名，一般在达到 50 个左右后，可以进行本项训练。

1.2 动宾结构双词句

儿童姓名＿＿＿＿＿ 训练者＿＿＿＿＿ 日期＿＿＿＿＿

知识 / 能力准备 | **训练目标**

知识 / 能力准备
能使用常见的名词和常用的动词。
训练目标
1. 能听懂动宾结构双词句。
2. 能正确使用动宾结构双词句进行表达。

热身训练

一、看一看，说一说

1. 请你看一看，指出哪张图片表示"拍球"。

2. 请你看一看，指出哪张图片表示"吃饭"。

训练建议

　　热身训练的目的是检验儿童是否能听懂动宾结构双词句。如果儿童尚不能听懂动宾结构双词句，建议训练者通过看图学话的方法，或利用生活场景先让儿童听懂，再开始训练儿童使用动宾结构双词句进行表达。

句式训练

训练要点

使用动宾结构双词句进行表达。

训练方法

1. 训练者做动作，引导儿童理解动作内容。
2. 训练者做动作，示范使用动宾结构双词句进行表达，让儿童模仿。
3. 与儿童对话，让儿童独立使用动宾结构双词句进行表达。

洗衣服

训练者：这是什么？

儿　童：衣服。

训练者：衣服脏了怎么办？（边问边做动作。）

儿　童：洗一洗。

训练者：请你跟我说"洗衣服"。

儿　童：洗衣服。

训练者：说得真棒！请你再说一遍。

儿　童：洗衣服。

叠衣服

训练者：晒好的衣服，我们要把它们叠起来才能放进衣橱
　　　　里。（边说边做动作。）请你跟我说"叠衣服"。

儿　童：叠衣服。

训练者：说得真棒！请你再说一遍。

儿　童：叠衣服。

穿衣服

训练者: 每天早上起床后，我们要穿衣服。（边说边做动作。）请你跟我说"穿衣服"。

儿　童: 穿衣服。

训练者: 说得真棒！请你再说一遍。

儿　童: 穿衣服。

开门　关门

训练者: 这是什么？（指向门。）

儿　童: 门。

训练者: 客人敲门，你应该怎么做？（边说边做动作。）请你跟我说"开门"。

儿　童: 开门。

训练者: 说得真棒！请你再说一遍。

儿　童: 开门。

训练者: 客人走了，你应该怎么做？（边说边做动作。）请你跟我说"关门"。

儿　童: 关门。

训练者: 说得真棒！请你再说一遍。

儿　童: 关门。

擦桌子

训练者：他在干什么？

儿　童：擦桌子。

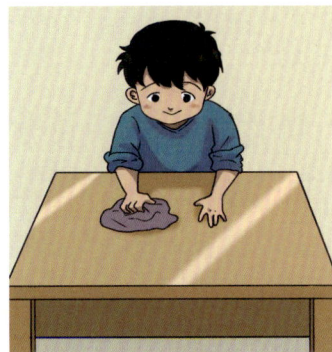

洗碗

训练者：小朋友在干什么？

儿　童：洗碗。

打篮球

训练者：他们在干什么？

儿　童：打篮球。

11

拓展训练

请你根据生活情景，用动宾结构双词句说一说身边的事情。例如：擦黑板、扫地、排队、吃饭、玩玩具等。

评 价

评价内容	评价结果
在动作提示下，能使用动宾结构双词句进行表达。	能 / 不能
能独立使用动宾结构双词句进行表达。	能 / 不能
拓展训练：能在生活情景中使用动宾结构双词句进行表达。	能 / 不能

训练小贴士

1. 训练材料可以是儿童熟悉的、接触较多的生活场景图片，也可以直接用动作演示。
2. 引导儿童观察生活，丰富日常语言，在实际生活中使用相应的双词句。
3. 动宾结构双词句的基础是正确命名常见物品或动作，因此训练者要帮助儿童积累对物品或动作的正确命名，一般在达到 50 个左右后，可以进行本项训练。

1.3 "这是(什么/谁)"

儿童姓名＿＿＿＿＿　训练者＿＿＿＿＿　日期＿＿＿＿＿

知识/能力准备　　训练目标

知识/能力准备

1. 认识常见的物品、地点，了解常见的职业，并正确命名。

2. 能听懂"这是什么？""这是什么地方？""这是谁？""这是什么东西？"等提问。

3. 能听懂"这是(什么/谁)"的句式。

训练目标

能正确使用"这是(什么/谁)"的句式进行表达。

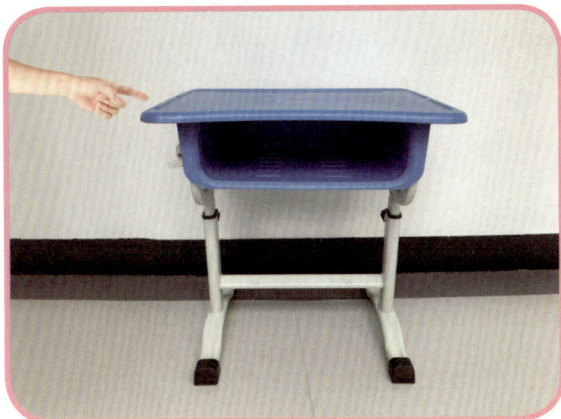 **热身训练**

1. 请你看一看，指出哪张图片表示"这是桌子"。

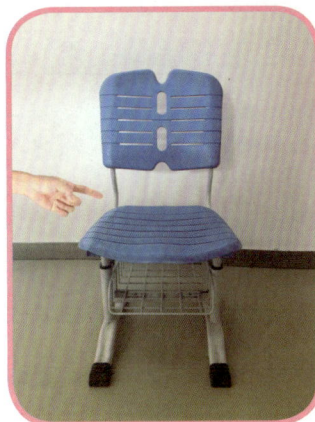

2. 请你看一看，指出哪张图片表示"这是操场"。

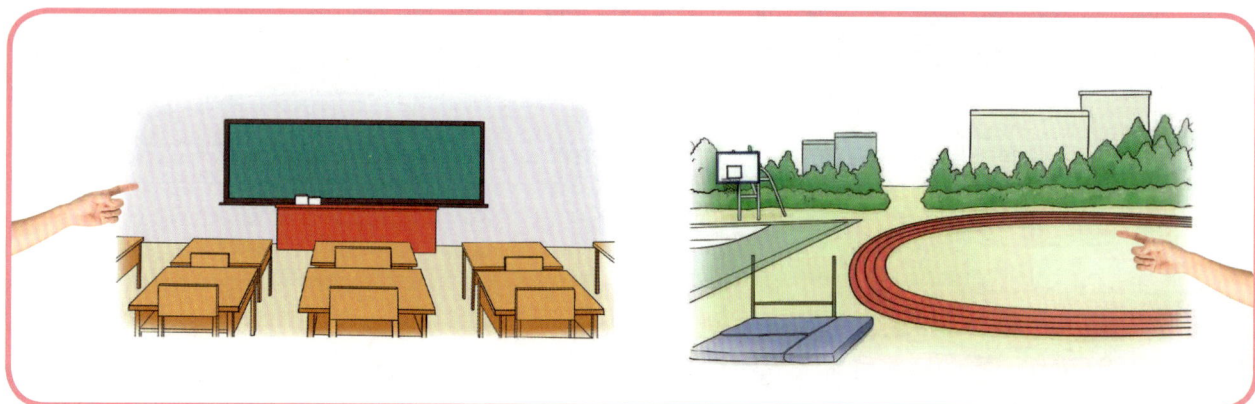

训练建议

　　热身训练的目的是检验儿童是否能听懂"这是（什么／谁）"的句式。如果儿童尚不能听懂"这是（什么／谁）"的句式，建议训练者先结合生活中的实物让儿童学习命名常见物品，再开始训练使用"这是（什么／谁）"的句式进行表达。

句式训练

训练要点

　　使用"这是（什么／谁）"的句式进行表达。

训练方法

1. 训练者朗读对话，帮助儿童理解对话内容。
2. 指导儿童模仿对话中明明的回答，说出"这是（什么／谁）"。
3. 与儿童对话，让儿童使用"这是（什么／谁）"的句式进行表达。

这是什么？

贝贝：这是什么？
明明：这是铅笔。

贝贝：这是什么？
明明：这是橡皮。

这是什么地方？

贝贝：这是什么地方？
明明：这是教室。

贝贝：这是什么地方？
明明：这是操场。

这是什么东西？

贝贝：这是什么东西？
明明：这是电视机。

贝贝：这是什么东西？
明明：这是微波炉。

这是谁？

贝贝：这是谁？

明明：这是老师。

贝贝：这是谁？

明明：这是警察。

拓展训练

　　请你和爸爸妈妈一起玩"你问我答"的游戏。准备好自己喜欢的零食和玩具，由爸爸妈妈提问，你用"这是（什么／谁）"的句式来回答。

评　价

评价内容	评价结果
在语言／图片提示下能使用"这是（什么／谁）"的句式进行表达。	能／不能
能独立使用"这是（什么／谁）"的句式进行表达。	能／不能
拓展训练：能在生活情景中使用"这是（什么／谁）"的句式进行表达。	能／不能

1. 训练材料可以是本篇中的图片或相应的实物。

2. 尽可能在真实的场景中进行训练。

3. 为了不使儿童在训练中混淆问与答，建议由两位训练者完成对话示范，引导儿童模仿回答。

4. 除利用图片或实物学习句式外，训练者还可以设计各类游戏活动，例如"摸魔术袋"（这是什么？）、"小动物做客"（这是谁？）、"春游"（这是什么地方？）等游戏活动，在自然状态下引导儿童使用"这是（什么／谁）"的句式进行表达。

1.4 "我有（什么）"

儿童姓名＿＿＿＿＿＿ 训练者＿＿＿＿＿＿ 日期＿＿＿＿＿＿

知识 / 能力准备 　　训练目标

知识 / 能力准备

1. 认识常见的物品，能正确命名。

2. 能听懂"我有（什么）"的句式。

训练目标

能正确使用"我有（什么）"的句式进行表达。

热身训练

1. 请你看一看，指出哪张图片表示"我有气球"。

2. 请你看一看，指出哪张图片表示"我有书包"。

3. 请你看一看，指出哪张图片表示"我有苹果"。

训练建议

　　热身训练的目的是检验儿童是否能听懂"我有（什么）"的句式。如果儿童尚不能听懂"我有（什么）"的句式，建议训练者结合生活中的具体情景先让儿童理解，再开始训练儿童使用"我有（什么）"的句式进行表达。

句式训练

训练要点

使用"我有（什么）"的句式进行表达。

训练方法

1. 训练者出示图片，要求儿童回答"这是什么？"
2. 训练者示范使用"我有（什么）"的句式进行表达，让儿童模仿。
3. 与儿童对话，让儿童使用"我有（什么）"的句式进行表达。

我有橘子

训练者：这是什么？

儿 童：橘子。

训练者：给你橘子。现在你有橘子吗？

儿 童：有。

训练者：请你跟我说"我有橘子"。

儿 童：我有橘子。

训练者：说得真棒！你有什么？

儿 童：我有橘子。

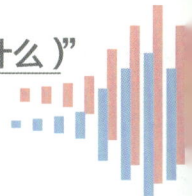

我有铅笔

训练者: 这是什么？

儿　童: 铅笔。

训练者: 给你铅笔。现在你有铅笔吗？

儿　童: 有。

训练者: 请你跟我说"我有铅笔"。

儿　童: 我有铅笔。

训练者: 说得真棒！你有什么？

儿　童: 我有铅笔。

我有面包

训练者: 这是什么？

儿　童: 面包。

训练者: 给你面包。现在你有面包吗？

儿　童: 有。

训练者: 请你跟我说"我有面包"。

儿　童: 我有面包。

训练者: 说得真棒！你有什么？

儿　童: 我有面包。

拓展训练

请你仔细看看自己的房间，使用"我有（什么）"的句式说一说。

评 价

评价内容	评价结果
在语言／图片／动作提示下能使用"我有（什么）"的句式进行表达。	能／不能
能独立使用"我有（什么）"的句式进行表达。	能／不能
拓展训练：能在生活情景中使用"我有（什么）"的句式进行表达。	能／不能

训练小贴士

1. 训练材料应该是儿童喜欢的日常物品或食品，如小汽车、水果等，本篇中的图片只是范例。
2. 在句式训练中，训练者应要求儿童说完整的句子，避免以词代句。
3. 训练者可以引导儿童多观察生活，借助日常生活中的场景开展句式训练，让儿童将学习的句式迁移到实际生活中。

1.5 "（什么）是（什么）"

儿童姓名＿＿＿＿＿ 训练者＿＿＿＿＿ 日期＿＿＿＿＿

知识／能力准备　　训练目标

知识／能力准备

1. 知道生活中常见物品的分类。
2. 能辨别常见物品的（类属关系）类别。

训练目标

能正确使用"（什么）是（什么）"的句式进行表达。

热身训练

1. 请你看一看，指出哪个是学习用品。

2. 请你看一看，指出哪个是水果。

3. 请你看一看，指出哪个是蔬菜。

4. 请你看一看，指出哪个是交通工具。

训练建议

　　热身训练的目的是检验儿童是否知道生活中常见物品的分类。如果儿童尚不知道生活中常见物品的分类，建议训练者结合生活中的具体物品先让儿童理解，再开始训练儿童使用"（什么）是（什么）"的句式进行表达。

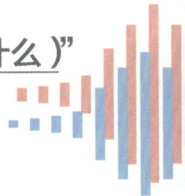

句式训练

训练要点

使用"（什么）是（什么）"的句式进行表达。

训练方法

1. 训练者出示图片，要求儿童说出物品的类别。
2. 训练者示范使用"（什么）是（什么）"的句式进行表达，让儿童模仿。
3. 让儿童使用"（什么）是（什么）"的句式进行表达。

苹果是水果

训练者：苹果是水果吗？

儿　童：是的。

训练者：请你跟我说"苹果是水果"。

儿　童：苹果是水果。

训练者：说得真棒！苹果是什么？

儿　童：苹果是水果。

铅笔是学习用品

训练者: 铅笔是学习用品吗?

儿　童: 是的。

训练者: 请你跟我说"铅笔是学习用品"。

儿　童: 铅笔是学习用品。

训练者: 说得真棒! 铅笔是什么?

儿　童: 铅笔是学习用品。

大象是动物

训练者: 大象是动物吗?

儿　童: 是的。

训练者: 请你跟我说"大象是动物"。

儿　童: 大象是动物。

训练者: 说得真棒! 大象是什么?

儿　童: 大象是动物。

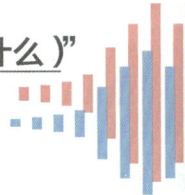

拓展训练

请你打开家里的冰箱，看一看里面有什么，分清它们的类别，使用"（什么）是（什么）"的句式说一说。

评 价

评价内容	评价结果
在语言／图片提示下能使用"（什么）是（什么）"的句式进行表达。	能／不能
能独立使用"（什么）是（什么）"的句式进行表达。	能／不能
拓展训练：能在生活情景中使用"（什么）是（什么）"的句式进行表达。	能／不能

训练小贴士

1. 训练材料可以是本篇中的图片，也可自行准备与儿童生活相关的图片或实物。
2. 训练者可以引导儿童多观察生活，借助日常生活中的场景开展句式训练，让儿童将学习的句式迁移到实际生活中。

1.6 有助词"着"和"了"的句子

儿童姓名_____ 训练者_____ 日期_____

知识 / 能力准备　训练目标

知识 / 能力准备
1. 能判断动作或事件是正在进行还是已经完成。
2. 能听懂有助词"着"和"了"的句子。

训练目标
1. 能正确使用有助词"着"的句子进行表达。
2. 能正确使用有助词"了"的句子进行表达。

热身训练

1. 请你看一看，指出哪张图片表示"小朋友吃着西瓜"。

2. 请你看一看，指出哪张图片表示"电视机开着"。

3. 请你看一看，指出哪张图片表示"小朋友喝了牛奶"。

4. 请你看一看，指出哪张图片表示"小朋友做了作业"。

训练建议

热身训练的目的是检验儿童是否能听懂有助词"着"和"了"的句子。如果儿童尚不能听懂有助词"着"和"了"的句子,建议训练者结合生活中的具体事件或图片先让儿童理解,再开始训练儿童使用有助词"着"和"了"的句子进行表达。

句式训练

一、有助词"着"的句子

训练要点

使用有助词"着"的句子进行表达。

训练方法

1. 训练者朗读对话,帮助儿童理解对话内容。
2. 指导儿童模仿对话中明明的话,说出有助词"着"的句子。
3. 与儿童对话,让儿童使用有助词"着"的句子进行表达。

贝贝:他背着什么?

明明:他背着书包。

贝贝：他戴着什么？

明明：他戴着帽子。

贝贝：他穿着什么？

明明：他穿着雨鞋。

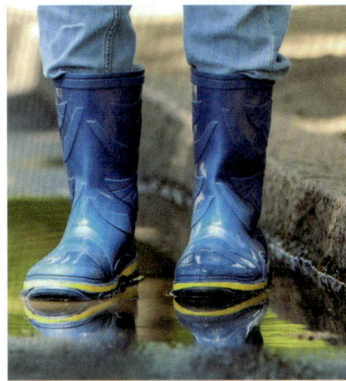

二、有助词"了"的句子

训练要点

使用有助词"了"的句子进行表达。

训练方法

1. 训练者朗读对话，帮助儿童理解对话内容。
2. 指导儿童模仿对话中明明的回答，说出有助词"了"的句子。
3. 与儿童对话，让儿童使用有助词"了"的句子进行表达。

贝贝：弟弟睡了吗？

明明：弟弟睡了。

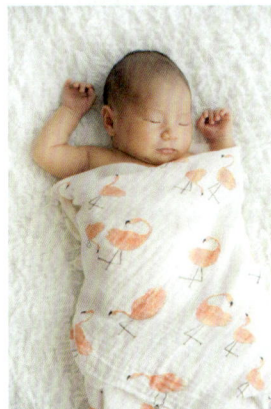

贝贝: 妹妹吃完了吗?

明明: 妹妹吃完了。

贝贝: 下雨了吗?

明明: 下雨了。

拓展训练

　　1. 请你看一看自己和爸爸妈妈分别穿着什么颜色的衣服、什么颜色的裤子、什么颜色的鞋子,然后使用有助词"着"的句子说一说。

　　2. 请你想一想刚才做了哪些事情。吃饭了吗? 看动画片了吗? 玩游戏了吗? 然后使用有助词"了"的句子说一说。

评 价

评价内容	评价结果
在语言/图片提示下能使用有助词"着"的句子进行表达。	能/不能
在语言/图片提示下能使用有助词"了"的句子进行表达。	能/不能
能独立使用有助词"着"的句子进行表达。	能/不能
能独立使用有助词"了"的句子进行表达。	能/不能
拓展训练：能在生活情景中使用有助词"着"的句子进行表达。	能/不能
拓展训练：能在生活情景中使用有助词"了"的句子进行表达。	能/不能

训练小贴士

1. 训练材料：帽子1顶，书包1个，雨鞋1双，儿童服装若干。
2. 本训练内容以图片为载体，训练者需要引导儿童观察图片，并让儿童在理解对话的基础上使用句式进行表达。
3. 为了不使儿童在训练中混淆问与答，建议由两位训练者完成对话示范，引导儿童模仿回答。
4. 训练者要在实际生活中进行强化训练，例如：你是坐着还是躺着？你手里拿着什么？吃饼干了吗？洗澡了吗？让儿童充分理解句式，逐步将学习的句式迁移到实际生活中。

1.7 "我要 / 想 / 想要吃（什么）"

儿童姓名＿＿＿＿＿＿　训练者＿＿＿＿＿＿　日期＿＿＿＿＿＿

知识 / 能力准备	训练目标

知识 / 能力准备

1. 认识常见的食物，能正确命名。

2. 能听懂"我要 / 想 / 想要吃（什么）"的句式。

训练目标

能正确使用"我要 / 想 / 想要吃（什么）"的句式进行表达。

热身训练

1. 请你听一听，指出哪张图片表示贝贝想吃的东西。

贝贝：我想吃鸡蛋。

2. 请你听一听，指出哪张图片表示明明想吃的东西。

明明：我想吃鱼。

训练建议

　　热身训练的目的是检验儿童是否能听懂"我要／想／想要吃（什么）"的句式。如果儿童尚不能听懂"我要／想／想要吃（什么）"的句式，建议训练者结合生活中的具体事件先让儿童理解，再开始训练儿童使用"我要／想／想要吃（什么）"的句式进行表达。

句式训练

一、"我要吃（什么）"

训练要点

　　使用"我要吃（什么）"的句式进行表达。

训练方法

1. 训练者朗读对话，帮助儿童理解对话内容。
2. 指导儿童模仿对话中明明的话，说出"我要吃（什么）。"
3. 与儿童对话，让儿童使用"我要吃（什么）"的句式进行表达。

明明和妈妈来到菜场的肉类区，明明要吃肉。

妈妈：你要吃什么？

明明：我要吃肉。

二、"我想要吃(什么)"

训练要点

使用"我想要吃(什么)"的句式进行表达。

训练方法

1. 训练者朗读对话，帮助儿童理解对话内容。
2. 指导儿童模仿对话中明明的话，说出"我想要吃(什么)"。
3. 与儿童对话，让儿童使用"我想要吃(什么)"的句式进行表达。

明明和妈妈来到菜场的蔬菜区，明明想要吃西红柿。

妈妈：你想要吃什么？

明明：我想要吃西红柿。

三、"我想吃(什么)"

训练要点

使用"我想吃(什么)"的句式进行表达。

训练方法

1. 训练者朗读对话，帮助儿童理解对话内容。
2. 指导儿童模仿对话中明明的话，说出"我想吃(什么)"。
3. 与儿童对话，让儿童使用"我想吃(什么)"的句式进行表达。

明明和妈妈来到菜场的米面区，明明想吃面条。

妈妈：你想吃什么？

明明：我想吃面条。

拓展训练

　　和爸爸妈妈一起去超市，你能使用"我要 / 想 / 想要吃（什么）"的句式说一说吗？

评　价

评价内容	评价结果
在语言 / 图片提示下能使用"我要 / 想 / 想要吃（什么）"的句式进行表达。	能 / 不能
能独立使用"我要 / 想 / 想要吃（什么）"的句式进行表达。	能 / 不能
拓展训练：能在生活情景中使用"我要 / 想 / 想要吃（什么）"的句式进行表达。	能 / 不能

训练小贴士

1. 训练材料可以是本篇中的图片，也可以自行准备儿童喜欢吃的食物的图片。

2. 本训练内容以图片为载体，训练者要引导儿童理解和表达句式，逐步过渡到在实际生活场景中说出自己想要吃的东西。

3. 为了不使儿童在训练中混淆问与答，建议由两位训练者完成对话示范，引导儿童模仿回答。

4. 训练者要帮助儿童将所学句式应用于实际生活，同时关注儿童的词汇积累，促进儿童准确表达。

1.8 "（什么地方）有（什么）"

儿童姓名_____　　训练者_____　　日期_____

知识 / 能力准备　　训练目标

知识 / 能力准备

1. 能辨别物体与物体之间的方位关系。
2. 能听懂并使用生活中常用的方位词。

训练目标：

能使用"（什么地方）有（什么）"的句式进行表达。

热身训练

1. 请你看一看，指出哪张图片表示"客厅里"。

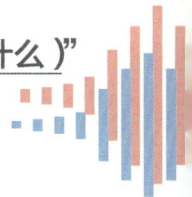

2. 请你看一看，指出"桌子上面"。

3. 请你看一看，指出"床底下"。

4. 请你看一看，指出"汽车的前面"。

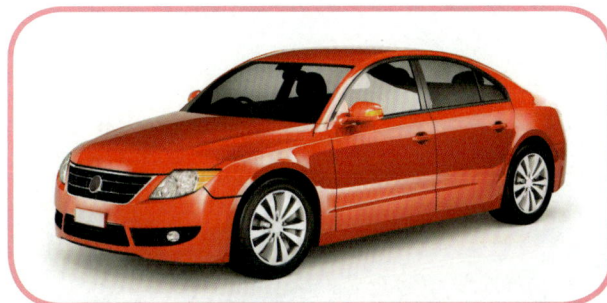

训练建议

　　热身训练的目的是检验儿童是否理解生活中常用的表示方位的词语。如果儿童尚不能听懂生活中常用的表示方位的词语，建议训练者结合生活中的具体情景先让儿童理解，再开始训练儿童使用"（什么地方）有（什么）"的句式进行表达。

句式训练

训练要点

使用"（什么地方）有（什么）"的句式进行表达。

训练方法

1. 训练者出示图片，要求儿童使用方位词回答。
2. 训练者示范使用"（什么地方）有（什么）"的句式进行表达，让儿童模仿。
3. 让儿童使用"（什么地方）有（什么）"的句式进行表达。

床底下有一只皮球

训练者：皮球在床上面还是在床底下？

儿　童：床底下。

训练者：请你跟我说"床底下有一只皮球"。

儿　童：床底下有一只皮球。

训练者：说得真棒！请你再说一遍。

儿　童：床底下有一只皮球。

客厅里有一张沙发

训练者：沙发在哪里？

儿　童：客厅里。

训练者：请你跟我说"客厅里有一张沙发"。

儿　童：客厅里有一张沙发。

训练者：说得真棒！请你再说
　　　　一遍。

儿　童：客厅里有一张沙发。

汽车前面有一条小狗

训练者：小狗在汽车的前面还是后面？

儿　童：前面。

训练者：请你跟我说"汽车前面有一条小狗"。

儿　童：汽车前面有一条小狗。

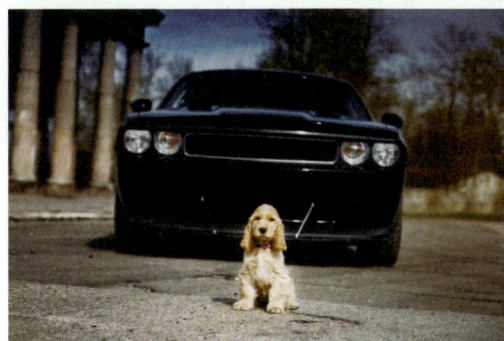

训练者：说得真棒！请你再说
　　　　一遍。

儿　童：汽车前面有一条小狗。

桌子上有一个苹果

训练者: 苹果在桌子的上面还是下面?

儿　童: 上面。

训练者: 请你跟我说"桌子上有一个苹果"。

儿　童: 桌子上有一个苹果。

训练者: 说得真棒! 请你再说一遍。

儿　童: 桌子上有一个苹果。

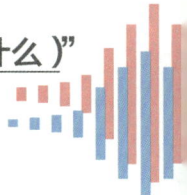

拓展训练

仔细观察家里客厅摆放的物品，使用"（什么地方）有（什么）"的句式说一说。

评 价

评价内容	评价结果
在语言/图片的提示下能使用"（什么地方）有（什么）"的句式进行表达。	能/不能
能独立使用"（什么地方）有（什么）"的句式进行表达。	能/不能
拓展训练：能在生活情景中使用"（什么地方）有（什么）"的句式进行表达。	能/不能

训练小贴士

1. 训练材料可以是本篇中的图片，也可以是相应的实物，还可以自行准备与儿童生活相关的图片或实物。

2. 训练重点是能在实际情景中正确判断人物或物体的处所和方位，并能使用句式进行表达。

3. 训练者可以引导儿童多观察生活，在真实的生活场景中开展句式训练，帮助儿童将学习的句式迁移到实际生活中。

1.9 "我要（怎么样）的（什么）"

儿童姓名_____ 训练者_____ 日期_____

知识/能力准备 　训练目标

知识/能力准备
1. 会观察事物的主要特征。
2. 会使用"我要（什么）"的句式表达。
3. 能听懂"我要（怎么样）的（什么）"的句式。

训练目标
能正确使用"我要（怎么样）的（什么）"的句式进行表达。

热身训练

一、看一看，说一说

1. 请你看一看，用"我要（什么）"的句式说一说。

2. 请你看一看，用"我要（什么）"的句式说一说。

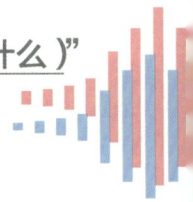

3. 请你看一看,用"我要(什么)"的句式说一说。

二、看一看,指一指

1. 请你看一看,指出哪张图片表示"我要红色的苹果"。

2. 请你看一看,指出哪张图片表示"我要小西红柿"。

3. 请你看一看,指出哪张图片表示"我要蓝色的书包"。

训练建议

熱身训练的目的是检验儿童是否会使用"我要(什么)"的句式,是否能听懂表示物体颜色、数量、大小的词。如果儿童尚不会使用"我要(什么)"的句式或不能听懂表示物体颜色、数量、大小的词,建议训练者结合生活中的具体物品先让儿童理解,再开始训练儿童使用"我要(怎么样)的(什么)"的句式进行表达。

句式训练

训练要点

使用"我要(怎么样)的(什么)"的句式进行表达。

训练方法

1. 训练者出示图片,要求儿童回答"你要什么?"。
2. 训练者示范使用"我要(怎么样)的(什么)"的句式进行表达,让儿童模仿。
3. 与儿童对话,让儿童使用"我要(怎么样)的(什么)"的句式进行表达。

我要大的橘子

训练者:你要什么?

儿　童:我要橘子。

训练者:你要哪个橘子? 大的橘子还是小的橘子?

儿　童:大的橘子。

训练者:请你跟我说"我要大的橘子"。

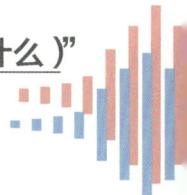

儿　童：我要大的橘子。

训练者：说得真棒！你要什么？

儿　童：我要大的橘子。

我要蓝色的书包

训练者：你要什么？

儿　童：我要书包。

训练者：你要什么颜色的书包？

儿　童：蓝色的书包。

训练者：请你跟我说"我要蓝色的书包"。

儿　童：我要蓝色的书包。

训练者：说得真棒！你要什么？

儿　童：我要蓝色的书包。

我要小的西红柿

训练者：你要什么？

儿　童：我要西红柿。

训练者：你要大的西红柿还是小的西红柿？

儿　童：我要小的西红柿。

训练者：说得真棒！请你再说一遍。

儿　童：我要小的西红柿。

拓展训练

1. 箱子里有两只皮球，你要哪一只？（呈现图片：大皮球、小皮球）
2. 桌子上有两种积木，你要哪一种？（呈现图片：圆形积木、方形积木）
3. 妈妈买了两杯饮料，你喝哪一杯？（呈现图片：一杯冰可乐、一杯冰橙汁）

评 价

评价内容	评价结果
在语言 / 图片提示下能使用"我要（怎么样）的（什么）"的句式进行表达。	能 / 不能
能独立使用"我要（怎么样）的（什么）"的句式进行表达。	能 / 不能
拓展训练：能在生活情景中使用"我要（怎么样）的（什么）"的句式进行表达。	能 / 不能

训练小贴士

1. 训练材料可以是本篇中的图片，也可以准备儿童喜欢的各类物品，如水果、零食、玩具等。
2. 在拓展训练中，建议先让儿童观察事物的特征，然后使用"我要（怎么样）的（什么）"的句式进行表达。
3. 训练者可以引导儿童多观察生活，根据日常生活中的场景开展句式训练，帮助儿童将学习的句式迁移到实际生活中。

1.10 "这是 / 那是（怎么样）的（什么）"

儿童姓名_____ 训练者_____ 日期_____

知识 / 能力准备　　训练目标

知识 / 能力准备

1. 会观察事物的主要特征。

2. 能正确使用"这是 / 那是（什么）"的句式进行表达。

训练目标

1. 能用恰当的形容词描述物品。

2. 能使用"这是 / 那是（怎么样）的（什么）"的句式进行表达。

热身训练

1. 请你看一看，说出"这是什么"。

2. 请你看一看，说出"那是什么"。

训练建议

　　热身训练的目的是检验儿童是否能使用"这是 / 那是（什么）"的句式进行表达。如果儿童尚不能使用"这是 / 那是（什么）"的句式，建议训练者通过看图学话或利用生活情景等方式，让儿童先学会使用"这是 / 那是（什么）"的句式进行表达，再开始训练儿童使用"这是 / 那是（怎么样）的（什么）"的句式进行表达。

句式训练

一、"（怎么样）的（什么）"

训练要点

　　使用带有形容词的短语进行表达。

训练方法

　　1. 训练者出示图片或实物，示范使用"（怎么样）的（什么）"的短语进行表达，让儿童模仿。
　　2. 让儿童独立使用"（怎么样）的（什么）"的短语进行表达。

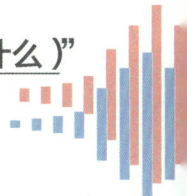

美丽的花

训练者：这是什么？

儿　童：这是花。

训练者：你觉得花是怎么样的？

儿　童：美丽的。

训练者：请你跟我说"美丽的花"。

儿　童：美丽的花。

训练者：说得真棒！请你再说一遍。

儿　童：美丽的花。

亮晶晶的星星

训练者：这是什么？

儿　童：这是星星。

训练者：你觉得星星是怎么样的？

儿　童：亮晶晶的。

训练者：请你跟我说"亮晶晶的星星"。

儿　童：亮晶晶的星星。

训练者：说得真棒！请你再说一遍。

儿　童：亮晶晶的星星。

圆圆的西瓜

训练者：这是什么？

儿　童：这是西瓜。

训练者：你觉得西瓜是怎么样的？

儿　童：圆圆的。

训练者：请你跟我说"圆圆的西瓜"。

儿　童：圆圆的西瓜。

训练者：说得真棒！请你再说一遍。

儿　童：圆圆的西瓜。

二、"这是 / 那是（怎么样）的（什么）"

训练要点

使用"这是 / 那是（怎么样）的（什么）"句式进行表达。

训练方法

1. 训练者出示图片或物品，示范使用"这是 / 那是（怎么样）的（什么）"的句式进行表达，让儿童模仿。

2. 与儿童对话，让儿童独立使用"这是 / 那是（怎么样）的（什么）"的句式进行表达。

这是（一个）红红的苹果

训练者：这是什么？

儿　童：这是苹果。

训练者：这是一个怎么样的苹果？

儿　童：红红的苹果。

训练者：请你跟我说"这是（一个）红红的苹果"。

儿　童：这是（一个）红红的苹果。

训练者：说得真棒！这是什么？

儿　童：这是（一个）红红的苹果。

那是（一串）弯弯的香蕉

训练者：那是什么？

儿　童：那是香蕉。

训练者：那是（一串）怎么样的香蕉？

儿　童：弯弯的香蕉。

训练者：请你跟我说"那是（一串）弯弯的香蕉"。

儿　童：那是（一串）弯弯的香蕉。

训练者：那是什么？

儿　童：那是一串弯弯的香蕉。

拓展训练

使用"这是／那是（怎么样）的（什么）"的句式说一说身边的物品。

评　价

评价内容	评价结果
在语言／图片提示下能使用"这是／那是（怎么样）的（什么）"的句式进行表达。	能／不能
能独立使用"这是／那是（怎么样）的（什么）"的句式进行表达。	能／不能
拓展训练：能在生活情景中使用"这是／那是（怎么样）的（什么）"的句式进行表达。	能／不能

训练小贴士

1. 训练材料可以是日常生活中的物品或物品的图片。
2. 要让儿童知道，形容物品的特征时，可以使用"（怎么样）的什么"的句式来描述。
3. 训练者根据儿童实际的语言水平选择是否加入数量词，但不作为训练重点。
4. 引导儿童观察生活，丰富儿童的日常语言，帮助儿童将学习的句式迁移到实际生活中。

1.11 "我要（数量词）（什么）"

儿童姓名_____ 训练者_____ 日期_____

知识 / 能力准备　　训练目标

知识 / 能力准备

1. 能使用"我要 / 想要（什么）"的句式进行表达。
2. 能结合生活场景听懂"我要（数量词）（什么）"的句式。

训练目标

1. 能正确使用量词（碗、块）。
2. 能正确使用"我要（数量词）（什么）"的句式进行表达。

热身训练

1. 请你看一看，指出哪张图片表示"我要一碗汤"。

2. 请你看一看，指出哪张图片表示"我想要一碗米饭"。

3. 请你看一看，指出哪张图片表示"我想要一碗面"。

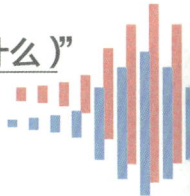

　　热身训练的目的是检验儿童是否能听懂"我要（数量词）（什么）"的句式。如果儿童尚不能听懂"我要（数量词）（什么）"的句式，建议训练者结合生活中的一日三餐，或通过看图学话的方式先让儿童理解，再开始训练儿童使用"我要（数量词）（什么）"的句式进行表达。

句式训练

一、"我要一碗米饭"

训练要点

正确使用量词"碗"。

训练方法

1. 训练者出示图片，要求儿童指出哪张图片表示"我要一碗米饭"。
2. 训练者示范说"我要一碗米饭"，儿童跟说。
3. 与儿童对话，让儿童独立使用量词"碗"。

我要一碗米饭

训练者：请你看一看，哪张图片表示"我要一碗米饭"？

（儿童指出图片。）

训练者：请你跟我说"我要一碗米饭"。

儿　童：我要一碗米饭。

训练者：说得真棒！请你再说一遍。

儿 童：我要一碗米饭。

训练者：你要什么？

儿 童：我要一碗米饭。

二、"我要一块肉"

训练要点

正确使用量词"块"。

训练方法

1. 训练者出示图片，要求儿童指出哪张图片表示"我要一块肉"。
2. 训练者示范说"我要一块肉"，儿童跟说。
3. 与儿童对话，让儿童独立使用量词"块"。

我要一块肉

训练者：请你看一看，哪张图片表示"我要一块肉"？

（儿童指出图片。）

训练者：请你跟我说"我
　　　　要一块肉"。

儿 童：我要一块肉。

训练者：说得真棒！请你
　　　　再说一遍。

儿 童：我要一块肉。

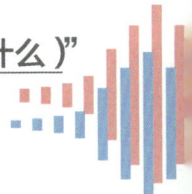

训练者：你要什么？

儿　童：我要一块肉。

三、"我要（数量词）（什么）"

训练要点

使用"我要（数量词）（什么）"的句式进行表达。

训练方法

1. 训练者创设情景并朗读对话，帮助儿童理解。
2. 训练者示范说"我要（数量词）（什么）"，儿童模仿。
3. 与儿童对话，让儿童独立使用"我要（数量词）（什么）"的句式进行表达。

午餐时，明明喝完自己的汤，他还想要一碗，应该怎样和老师说？

老师，我要一碗汤

训练者：明明想要什么？

儿　童：明明想要汤。

训练者：明明想要几碗汤？

儿　童：明明想要一碗汤。

训练者：明明说："老师，我要一碗汤。"请你跟我说。

儿　童：老师，我要一碗汤。

训练者：说得真棒！如果你也想喝汤，应该怎样和老师说？

儿　童：老师，我要一碗汤。

拓展训练

周末爸爸妈妈带你去超市购物，你能使用"我要（数量词）（什么）"的句式说一说想要什么吗？

评　价

评价内容	评价结果
能正确使用量词。	能 / 不能
能独立使用"我要（数量词）（什么）"的句式进行表达。	能 / 不能
能在生活情景中正确使用"我要（数量词）（什么）"的句式进行表达。	能 / 不能

训练小贴士

1. 训练者可以通过图片引导儿童说出有数量词的短语，目的在于先让儿童理解常用的数量词，再引导儿童使用句式进行表达。
2. 训练者要在日常生活中对儿童进行强化训练，让儿童自主表达其需求。
3. "要"和"想要"在本篇的句式中含义相同，如果儿童说"我想要（数量词）（什么）"也是正确的，训练者无需纠正。

1.12 "（谁）用（什么）（干什么）"

儿童姓名_____ 训练者_____ 日期_____

知识／能力准备

1. 认识生活中常见的物品，知道物品的用途。
2. 能听懂"（谁）用（什么）（干什么）"的句式。

训练目标

能正确使用"（谁）用（什么）（干什么）"的句式进行表达。

热身训练

一、看一看，说一说

请你看图片，说出这是什么，它有什么用。

二、看一看，指一指

1. 请你看一看，指出哪张图片表示"妈妈用拖把拖地"。

2. 请你看一看，指出哪张图片表示"我用铅笔写字"。

训练建议

　　热身训练的目的是检验儿童是否认识常见物品，是否能说出其用途，以及是否能听懂"（谁）用（什么）（干什么）"的句式。如果儿童尚不认识常见物品，说不出其用途，不能听懂"（谁）用（什么）（干什么）"的句式，建议训练者通过看图学话等方式，先让儿童认识常见物品，了解其用途，结合生活中的具体情景帮助儿童理解句子的意思，再开始训练儿童使用"（谁）用（什么）（干什么）"的句式进行表达。

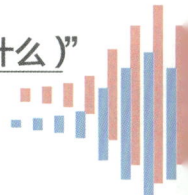

句式训练

训练要点

使用"（谁）用（什么）（干什么）"的句式进行表达。

训练方法

1. 训练者出示第一张图片，要求儿童回答"这是什么？它有什么用？"。

2. 训练者出示第二张图片，示范使用"（谁）用（什么）（干什么）"的句式进行表达，让儿童模仿。

3. 与儿童对话，让儿童独立使用"（谁）用（什么）（干什么）"的句式进行表达。

我用毛巾擦脸

训练者：这是什么？

儿　童：这是毛巾。

训练者：毛巾有什么用？

儿　童：擦脸。

训练者：请你跟我说"我用毛巾擦脸"。

儿　童：我用毛巾擦脸。

训练者：说得真棒！请你再说一遍。

儿　童：我用毛巾擦脸。

小朋友用吸管喝饮料

训练者：这是什么？

儿　童：这是吸管。

训练者：吸管有什么用？

儿　童：喝饮料。

训练者：请你跟我说"小朋友用吸管喝饮料"。

儿　童：小朋友用吸管喝饮料。

训练者：说得真棒！请你再说一遍。

儿　童：小朋友用吸管喝饮料。

妈妈用手机打电话

训练者：这是什么？

儿　童：这是手机。

训练者：手机有什么用？

儿　童：手机可以打电话。

训练者：请你跟我说"妈妈用手机打电话"。

儿　童：妈妈用手机打电话。

训练者：说得真棒！请你再说一遍。

儿　童：妈妈用手机打电话。

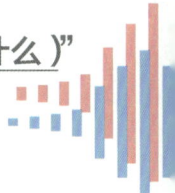

拓展训练

　　教室里，同学们在劳动。请你仔细观察，然后使用"（谁）用（什么）（干什么）"的句式说一说。

评　价

评价内容	评价结果
在语言/图片提示下能使用"（谁）用（什么）（干什么）"的句式进行表达。	能/不能
能独立使用"（谁）用（什么）（干什么）"的句式进行表达。	能/不能
拓展训练：能在生活情景中使用"（谁）用（什么）（干什么）"的句式进行表达。	能/不能

训练小贴士

1. 训练材料可以是日常生活中的物品和常见生活场景的图片。
2. 本训练以认识生活中常见的物品以及了解物品的用途为基础，训练儿童使用完整的句式进行表达。
3. 训练者可以根据训练场所的实际情景对儿童进行句式训练。

1.13 连动句

儿童姓名＿＿＿＿＿＿ 训练者＿＿＿＿＿＿ 日期＿＿＿＿＿＿

知识 / 能力准备　　训练目标

知识 / 能力准备

1. 能观察到同一对象先后做的两个动作。
2. 能使用"谁做什么"的句式表达所见所闻。
3. 能听懂连动句。

训练目标

能正确使用连动句进行表达。

热身训练

一、看一看，说一说

1. 请你看一看，用"谁做什么"的句子说一说图片内容。

二、看一看，指一指

1. 请你看一看，指出哪张图片表示"小朋友回家写作业"。

2. 请你看一看，指出哪张图片表示"小朋友背书包出门"。

训练建议

　　热身训练的目的是检验儿童是否能使用"谁做什么"，是否能听懂连动句的句式。如果儿童尚不能使用"谁做什么"或不能听懂连动句，建议训练者通过看图学话等方式，先让儿童学会使用"谁做什么"进行表达，或结合生活中的具体事件帮助儿童理解连动句的意思，再开始训练儿童使用连动句进行表达。

💡 句式训练

训练要点

使用连动句进行表达。

训练方法

1. 训练者出示图片，要求儿童使用"谁做什么"的句式来描述。
2. 训练者出示图片，示范使用连动句进行表达，让儿童模仿。
3. 与儿童对话，让儿童独立使用连动句进行表达。

贝贝走到门口扔垃圾

训练者：贝贝走到哪里？

儿　童：贝贝走到门口。

训练者：贝贝走到门口干什么？

儿　童：扔垃圾。

训练者：请你跟我说"贝贝走到门口扔垃圾"。

儿　童：贝贝走到门口扔垃圾。

训练者：说得真棒！贝贝走到哪里做什么？

儿　童：贝贝走到门口扔垃圾。

明明打开书包拿作业

训练者：明明在做什么？

儿　童：明明打开书包。

训练者：明明打开书包干什么？

儿　童：拿作业。

训练者：请你跟我说"明明打开书包拿作业"。

儿　童：明明打开书包拿作业。

训练者：说得真棒！明明在做什么？

儿　童：明明打开书包拿作业。

贝贝盖上被子睡觉

训练者：贝贝盖上什么？

儿　童：贝贝盖上被子。

训练者：贝贝盖上被子做什么？

儿　童：睡觉。

训练者：我们可以说"贝贝盖上被子睡觉"。

儿　童：贝贝盖上被子睡觉。

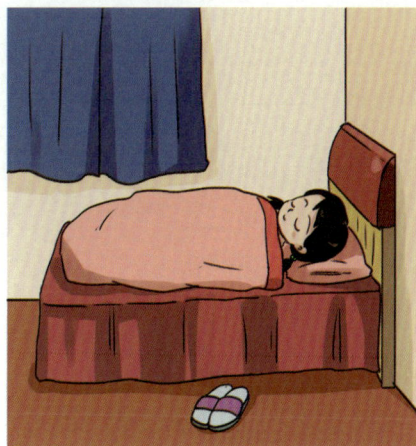

训练者：说得真棒！贝贝做什么了？

儿　童：贝贝盖上被子睡觉。

拓展训练

请你观察爸爸妈妈和老师在做什么，使用连动句说一说。

评 价

评价内容	评价结果
在语言 / 图片提示下能使用连动句进行表达。	能 / 不能
能独立使用连动句进行表达。	能 / 不能
拓展训练：能在生活情景中使用连动句进行表达。	能 / 不能

训练小贴士

1. 训练者可以使用本篇中的图片，也可以自行准备与儿童生活相关的图片。
2. 训练者可以根据训练场所的实际情景，连续做两个动作，然后让儿童用连动句表达。
3. 训练者可以让儿童先观察他人的动作，然后鼓励儿童用连动句表达。尽量采用日常生活中常用的、儿童熟悉的动作。

1.14 "把"字句

儿童姓名＿＿＿＿＿＿ 训练者＿＿＿＿＿＿ 日期＿＿＿＿＿＿

知识／能力准备 训练目标

知识／能力准备
1. 能观察训练者的动作过程。
2. 能听懂"把"字句。
训练目标
能正确使用"把"字句进行表达。

热身训练

1. 请你看一看，指出哪张图表示"小朋友把垃圾倒了"。

2. 请你看一看，指出哪张图表示"妈妈把菜做好了"。

3. 请你看一看，指出哪张图表示"小朋友把手洗干净了"。

训练建议

　　热身训练的目的是检验儿童是否能听懂"把"字句。如果儿童尚不能听懂"把"字句，建议训练者结合生活中的具体事件先让儿童理解，再开始训练儿童使用"把"字句进行表达。

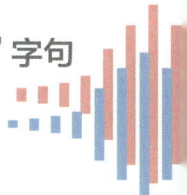

句式训练

训练要点

使用"把"字句进行表达。

训练方法

1. 训练者出示图片,要求儿童用"谁在干什么"的句式来描述。
2. 训练者示范使用"把"字句进行表达,让儿童模仿。
3. 与儿童对话,让儿童独立使用"把"字句进行表达。

贝贝把桌子擦干净了

训练者:这是贝贝,看一看贝贝在干什么。

儿　童:贝贝在擦桌子。

训练者:桌子擦干净了吗?

儿　童:桌子擦干净了。

训练者:请你跟我说"贝贝把桌子擦干净了"。

儿　童:贝贝把桌子擦干净了。

训练者:说得真好!请你再说一遍。

儿　童:贝贝把桌子擦干净了。

叔叔把衣服穿好了

训练者：叔叔在干什么？

儿　童：叔叔在穿衣服。

训练者：衣服穿好了吗？

儿　童：衣服穿好了。

训练者：请你跟我说"叔叔把衣服穿
好了"。

儿　童：叔叔把衣服穿好了。

训练者：说得真好！请你再说一遍。

儿　童：叔叔把衣服穿好了。

小朋友把积木搭好了

训练者：看一看小朋友在干什么。

儿　童：小朋友在搭积木。

训练者：积木搭好了吗？

儿　童：积木搭好了。

训练者：请你跟我说"小朋友把积木
搭好了"。

儿　童：小朋友把积木搭好了。

训练者：说得真好！请你再说一遍。

儿　童：小朋友把积木搭好了。

拓展训练

请你试着用"把"字句说一说。

1. 明明做好了作业。
2. 爸爸洗好了碗。
3. 明明关上了房门。

评 价

评价内容	评价结果
在语言 / 图片提示下能使用"把"字句进行表达。	能 / 不能
能独立使用"把"字句进行表达。	能 / 不能
拓展训练：能在生活情景中使用"把"字句进行表达。	能 / 不能

训练小贴士

1. 训练者可以使用本篇中的图片，也可以自行准备与儿童生活相关的图片。
2. 训练时，让儿童注意观察训练者把某样物品怎么样了，然后学习使用"把"字句进行表达。
3. 训练者可以为儿童创造使用"把"字句的情景，引导儿童使用"把"字句进行表达，帮助儿童巩固"把"字句的使用。

1.15 "被"字句

儿童姓名＿＿＿＿＿＿ 训练者＿＿＿＿＿＿ 日期＿＿＿＿＿＿

知识／能力准备 | 训练目标

知识／能力准备

1. 能观察训练者的动作过程。
2. 能使用"把"字句进行表达。
3. 能听懂"被"字句。

训练目标

能正确使用"被"字句进行表达。

热身训练

1. 请你看一看，指出哪张图表示"衣服被妈妈洗干净了"。

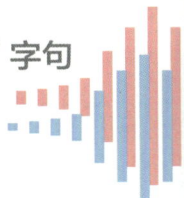

2. 请你看一看，指出哪张图表示"书被贝贝放进了书包"。

3. 请你看一看，指出哪张图表示"杯子被明明打翻了"。

训练建议

　　热身训练的目的是检验儿童是否能听懂"被"字句。如果儿童尚不能听懂"被"字句，建议训练者结合生活中的具体事件先让儿童理解，再开始训练儿童使用"被"字句进行表达。

💡 句式训练

训练要点

使用"被"字句进行表达。

训练方法

1. 训练者出示图片，要求儿童使用"谁在干什么"的句式来描述。
2. 训练者示范使用"被"字句进行表达，让儿童模仿。
3. 与儿童对话，让儿童独立使用"被"字句进行表达。

苹果被贝贝吃掉了

训练者：这是贝贝，看一看贝贝把什么吃掉了？

儿　童：贝贝把苹果吃掉了。

训练者：我们也可以这样说，苹果被贝贝吃掉了。

儿　童：苹果被贝贝吃掉了。

训练者：说得真好！请你再说一遍。

儿　童：苹果被贝贝吃掉了。

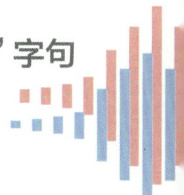

黑板被小朋友擦干净了

训练者：看一看小朋友把什么擦干净了？

儿　童：小朋友把黑板擦干净了。

训练者：我们也可以这样说，黑板被小朋友擦干净了。

儿　童：黑板被小朋友擦干净了。

训练者：说得真好！请你再说一遍。

儿　童：黑板被小朋友擦干净了。

牛奶被小猫喝掉了

训练者：看一看小猫把什么喝掉了？

儿　童：小猫把牛奶喝掉了。

训练者：我们也可以这样说，牛奶被小猫喝掉了。

儿　童：牛奶被小猫喝掉了。

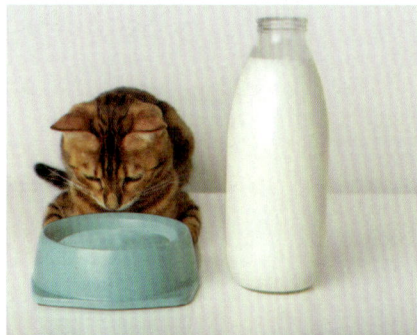

训练者：说得真好！请你再说一遍。

儿　童：牛奶被小猫喝掉了。

拓展训练

请你试着用"被"字句说一说。

1. 小朋友吃掉了西瓜。
2. 小朋友撕开了纸。
3. 爸爸修好了电视机。

评　价

评价内容	评价结果
在语言 / 图片提示下能使用"被"字句进行表达。	能 / 不能
能独立使用"被"字句进行表达。	能 / 不能
拓展训练：能在生活情景中使用"被"字句进行表达。	能 / 不能

训练小贴士

1. 训练者可以使用本篇中的图片，也可以自行准备与儿童生活相关的图片。
2. 训练时，让儿童注意观察某件物品被训练者怎么样了，然后学习使用"被"字句进行表达。建议在儿童牢固掌握"把"字句的基础上学习"被"字句。
3. 训练者可以为儿童创造使用"被"字句的情景，引导儿童使用"被"字句进行表达，帮助儿童巩固"被"字句的使用。

1.16 肯定句和否定句

儿童姓名_____ 训练者_____ 日期_____

知识 / 能力准备   训练目标

知识 / 能力准备
1. 理解同一个意思可以有不同的表达方式。
2. 能听懂肯定句和否定句。

训练目标
能正确使用肯定句和否定句表达同一个意思。

热身训练

一、听一听

请你听一听，这两句话的意思一样吗？
1. 上学时间到了，可是明明不想上学。
妈妈：你必须去！
爸爸：你不可以在家！
2. 贝贝放学回家就打开电视看动画片。
妈妈：你应该先做作业。
爸爸：你不应该先看动画片。

二、想一想

请你想一想，明明的意思是和妈妈去超市，还是不和妈妈去超市？

明明：妈妈，我想和你一起去超市。

明明：妈妈，我不想和你一起去超市。

训练建议

　　热身训练的目的是检验儿童是否能听懂肯定句和否定句，以及是否理解可以用不同的方式表达同一个意思。如果儿童尚不能听懂，建议训练者结合生活中的具体事件，先帮助儿童理解肯定句和否定句，特别是理解表达同一个意思的肯定句和否定句，再开始训练儿童转换这两种句式。

句式训练

训练要点

会把肯定句转换成否定句。

训练方法

1. 训练者出示图片，引导儿童理解情景。
2. 训练者示范使用肯定句和否定句表达同一个意思，让儿童模仿。
3. 让儿童分别使用肯定句和否定句表达同一个意思。

穿上厚外套；不要穿薄外套

训练者：今天天气真冷，贝贝要出门了，可是她的外套太薄了，我们可以对她说："贝贝，穿上厚外套。"我们可以对贝贝说什么？

儿　童：贝贝，穿上厚外套。

训练者：那么不能穿什么样的外套？

儿　童：不能穿薄外套。

训练者：对，所以我们还可以这样说："贝贝，不要穿薄外套。"请你学一学。

儿　童：贝贝，不要穿薄外套。

训练者：我们学了两句话，都可以表达让贝贝穿上厚外套的意思。请你对贝贝说一说。

儿　童：贝贝，穿上厚外套。

　　　　贝贝，不要穿薄外套。

做作业要一心一意；做作业不可以三心二意

训练者：明明一边做作业，一边看电视，这样做对不对？

儿　童：不对。

训练者：是的。妈妈对明明说："明明，做作业要一心一意。"请你学一学妈妈的话。

儿　童：明明，做作业要一心一意。

训练者：妈妈还可以这样说："明明，做作业不可以三心二意。"请你学一学妈妈的话。

儿　童：明明，做作业不可以三心二意。

训练者：我们学了两句话，都可以表达妈妈让明明认真做
作业的意思。请你对明明说一说。

儿　童：明明，做作业要一心一意。

明明，做作业不可以三心二意。

拓展训练

1. 如果你的同学因为睡得太晚，第二天上学迟到了，你除了可以说"你应该早点睡觉"，还可以怎么说？

2. 如果你的同学吃饭太快，把衣服弄脏了，那么你除了可以说"你不要吃得太快"，还可以怎么说？

评　价

评价内容	评价结果
在语言／图片的提示下能把肯定句转换成否定句，表达同一个意思。	能／不能
能独立地把肯定句转换成否定句，表达同一个意思。	能／不能
拓展训练：能在生活情景中把肯定句转换成否定句，表达同一个意思。	能／不能

训练小贴士

1. 训练者可以使用本篇中的图片，也可以自行准备与儿童生活相关的图片。

2. 训练时，可以先让儿童注意观察同一情景，然后让其分辨使用肯定句和否定句是否表达了同一个意思。

3. 训练者可以借助儿童的实际生活情景，就同一个意思提供不同的表达方式。

1.17 "（什么）比（什么）（怎么样）"

儿童姓名_____ 训练者_____ 日期_____

知识 / 能力准备　　训练目标

知识 / 能力准备

1. 能辨别相对概念：大与小，多与少……
2. 能听懂"（什么）比（什么）（怎么样）"的句式。

训练目标

能正确使用"（什么）比（什么）（怎么样）"的句式进行表达。

热身训练

1. 请你看一看，指出哪张图片表示"运动鞋比拖鞋大"。

2. 请你看一看，指出哪张图片表示"红色的积木比黄色的积木多"。

3. 请你看一看，指出哪张图片表示"红色的火车比绿色的火车长"。

4. 请你看一看，指出哪张图片表示"女孩比男孩高"。

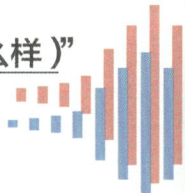

　　热身训练的目的是检验儿童是否能听懂"（什么）比（什么）（怎么样）"的句式。如果儿童尚不能理解"（什么）比（什么）（怎么样）"的意思，建议训练者结合生活中的具体事件先让儿童理解，再开始训练儿童使用"（什么）比（什么）（怎么样）"的句式进行表达。

句式训练

活动一　投骰子

训练要点

使用"（什么）比（什么）大 / 小"的句式进行表达。

训练方法

1. 训练者朗读对话，帮助儿童理解对话内容。
2. 指导儿童模仿对话中明明的话，说出"（什么）比（什么）大 / 小"。
3. 与儿童玩投骰子，让儿童独立说出"（什么）比（什么）大 / 小"。

贝贝和明明在玩飞行棋，谁投的骰子数大，谁先走。

第一局

贝贝：我的骰子数是 2，你的骰子数是 5。

明明：我的骰子数比你的骰子数大，我先走飞行棋。

第二局

贝贝：我的骰子数是 6，你的骰子数是 1。

明明：我的骰子数比你的骰子数小，你先走飞行棋。

活动二 玩游戏棒

训练要点

使用"（什么）比（什么）多 / 少"的句式进行表达。

训练方法

1. 训练者朗读对话，帮助儿童理解对话内容。
2. 指导儿童模仿对话中明明的话，说出"（什么）比（什么）多 / 少"。
3. 与儿童玩游戏棒，让儿童独立说出"（什么）比（什么）多 / 少"。

贝贝和明明在玩游戏棒，谁拿得多谁赢。

第一局

贝贝：我有 5 根游戏棒，你有 9 根游戏棒。

明明：我的游戏棒比你的游戏棒多，我赢了。

第二局

贝贝：我有 10 根游戏棒，你有 8 根游戏棒。

明明：我的游戏棒比你的游戏棒少，我输了。

活动三　搭积木

训练要点

使用"（什么）比（什么）高／矮"的句式进行表达。

训练方法

1. 训练者朗读对话，帮助儿童理解对话内容。
2. 指导儿童模仿对话中明明的话，说出"（什么）比（什么）高／矮"。
3. 与儿童玩搭积木，让儿童独立说出"（什么）比（什么）高／矮"。

贝贝和明明在搭积木，谁搭得高谁赢。

第一局

贝贝：我搭了 7 块积木，你搭了 10 块积木。

明明：我搭的积木比你搭的积木高，我赢了。

第二局

贝贝：我搭了 10 块积木，你搭了 8 块积木。

明明：我搭的积木比你搭的积木矮，我输了。

拓展训练

请你与爸爸妈妈比赛跑步和跳远，使用"（什么）比（什么）（怎么样）"的句式来说一说。

评 价

评价内容	评价结果
在语言／图片提示下能使用"（什么）比（什么）（怎么样）"的句式进行表达。	能／不能
能独立使用"（什么）比（什么）（怎么样）"的句式进行表达。	能／不能
拓展训练：能在生活情景中使用"（什么）比（什么）（怎么样）"的句式进行表达。	能／不能

训练小贴士

1. 训练材料：骰子 1 个，游戏棒若干，积木若干。
2. 在游戏过程中，训练者要引导儿童理解与表达句式。
3. 对话中有两个角色且有人称转换，为了避免混淆，可以由两位训练者分别担任不同的角色，并示范对话。
4. 比较要在两者之间进行。训练者可以从实物入手，例如玩具的比较、衣服的比较等，然后过渡到动作幅度或距离的比较。

1.18 "（什么）（放）在上面／下面"

儿童姓名＿＿＿＿＿＿　训练者＿＿＿＿＿＿　日期＿＿＿＿＿＿

知识／能力准备　训练目标

知识／能力准备

1. 能辨别物体与物体之间的位置和方向。
2. 能听懂"（什么）（放）在上面／下面"的句式。

训练目标

能正确使用"（什么）（放）在上面／下面"的句式进行表达。

热身训练

一、看一看，圈一圈

1. 请你看一看玩具架，圈出放在上面的玩具。

2. 请你看一看鞋架，圈出放在上面的鞋子。

二、看一看，指一指

1. 请你看一看玩具架，指出哪张图片表示"娃娃在上面"。

2. 请你看一看鞋架，指出哪张图片表示"拖鞋在下面"。

训练建议

　　热身训练的目的是检验儿童是否能辨别"上面"和"下面"，并能听懂"（什么）（放）在上面/下面"的句式。如果儿童尚不能辨别"上面"和"下面"，或者不能听懂"（什么）（放）在上面/下面"，建议训练者结合生活中的具体事物帮助儿童先辨别"上面"和"下面"，或通过看图学话等方式让儿童先听懂"（什么）（放）在上面/下面"，再开始训练儿童使用"（什么）（放）在上面/下面"的句式进行表达。

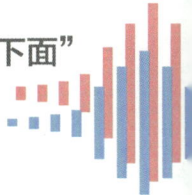

句式训练

训练要点

使用"（什么）（放）在上面／下面"的句式进行表达。

训练方法

1. 训练者朗读对话，帮助儿童理解对话内容。
2. 指导儿童模仿对话中明明的话，说出"（什么）（放）在上面／下面"。
3. 与儿童对话，让儿童使用"（什么）（放）在上面／下面"的句式进行表达。

玩具放在上面／下面

贝贝：汽车放在哪里？

明明：汽车放在上面。

贝贝：小熊玩偶放在哪里？

明明：小熊玩偶放在下面。

贝贝：小兔玩偶放在哪里？

明明：小兔玩偶放在上面。

贝贝：风车放在哪里？

明明：风车放在上面。

贝贝：小喇叭放在哪里？

明明：小喇叭放在下面。

贝贝：小火箭放在哪里？

明明：小火箭放在下面。

鞋子放在上面 / 下面

贝贝: 运动鞋放在哪里?

明明: 运动鞋放在上面。

贝贝: 皮鞋放在哪里?

明明: 皮鞋放在上面。

贝贝: 拖鞋放在哪里?

明明: 拖鞋放在下面。

贝贝: 雨鞋放在哪里?

明明: 雨鞋放在下面。

餐具放在上面 / 下面

贝贝: 碗放在哪里?

明明: 碗放在上面。

贝贝: 盘子放在哪里?

明明: 盘子放在上面。

贝贝: 筷子放在哪里?

明明: 筷子放在下面。

贝贝: 勺子放在哪里?

明明: 勺子放在下面。

拓展训练

请你打开家里的衣柜，看一看里面有什么，使用"（什么）（放）在上面 / 下面"的句式说给爸爸妈妈听。

评 价

评价内容	评价结果
在语言 / 图片提示下能使用"（什么）（放）在上面 / 下面"的句式进行表达。	能 / 不能
能独立使用"（什么）（放）在上面 / 下面"的句式进行表达。	能 / 不能
拓展训练：能在生活情景中使用"（什么）（放）在上面 / 下面"的句式进行表达。	能 / 不能

训练小贴士

1. 训练者可以使用本篇中的图片，也可以自行准备玩具、鞋子、餐具、柜子等。
2. 训练者要引导儿童说出物品的方位，从图片逐步过渡到实际生活场景。
3. 为了不使儿童混淆问与答，建议由两位训练者完成对话示范，引导儿童模仿回答。
4. 建议儿童在实际生活中多进行相关练习，促进知识迁移。

2 常用复句训练

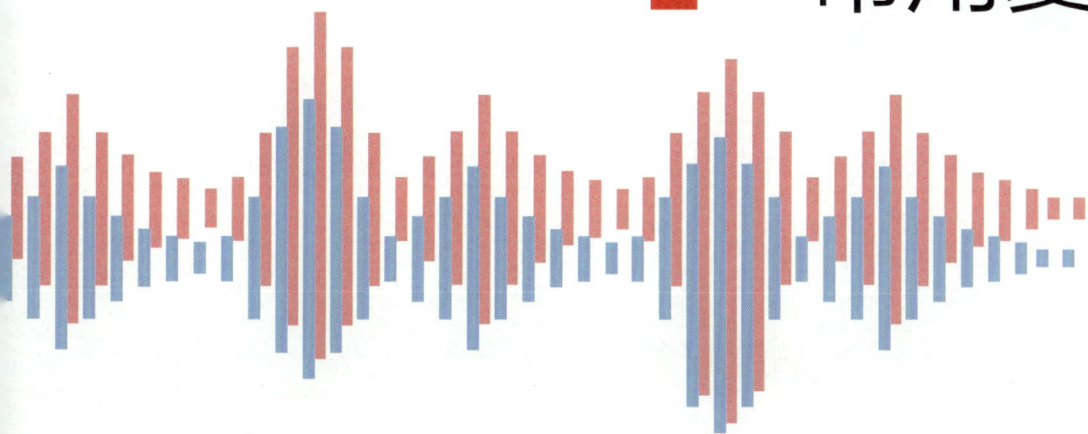

2.1 "这是(怎么样的)(什么)，
那是(怎么样的)(什么)"

儿童姓名_____ 训练者_____ 日期_____

知识 / 能力准备

1. 会观察事物的主要特征。
2. 能正确使用"这是 / 那是(怎么样的)(什么)"的句式进行表达。

训练目标

1. 能正确使用"这是(什么)，那是(什么)"的句式进行表达。
2. 能正确使用"这是(怎么样的)(什么)，那是(怎么样的)(什么)"的句式进行表达。

热身训练

1. 请你看一看，说一说"这是(怎么样的)(什么)"。

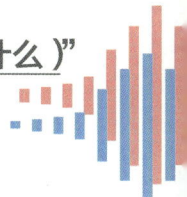

2. 请你看一看，说一说"那是（怎么样的）（什么）"。

训练建议

　　热身训练的目的是检验儿童是否能正确使用"这是／那是（怎么样的）（什么）"的句式，为接下来使用"这是（怎么样的）（什么），那是（怎么样的）（什么）"的句式表达训练打下基础。如果儿童尚不能使用"这是／那是（怎么样的）（什么）"的句式，建议训练者通过看图学话等方式，让儿童先学会使用"这是／那是（怎么样的）（什么）"的句式进行表达，再开始训练儿童使用"这是（怎么样的）（什么），那是（怎么样的）（什么）"的句式进行表达。

句式训练

一、"这是（什么），那是（什么）"

训练要点

　　会使用"这是（什么），那是（什么）"的句式进行表达。

训练方法

　　1. 训练者分别出示两张不同的图片，要求儿童使用"这是（什么）""那是（什么）"的句式分别进行描述。

2. 训练者同时出示两张不同的图片，示范使用"这是（什么），那是（什么）"的句式进行表达，让儿童模仿。

3. 与儿童对话，让儿童独立使用"这是（什么），那是（什么）"的句式进行表达。

这是皮球，那是本子

训练者：这是什么？

儿　童：这是皮球。

训练者：那是什么？

儿　童：那是本子。

训练者：这两件物品放在一起介绍时，离自己近的用"这是"，离自己远的用"那是"。请你跟我说，"这是皮球，那是本子"。

儿　童：这是皮球，那是本子。

训练者：说得真棒！请你看图再说一遍。

儿　童：这是皮球，那是本子。

这是铅笔，那是橡皮

训练者：这是什么？

儿　童：这是铅笔。

训练者：那是什么？

儿　童：那是橡皮。

训练者：这两件物品放在一起介绍时，离自己近的用"这是"，离自己远的用"那是"。请你跟我说，"这是铅笔，那是橡皮"。

儿　童：这是铅笔，那是橡皮。

训练者：说得真棒！请你看图再说一遍。

儿　童：这是铅笔，那是橡皮。

二、"这是（怎么样的）（什么），那是（怎么样的）（什么）"

训练要点

会使用"这是（怎么样的）（什么），那是（怎么样的）（什么）"的句式进行表达。

训练方法

1. 训练者出示两张不同特征的物品的图片，要求儿童使用"这是（怎么样的）（什么）""那是（怎么样的）（什么）"的句式分别描述。

2. 训练者同时出示这两张图片，示范使用"这是（怎么样的）（什么），那是（怎么样的）（什么）"的句式进行表达，让儿童模仿。

3. 与儿童对话，让儿童独立使用"这是（怎么样的）（什么），那是（怎么样的）（什么）"的句式进行表达。

这是红红的草莓，那是黄黄的梨

训练者：这是什么？

儿　童：这是草莓。

训练者: 这是怎么样的草莓?

儿　童: 这是红红的草莓。

训练者: 那是什么?

儿　童: 那是梨。

训练者: 那是怎么样的梨?

儿　童: 那是黄黄的梨。

训练者: 可以把这两种水果连起来介绍,请你跟我说,"这是红红的草莓,那是黄黄的梨"。

儿　童: 这是红红的草莓,那是黄黄的梨。

训练者: 说得真棒!请你看图再说一遍。

儿　童: 这是红红的草莓,那是黄黄的梨。

这是弯弯的月亮,那是亮晶晶的星星

训练者: 这是什么?

儿　童: 这是弯弯的月亮。

训练者: 那是什么?

儿　童: 那是亮晶晶的星星。

训练者: 可以把这两句话连起来,请你跟我说,"这是弯弯的月亮,那是亮晶晶的星星"。

儿　童: 这是弯弯的月亮,那是亮晶晶的星星。

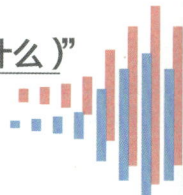

训练者：说得真棒！请你看图再说一遍。

儿　童：这是弯弯的月亮，那是亮晶晶的星星。

拓展训练

你能使用"这是（怎么样的）（什么），那是（怎么样的）（什么）"的句式描述身边的物品吗？

评　价

评价内容	评价结果
在语言 / 图片提示下能使用"这是（怎么样的）（什么），那是（怎么样的）（什么）"的句式进行表达。	能 / 不能
能独立使用"这是（怎么样的）（什么），那是（怎么样的）（什么）"的句式进行表达。	能 / 不能
拓展训练：能在生活情景中使用"这是（怎么样的）（什么），那是（怎么样的）（什么）"的句式进行表达。	能 / 不能

训练小贴士

1. 训练材料可以是日常生活中的物品或物品的图片。
2. 训练重点是让儿童知道，介绍不同特征的两种事物时，可以使用"这是（怎么样的）（什么），那是（怎么样的）（什么）"来描述。
3. 训练者要引导儿童观察生活，丰富儿童的日常语言，在实际生活中多运用所学句式进行表达。

2.2 "（什么）是（什么），（什么）也是（什么）"

儿童姓名_____   训练者_____   日期_____

知识 / 能力准备	训练目标

知识 / 能力准备

1. 能辨别常见物品的类属关系（类别）。
2. 能正确使用"（什么）是（什么）"的句式进行表达。
3. 能听懂"（什么）是（什么），（什么）也是（什么）"的句式。

训练目标

能正确使用"（什么）是（什么），（什么）也是（什么）"的句式进行表达。

热身训练

一、看一看，说一说

1. 请看图片，说一说，苹果是水果吗？

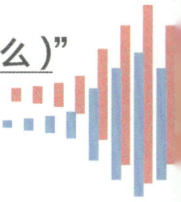

2. 请看图片，说一说，小海是男孩吗？

3. 请看图片，说一说，小汽车是交通工具吗？

二、看一看，指一指

1. 请你看一看，指出哪张图片表示"小鸡是动物，小鸭也是动物"。

2. 请你看一看，指出哪张图片表示"汽车是交通工具，飞机也是交通工具"。

3. 请你看一看，指出哪张图片表示"西红柿是蔬菜，辣椒也是蔬菜"。

训练建议

　　热身训练的目的是检验儿童是否已经能使用"（什么）是（什么）"的句式来表达，并能听懂"（什么）是（什么），（什么）也是（什么）"的句式。如果儿童尚不能使用"（什么）是（什么）"的句式，或不能听懂"（什么）是（什么），（什么）也是（什么）"的句式，建议训练者与儿童进行分类游戏和一问一答的游戏，先让儿童学会使用"（什么）是（什么）"的句式进行表达，或先听懂"（什么）是（什么），（什么）也是（什么）"的句式，再开始训练儿童使用"（什么）是（什么），（什么）也是（什么）"的句式进行表达。

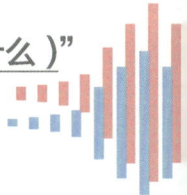

💡 **句式训练** ● ● ● ● ● ●

训练要点

能正确使用"（什么）是（什么），（什么）也是（什么）"的句式进行表达。

训练方法

1. 训练者出示同类物品的图片或实物，要求儿童使用"（什么）是（什么）"的句式分别描述。

2. 训练者出示同类物品的图片或实物，示范使用"（什么）是（什么），（什么）也是（什么）"的句式进行表达，让儿童模仿。

3. 让儿童独立使用"（什么）是（什么），（什么）也是（什么）"的句式进行表达。

苹果是水果，香蕉也是水果

训练者：苹果是水果吗？

儿　童：苹果是水果。

训练者：香蕉是水果吗？

儿　童：香蕉是水果。

训练者：苹果和香蕉都是水果。我们可以这样说，"苹果是水果，香蕉也是水果"，请你跟我说。

儿　童：苹果是水果，香蕉也是水果。

训练者：说得真棒！请你看图说一说。

儿　童：苹果是水果，香蕉也是水果。

107

铅笔是学习用品，尺也是学习用品

训练者: 铅笔是学习用品吗？

儿　童: 铅笔是学习用品。

训练者: 尺是学习用品吗？

儿　童: 尺是学习用品。

训练者: 铅笔和尺都是学习用品。我们可以这样说，"铅笔是学习用品，尺也是学习用品"，请你跟我说。

儿　童: 铅笔是学习用品，尺也是学习用品。

训练者: 说得真棒！请你看图说一说。

儿　童: 铅笔是学习用品，尺也是学习用品。

贝贝是小学生，明明也是小学生

训练者: 贝贝是小学生吗？

儿　童: 贝贝是小学生。

训练者: 明明是小学生吗？

儿　童: 明明是小学生。

训练者: 贝贝和明明都是小学生。我们可以这样说，"贝贝是小学生，明明也是小学生"，请你跟我说。

儿　童: 贝贝是小学生，明明也是小学生。

训练者: 说得真棒！请你看图说一说。

儿　童: 贝贝是小学生，明明也是小学生。

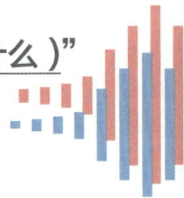

拓展训练

请你使用"（什么）是（什么），（什么）也是（什么）"的句式描述动物、蔬菜、玩具和交通工具这几类物品。

评 价

评价内容	评价结果
在语言／图片提示下能使用"（什么）是（什么），（什么）也是（什么）"的句式进行表达。	能／不能
能独立使用"（什么）是（什么），（什么）也是（什么）"的句式进行表达。	能／不能
拓展训练：能在生活情景中使用"（什么）是（什么），（什么）也是（什么）"的句式进行表达。	能／不能

训练小贴士

1. 训练材料可以是本篇中的图片或相应的实物，也可以根据训练环境自行准备。
2. 如果两种物品属于同一类，就可以使用"（什么）是（什么），（什么）也是（什么）"的句式进行表达。

2.3 "（什么）又……又……"

儿童姓名＿＿＿＿＿＿　训练者＿＿＿＿＿＿　日期＿＿＿＿＿＿

知识／能力准备　训练目标

知识／能力准备

1. 会观察同一对象的两个不同特征。
2. 能听懂"（什么）又……又……"的句式。

训练目标

能正确使用"（什么）又……又……"的句式进行表达。

热身训练

1. 请你看一看，指出哪张图片表示"苹果又大又红"。

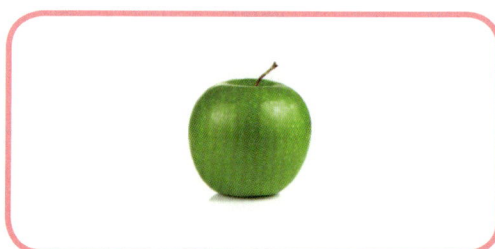

2. 请你看一看，指出哪张图片表示"月亮又大又圆"。

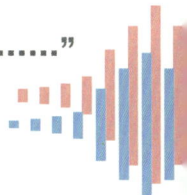

训练建议

　　热身训练的目的是检验儿童是否能听懂"（什么）又……又……"的句式所表达的意思。如果儿童尚不能正确理解"（什么）又……又……"的句式，建议训练者通过看图学话的方式，先让儿童理解"（什么）又……又……"的句式，再训练儿童使用"（什么）又……又……"的句式进行表达。

句式训练

一、"苹果又……又……"

训练要点

　　使用"苹果又……又……"的句子进行表达。

训练方法

　　1. 训练者提问，引导儿童理解苹果的特征。

　　2. 指导儿童将两个"苹果怎么样"的句子合并，模仿说"苹果又……又……"。

　　3. 与儿童对话，让儿童根据图片说出"苹果又……又……"。

苹果又大又红

训练者：这些苹果是大还是小？

儿　童：苹果是大的。

训练者：苹果是什么颜色的？

儿　童：苹果是红色的。

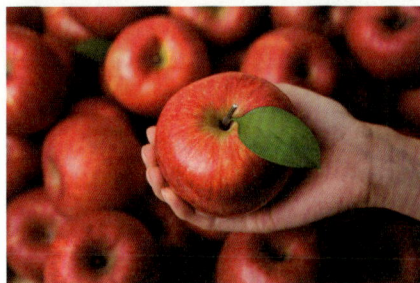

训练者: 苹果是大的，也是红的，我们可以说"苹果又大
　　　　又红"。

儿　童: 苹果又大又红。

训练者: 苹果怎么样？

儿　童: 苹果又大又红。

苹果又香又甜

训练者: 苹果闻起来怎么样？

儿　童: 苹果香香的。

训练者: 苹果是什么味道的？

儿　童: 苹果甜甜的。

训练者: 苹果是香的，也是甜的。你能用"苹果又……
　　　　又……"的句子说一说苹果是怎样的吗？

儿　童: 苹果又香又甜。

二、"西瓜又……又……"

训练要点

使用"西瓜又……又……"的句子进行表达。

训练方法

1. 训练者提问，引导儿童理解西瓜的特征。
2. 指导儿童将两个"西瓜怎么样"的句子合并，说出"西瓜又……又……"。

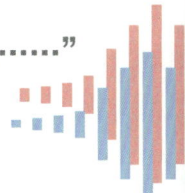

3. 与儿童对话，让儿童说出"西瓜又……又……"。

西瓜又大又圆

训练者：西瓜是大还是小？

儿　童：西瓜是大的。

训练者：西瓜是什么形状？

儿　童：西瓜是圆圆的。

训练者：西瓜是大的，也是圆的，请你用"西瓜又……
又……"的句子说一说。

儿　童：西瓜又大又圆。

西瓜又大又甜

训练者：西瓜吃起来是什么味道？

儿　童：西瓜是甜甜的。

训练者：西瓜是大大的，也是甜甜的，
你能用"又……又……"的句
式说一说西瓜是怎样的吗？

儿　童：西瓜又大又甜。

拓展训练

1. 你喜欢吃蛋糕吗？蛋糕是什么样子的？蛋糕吃起来是什么味道？
2. 你能用"蛋糕又……又……"的句子来描述蛋糕吗？

评 价

评价内容	评价结果
在语言/图片提示下能使用"（什么）又……又……"的句式进行表达。	能／不能
能独立使用"（什么）又……又……"的句式进行表达。	能／不能
拓展训练：能在生活情景中使用"（什么）又……又……"的句式进行表达。	能／不能

训练小贴士

1. 训练者可以使用本篇中的图片或相应实物，也可以根据训练情景自行准备训练材料。
2. 让儿童观察物品的特征，把两个特征合并，引导儿童说出"（什么）又……又……"的句式。
3. 应尽量使用日常生活中特征明显的物品，让儿童先看一看、摸一摸、闻一闻、尝一尝，再进行语言训练。

2.4 "（什么）既……又……"

儿童姓名＿＿＿＿＿＿ 训练者＿＿＿＿＿＿ 日期＿＿＿＿＿＿

知识/能力准备
1. 会观察同一对象的两个不同特征。
2. 能听懂"（什么）既……又……"的句式。

训练目标
能正确使用"（什么）既……又……"的句式进行表达。

热身训练

1. 请你看一看，指出哪张图片表示"书包里既有书，又有铅笔盒"。

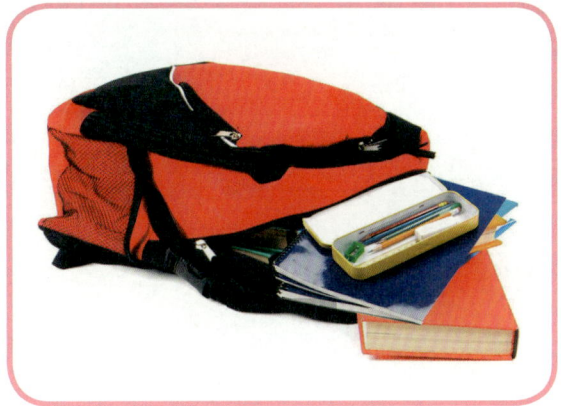

2. 请你看一看，指出哪张图片表示"小女孩既会唱歌，又会跳舞"。

训练建议

　　热身训练的目的是检验儿童是否能听懂"（什么）既……又……"句式所表达的意思。如果儿童在生活中尚不能听懂"（什么）既……又……"的句式，建议训练者结合生活中的具体事件，或通过看图学话的方式，先让儿童理解"（什么）既……又……"的句式，再开始训练儿童使用"（什么）既……又……"的句式进行表达。

句式训练

训练要点

　　使用"（什么）既……又……"的句式进行表达。

训练方法

　　1. 训练者出示图片，要求儿童根据图片回答问题，如：铅笔盒里有什么？铅笔盒里还有什么？

　　2. 训练者合并两个句子，引导儿童跟说"（什么）既……又……"的句式。

　　3. 与儿童对话，让儿童独立使用"（什么）既……又……"的句式进行表达。

铅笔盒里既有铅笔，又有橡皮

训练者：铅笔盒里有什么？

儿　童：铅笔盒里有铅笔。

训练者：铅笔盒里还有什么？

儿　童：铅笔盒里还有橡皮。

训练者：铅笔盒里有两样学习用品，我们可以说"铅笔盒里既有铅笔，又有橡皮"。请你试着说一说。

儿　童：铅笔盒里既有铅笔，又有橡皮。

训练者：请你用"（什么）既……又……"的句式说一说铅笔盒里有什么。

儿　童：铅笔盒里既有铅笔，又有橡皮。

铅笔既能用来写字，又能用来画画

训练者：铅笔能用来做什么？

儿　童：铅笔能用来写字。

训练者：铅笔还能用来做什么？

儿　童：铅笔还能用来画画。

训练者: 铅笔能用来写字，还能用来画画，我们可以说"铅笔既能用来写字，又能用来画画"。请你试着说一说。

儿　童: 铅笔既能用来写字，又能用来画画。

训练者: 请你用"（什么）既……又……"的句式说一说铅笔能用来做什么。

儿　童: 铅笔既能用来写字，又能用来画画。

伞既可以挡雨，又可以遮阳

训练者: 下雨时，伞有什么用？

儿　童: 伞可以挡雨。

训练者: 天热时，伞有什么用？

儿　童: 伞可以遮阳。

训练者: 伞有两个用处，挡雨和遮阳，我们可以说"伞既可以挡雨，又可以遮阳"。请你试着说一说。

儿　童: 伞既可以挡雨，又可以遮阳。

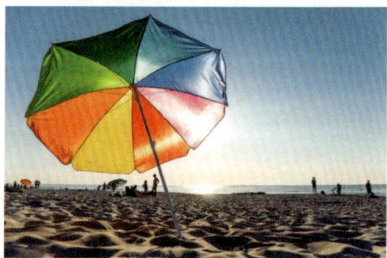

训练者: 请你用"（什么）既……又……"的句式说一说伞有什么用处。

儿　童: 伞既可以挡雨，又可以遮阳。

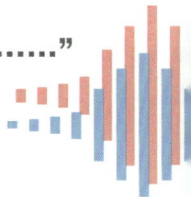

拓展训练

1. 你能使用"（什么）既……又……"的句式说一说桌子有什么作用吗？
2. 你能使用"（什么）既……又……"的句式说一说书包里有什么吗？

评 价

评价内容	评价结果
在语言／图片提示下能使用"（什么）既……又……"的句式进行表达。	能／不能
能独立使用"（什么）既……又……"的句式进行表达。	能／不能
拓展训练：能在生活情境中使用"（什么）既……又……"的句式进行表达。	能／不能

训练小贴士

1. 可以先引导儿童说清楚物品的两个特征，再使用"（什么）既……又……"的句式完整地表达。
2. 儿童也可以使用"（什么）又……又……"的句式进行表达，但必须能听懂"（什么）既……又……"的句式。

2.5 "一边……，一边……"

儿童姓名_____ 训练者_____ 日期_____

知识 / 能力准备 　　训练目标

知识 / 能力准备
1. 会观察一个对象同时做出的两个动作或出现的两种状态。
2. 能听懂"一边……，一边……"的句式。

训练目标
能正确使用并列复句"一边……，一边……"的句式进行表达。

热身训练

1. 请你看一看，指出哪张图片表示"明明一边弹琴，一边唱歌"。

2. 请你看一看，指出哪张图片表示"贝贝一边拍球，一边数数"。

训练建议

　　热身训练的目的是检验儿童是否能听懂"一边……，一边……"的句式。如果儿童尚不能理解"一边……，一边……"的意思，建议训练者结合生活中的具体事件先让儿童理解，再开始训练儿童使用"一边……，一边……"的句式进行表达。

句式训练

训练要点

　　使用"一边……，一边……"的句式进行表达。

训练方法

　　1. 训练者出示图片，要求儿童使用"谁在干什么"的句式分别描述图中人物的两个动作。

　　2. 训练者示范使用"一边……，一边……"的句式表达，让儿童模仿。

　　3. 与儿童对话，让儿童独立使用"一边……，一边……"的句式进行表达。

贝贝一边吃面包，一边喝牛奶

训练者：贝贝在干什么？

儿　童：贝贝在吃面包。

训练者：贝贝还在干什么？

儿　童：贝贝还在喝牛奶。

训练者：请你跟我说，"贝贝一边吃面包，一边喝牛奶"。

儿　童：贝贝一边吃面包，一边喝牛奶。

训练者：说得真棒！贝贝在干什么？

儿　童：贝贝一边吃面包，一边喝牛奶。

哥哥一边跑步，一边听音乐

训练者：哥哥在干什么？

儿　童：哥哥在跑步。

训练者：哥哥还在干什么？

儿　童：哥哥还在听音乐。

训练者：请你跟我说，"哥哥一边跑步，一边听音乐"。

儿　童：哥哥一边跑步，一边听音乐。

训练者：说得真棒！哥哥在干什么？

儿　童：哥哥一边跑步，一边听音乐。

爸爸一边看书，一边喝茶

训练者：爸爸在干什么？

儿　童：爸爸在看书。

训练者：爸爸还在干什么？

儿　童：爸爸还在喝茶。

训练者：请你跟我说，"爸爸一边看书，一边喝茶"。

儿　童：爸爸一边看书，一边喝茶。

训练者：说得真棒！爸爸在干什么？

儿　童：爸爸一边看书，一边喝茶。

拓展训练

吃过晚饭，家人都在客厅里。请你仔细观察他们在干什么，然后使用"一边……，一边……"的句式说一说。

评　价

评价内容	评价结果
在语言/图片提示下能使用"一边……，一边……"的句式进行表达。	能/不能
能独立使用"一边……，一边……"的句式进行表达。	能/不能
拓展训练：能在生活情景中使用"一边……，一边……"的句式进行表达。	能/不能

训练小贴士

1. 训练者可以使用本篇中的图片，也可以自行准备与儿童生活相关的图片。
2. 训练者可以引导儿童观察身边的人会同时做哪两件事，并让儿童使用"一边……，一边……"的句式进行表达。
3. 训练者可以根据生活中的实际情景对儿童进行句式训练。

2.6 "一会儿……，一会儿……"

儿童姓名＿＿＿＿＿ 训练者＿＿＿＿＿ 日期＿＿＿＿＿

知识 / 能力准备	训练目标

知识 / 能力准备

1. 会观察同一对象做出的两个动作。
2. 能理解"一会儿……，一会儿……"的句式。

训练目标

能正确使用"一会儿……，一会儿……"的句式进行表达。

热身训练

1. 请你看一看，指出哪张图片表示"小猴子一会儿在树上荡秋千，一会儿朝我们做鬼脸"。

2. 请你看一看，指出哪张图片表示"小熊一会儿滚球，一会儿骑自行车"。

训练建议

　　热身训练的目的是检验儿童是否能听懂"一会儿……，一会儿……"的句式。如果儿童尚不能听懂"一会儿……，一会儿……"的句式，建议训练者结合生活中的具体事件，先让儿童理解"一会儿……，一会儿……"的意思，再开始训练儿童使用"一会儿……，一会儿……"的句式进行表达。

句式训练

训练要点

　　使用"一会儿……，一会儿……"的句式进行表达。

训练方法

　　1. 训练者出示图片，要求儿童使用"谁在干什么"的句式分别描述图中人物／动物的两个动作。

　　2. 训练者示范使用"一会儿……，一会儿……"的句式进行表达，让儿童模仿。

　　3. 与儿童对话，让儿童独立使用"一会儿……，一会儿……"的句式进行表达。

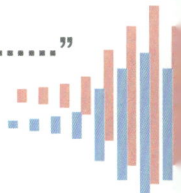

大象一会儿转呼啦圈，一会儿喷水

训练者：大象在干什么？

儿　童：大象在转呼啦圈。

训练者：大象还在干什么？

儿　童：大象还在喷水。

训练者：请你跟我说，"大象一会儿转呼啦圈，一会儿喷水"。

儿　童：大象一会儿转呼啦圈，一会儿喷水。

训练者：大象在干什么？

儿　童：大象一会儿转呼啦圈，一会儿喷水。

熊猫一会儿吃竹子，一会儿在地上打滚

训练者：熊猫在干什么？

儿　童：熊猫在吃竹子。

训练者：熊猫还在干什么？

儿　童：熊猫还在地上打滚。

训练者：请你跟我说，"熊猫一会儿吃竹子，一会儿在地上打滚"。

儿　童：熊猫一会儿吃竹子，一会儿在地上打滚。

训练者：熊猫在干什么？

儿　童：熊猫一会儿吃竹子，一会儿在地上打滚。

贝贝一会儿跳绳，一会儿拍球

训练者：贝贝在干什么？

儿　童：贝贝在跳绳。

训练者：贝贝还在干什么？

儿　童：贝贝还在拍球。

训练者：请你跟我说，"贝贝一会儿跳绳，一会儿拍球"。

儿　童：贝贝一会儿跳绳，一会儿拍球。

训练者：贝贝在干什么？

儿　童：贝贝一会儿跳绳，一会儿拍球。

拓展训练

　　晚餐时间快到了，请你看一看爸爸或妈妈在厨房干什么，然后使用"一会儿……，一会儿……"的句式说一说。

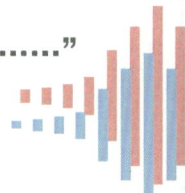

评　价

评价内容	评价结果
在语言／图片提示下能使用"一会儿……，一会儿……"的句式进行表达。	能／不能
能独立使用"一会儿……，一会儿……"的句式进行表达。	能／不能
拓展训练：能在生活情景中使用"一会儿……，一会儿……"的句式进行表达。	能／不能

训练小贴士

1. 训练者可以使用本篇中的图片，也可以自行准备与儿童生活相关的图片。
2. 训练者要让儿童知道，在"一会儿……，一会儿……"的句式中，两个分句可以互换位置。
3. 训练者可以根据训练场所的实际情景对儿童进行句式训练。

2.7 "有的（在）……，有的（在）……，还有的（在）……"

儿童姓名＿＿＿＿＿＿＿＿ 训练者＿＿＿＿＿＿＿＿ 日期＿＿＿＿＿＿＿＿

知识/能力准备 　 训练目标

知识/能力准备
1. 能观察到不同对象在同一环境、同一时间所做的事情。
2. 能听懂"有的（在）……，有的（在）……，还有的（在）……"的句式。

训练目标
能正确使用"有的（在）……，有的（在）……，还有的（在）……"的句式进行表达。

热身训练

听一听，指一指

1. 午间活动时，同学们在教室里玩游戏。他们有的下棋，有的玩游戏棒，还有的搭积木。

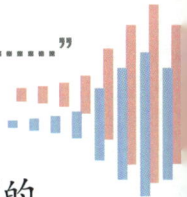

2. 放学后，同学们在教室里劳动。他们有的擦桌子，有的扫地，还有的拖地板。

训练建议

　　热身训练的目的是检验儿童是否能听懂"有的（在）……，有的（在）……，还有的（在）……"的句式。如果儿童尚不能听懂"有的（在）……，有的（在）……，还有的（在）……"的句式，建议训练者结合生活中的具体事件，帮助儿童先理解"有的（在）……，有的（在）……，还有的（在）……"句式的意思，再开始训练儿童使用"有的（在）……，有的（在）……，还有的（在）……"的句式进行表达。

💡 句式训练

训练要点

　　使用"有的（在）……，有的（在）……，还有的（在）……"的句式进行表达。

训练方法

　　1. 训练者出示图片，要求儿童使用"谁在干什么"的句式分别描述图中人物的活动。

　　2. 训练者示范使用"有的（在）……，有的（在）……，还有的（在）……"

的句式进行表达，让儿童模仿。

3. 与儿童对话，让儿童独立使用"有的（在）……，有的（在）……，还有的（在）……"的句式进行表达。

公园里有很多人，他们有的在拍照，有的在浇花，还有的在拔草。

训练者：这是什么地方？

儿　童：这是公园。

训练者：公园里有很多人，他们在干什么？

儿　童：他们在拍照。

训练者：还有吗？

儿　童：他们在浇花。

训练者：还有吗？

儿　童：他们（还）在拔草。

训练者：我们可以连起来说，"公园里有很多人，他们有的在拍照，有的在浇花，还有的在拔草"。请你跟我说一说。

儿　童：公园里有很多人，他们有的在拍照，有的在浇花，还有的在拔草。

训练者：现在请你用刚才学习的句子说一说，公园里有很
　　　　多人，他们在干什么？

儿　童：公园里有很多人，他们有的在拍照，有的在浇花，
　　　　还有的在拔草。

商店里人真多，他们有的买水果，有的买衣服，
　　　　还有的买玩具。

训练者：商店里人真多。请你看一看，他们在干什么？

儿　童：他们在买水果。他们在买衣服。他们在买玩具。

训练者：我们可以连起来说，"商店里人真多，他们有的买
　　　　水果，有的买衣服，还有的买玩具"。请你跟我说
　　　　一说。

儿　童：商店里人真多，他们有的买水果，有的买衣服，
　　　　还有的买玩具。

训练者：现在请你用刚才学习的句子说一说，商店里人真
　　　　多，他们在干什么？

儿　童: 商店里人真多, 他们有的买水果, 有的买衣服, 还有的买玩具。

小朋友们在草地上活动, 他们有的踢足球, 有的捉迷藏, 还有的放风筝。

训练者: 小朋友们在草地上活动, 他们在干什么?

儿　童: 他们在踢足球。他们在捉迷藏。他们在放风筝。

训练者: 我们可以连起来说, "小朋友们在草地上活动, 他们有的踢足球, 有的捉迷藏, 还有的放风筝"。请你跟我说一说。

儿　童: 小朋友们在草地上活动, 他们有的踢足球, 有的捉迷藏, 还有的放风筝。

训练者: 说得真棒! 请你用刚才学习的句子说一说, 小朋友们在草地上活动, 他们在干什么?

儿　童: 小朋友们在草地上活动, 他们有的踢足球, 有的捉迷藏, 还有的放风筝。

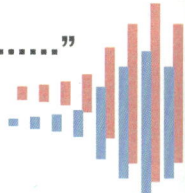

拓展训练

1. 体育课上，小朋友们在操场上干什么？请你使用"有的（在）……，有的（在）……，还有的（在）……"的句式说一说。

2. 儿童乐园里，小朋友们在干什么？请你使用"有的（在）……，有的（在）……，还有的（在）……"的句式说一说。

3. 动物园里，动物们在干什么？请你使用"有的（在）……，有的（在）……，还有的（在）……"的句式说一说。

评　价

评价内容	评价结果
在语言／图片提示下能使用"有的（在）……，有的（在）……，还有的（在）……"的句式进行表达。	能／不能
能独立使用"有的（在）……，有的（在）……，还有的（在）……"的句式进行表达。	能／不能
拓展训练：能在生活情景中使用"有的（在）……，有的（在）……，还有的（在）……"的句式进行表达。	能／不能

训练小贴士

1. 训练者可以使用本篇中的图片，也可以自行准备与儿童生活相关的图片。

2. 要让儿童知道"有的（在）……，有的（在）……，还有的（在）……"句式所描述的三件事情在句子中的位置可以互换；"还有的"要用在句子的最后。

3. 训练者可以根据实际情景对儿童进行句式训练。

2.8 "有时……，有时……"

儿童姓名_____ 训练者_____ 日期_____

知识 / 能力准备   训练目标

知识 / 能力准备
1. 能观察到同一对象出现的不同动作或状态。
2. 能使用"什么怎么样"的句式进行表达。
3. 能听懂"有时……，有时……"的句式。

训练目标
能正确使用"有时……，有时……"的句式进行表达。

热身训练

一、看一看，说一说

请你看一看，用"什么怎么样"的句式说一说。

二、看一看，指一指

1. 请你看一看，指出哪张图片表示"天气有时好，有时坏"。

2. 请你看一看，指出哪张图片表示"月亮有时弯，有时圆"。

训练建议

　　热身训练的目的是检验儿童是否能使用"什么怎么样"的句式进行表达，是否能听懂"有时……，有时……"的句式。如果儿童尚不能使用"什么怎么样"的句式，或不能听懂"有时……，有时……"的句式，建议训练者通过看图学话等方式，先让儿童学会使用"什么怎么样"来表达，或结合生活中的具体事件理解"有时……，有时……"的意思，再开始训练儿童使用该句式进行表达。

💡 句式训练

训练目标

使用"有时……，有时……"的句式进行表达。

训练方法

1. 训练者出示两张图片，要求儿童使用"什么怎么样"的句式分别描述。
2. 训练者示范使用"有时……，有时……"的句式描述两张图片，让儿童模仿。
3. 与儿童对话，让儿童独立使用"有时……，有时……"的句式表达。

月亮有时弯，有时圆

训练者：看一看，月亮是什么样子的？

儿　童：弯弯的。

训练者：月亮还可以是什么样子的？

儿　童：圆圆的／圆形。

训练者：我们可以说，"月亮有时弯，有时圆"。

儿　童：月亮有时弯，有时圆。

训练者：说得真棒！请你再说一遍。

儿　童：月亮有时弯，有时圆。

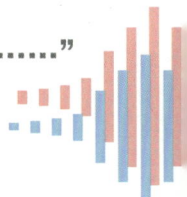

马路上，汽车有时多，有时少

训练者：看一看，马路上怎么样？

儿　童：汽车多。

训练者：第二张图中马路上怎么样？

儿　童：汽车少。

训练者：请你跟我说，"马路上，汽车有时多，有时少"。

儿　童：马路上，汽车有时多，有时少。

训练者：说得真棒！请你再说一遍。

儿　童：马路上，汽车有时多，有时少。

公园里的游客有时多，有时少

训练者：看一看，公园里的游客多吗？

儿　童：公园里的游客多。

训练者：第二张图中，公园里的游客多吗？

儿　童：公园里的游客不多。

训练者：请你跟我说，"公园里的游客有时多，有时少"。

儿　童：公园里的游客有时多，有时少。

训练者：说得真棒！请你再说一遍。

儿　童：公园里的游客有时多，有时少。

⤢ **拓展训练**

　　请你在上午 10 时和中午 12 时分别去快餐店看一看，并用"有时……，有时……"的句式说一说快餐店里的人是多还是少，排队的队伍是长还是短，店里是空荡荡的还是满当当的。

评　价

评价内容	评价结果
在语言/图片提示下能使用"有时……，有时……"的句式进行表达。	能/不能
能独立使用"有时……，有时……"的句式进行表达。	能/不能
拓展训练：能在生活情景中使用"有时……，有时……"的句式进行表达。	能/不能

训练小贴士

1. 训练者可以使用本篇中的图片，也可以自行准备与儿童生活相关的图片。

2. 训练时，注意让儿童观察同一事物展现出的不同状态，使用"有时……，有时……"的句式分别描述这些状态。

3. 训练者也可以引导儿童多观察事物状态的变化，例如天气的变化、排队人数的多少等，借助生活场景开展句式训练，帮助儿童将所学句式迁移到实际生活中。

2.9 "也许……，也许……"

儿童姓名_____ 训练者_____ 日期_____

知识 / 能力准备　训练目标

知识 / 能力准备
能听懂"也许……，也许……"句式所表达的意思。
训练目标
能正确使用复句"也许……，也许……"进行表达。

热身训练

1. 请你听一听下面的句子，然后看图找一找，指出小文可能在哪里。
"小文不在教室，她也许在图书室，也许在操场。"

2. 请你听一听下面的句子，然后看图找一找，指出同学们可能在哪里。
"同学们不在教室，他们也许在食堂，也许在操场。"

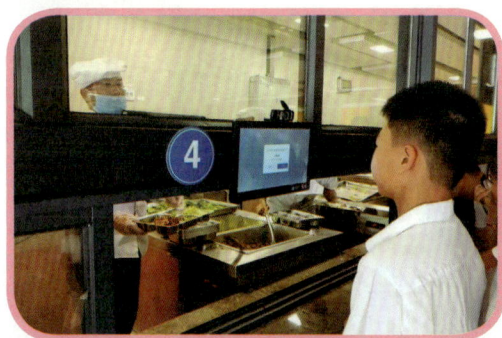

训练建议

　　热身训练的目的是检验儿童能否听懂"也许……，也许……"的句式。如果儿童尚不能正确理解"也许……，也许……"句式，建议训练者通过看图学话的方式，或结合生活中的具体事件，先让儿童理解"也许……，也许……"的句式，再开始训练儿童使用"也许……，也许……"的句式进行表达。

句式训练

训练要点

　　使用"也许……，也许……"的句式进行表达。

训练方法

1. 两位训练者分别扮演贝贝和明明进行对话，引导儿童理解对话内容。
2. 训练者示范使用"也许……，也许……"的句式进行表达，让儿童模仿。
3. 与儿童对话，让儿童独立使用"也许……，也许……"的句式进行表达。

王老师也许……，也许……

下课了，贝贝和明明在教室里聊天。

贝贝：班主任王老师现在不在教室。

明明：王老师也许在会议室，也许在办公室。

小明也许……，也许……

下课了，小明不在教室里，贝贝和明明在寻找小明。

贝贝：看见小明了吗？

明明：没看见，他不在教室里。

贝贝：他会在哪里呢？

明明：小明也许在图书馆，也许在操场。

贝贝：我们去找找吧。

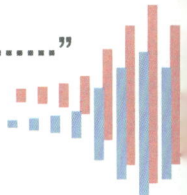

拓展训练

周末，爸爸妈妈会带你去哪里游玩？会在哪里吃饭？吃些什么？你能用"也许……，也许……"来说一说吗？

评　价

评价内容	评价结果
在语言／图片提示下能使用"也许……，也许……"的句式进行表达。	能／不能
能独立使用"也许……，也许……"的句式进行表达。	能／不能
拓展训练：能在生活情景中使用"也许……，也许……"的句式进行表达。	能／不能

训练小贴士

1. 训练通过图片引导儿童说出表示选择关系的复句，要先让儿童理解复句"也许……，也许……"，再引导儿童用该句式进行表达。

2. 训练者要在日常生活中对儿童进行强化训练，让儿童充分理解该句式表达的意思，并逐步将学习的句式迁移到实际生活中。

2.10 "（因为）……，所以……"

儿童姓名＿＿＿＿＿　训练者＿＿＿＿＿　日期＿＿＿＿＿

知识/能力准备	训练目标

知识/能力准备

1. 能观察事物之间的因果关系。
2. 能理解生活中简单事件的因果关系。

训练目标

能正确使用"（因为）……，所以……"的句式进行表达。

热身训练

1. 请你看一看，指出哪幅图告诉我们"今天出门要带伞"。

2. 请你看一看，指出哪幅图告诉我们"明天要带蜡笔"。

训练建议

　　热身训练的目的是检验儿童是否能理解生活中简单事件的因果关系。如果儿童尚不能理解生活中简单事件的因果关系，建议训练者结合生活中的具体事件先让儿童理解，再开始训练儿童使用"（因为）……，所以……"的句式进行表达。

💡 句式训练

训练要点

　　使用"（因为）……，所以……"的句式进行表达。

训练方法

　　1. 训练者出示图片，要求儿童使用"因为……"的句式进行表达。
　　2. 训练者示范使用"（因为）……，所以……"的句式进行表达，让儿童模仿。
　　3. 与儿童对话，让儿童独立使用"（因为）……，所以……"的句式进行表达。

因为明天有体育课，所以我要穿运动鞋

训练者: 明天学校有体育课, 你要穿什么鞋?

儿　童: 我要穿运动鞋。

训练者: 请你跟我说, "因为明天有体育课, 所以我要穿运动鞋"。

儿　童: 因为明天有体育课, 所以我要穿运动鞋。

训练者: 说得真棒! 请你说一说, 为什么明天要穿运动鞋?

儿　童: 因为明天有体育课, 所以我要穿运动鞋。

因为明天要去春游, 所以我要带好干粮和饮料

训练者: 明天要去春游, 你要带好哪些东西啊?

儿　童: 我要带好干粮和饮料。

训练者: 请你跟我说, "因为明天要去春游, 所以我要带好干粮和饮料"。

儿　童: 因为明天要去春游, 所以我要带好干粮和饮料。

训练者：说得真棒！请你说一说，为什么明天要带干粮和
　　　　饮料？

儿　童：因为明天要去春游，所以我要带好干粮和饮料。

因为明天下午我要去看病，所以请假半天

训练者：贝贝明天下午要请假半天，请你看一看图片，你
　　　　能猜出她为什么要请假吗？

儿　童：因为她要去医院看病。

训练者：对了，如果你是贝贝，你可以和老师说："因为明
　　　　天下午我要去看病，所以请假半天。"请你试着说
　　　　一说。

儿　童：因为明天下午我要去看病，所以请假半天。

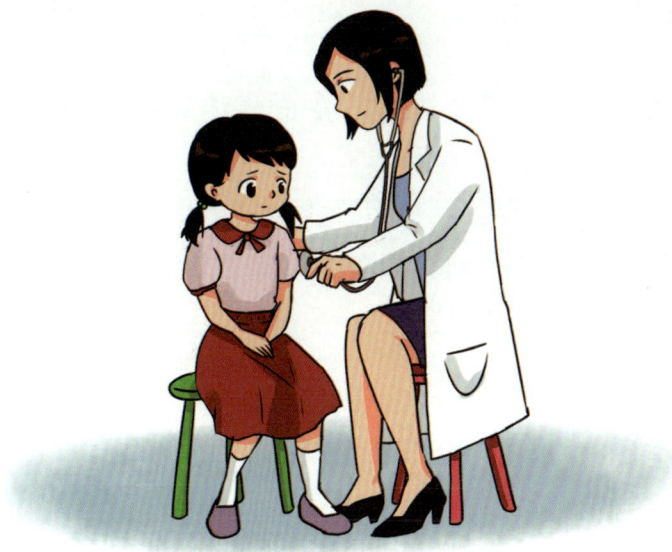

训练者：说得真棒！你为什么要请假半天？

儿　童：因为明天下午我要去看病，所以请假半天。

拓展训练

请你根据生活情景，使用"（因为）……，所以……"的句式说一说。

1. 明明的脚崴了，不能上体育课，需要向体育老师请假。

2. 明明发烧了，所以放学回家后没有做作业，第二天他要向老师说明情况。

3. 明天上学，明明要穿白色的衬衫表演节目，他现在就要告诉妈妈这件事情。

评　价

评价内容	评价结果
在语言/图片提示下能使用"（因为）……，所以……"的句式进行表达。	能/不能
能独立使用"（因为）……，所以……"的句式进行表达。	能/不能
拓展训练：能在生活情景中使用"（因为）……，所以……"的句式进行表达。	能/不能

训练小贴士

1. 训练者要让儿童知道"因为"后面表达的是事情的原因，"所以"后面表达的是事情的结果。

2. 在句式训练中，除了可以利用图片进行训练，训练者还可以引导儿童根据日常生活中经常遇到的情况开展句式训练，帮助儿童在实际生活情景中学习该句式。

2.11 "（什么）是（什么），还是（什么）？"

儿童姓名＿＿＿＿＿＿　　训练者＿＿＿＿＿＿　　日期＿＿＿＿＿

知识 / 能力准备　　训练目标

知识 / 能力准备

1. 具备从两项事物或两种状态中选择一项的能力。
2. 能听懂"（什么）是（什么），还是（什么）？"的句式。

训练目标：

能正确使用"（什么）是（什么），还是（什么）？"的句式进行提问。

热身训练

听一听，说一说

1. 请你看一看，这个孩子是男孩还是女孩？

2. 这是兔子，还是猫？

3. 这是红色，还是黄色？

训练建议

　　热身训练的目的是检验儿童是否能听懂"（什么）是（什么），还是（什么）？"的句式。如果儿童尚不能听懂"（什么）是（什么），还是（什么）？"的句式，建议训练者先通过图片和问题与儿童进行一问一答的游戏，或者结合生活情景训练儿童先听懂"（什么）是（什么），还是（什么）？"的句式，再开始训练儿童使用"（什么）是（什么），还是（什么）？"的句式进行表达。

句式训练

训练要点

使用"（什么）是（什么），还是（什么）？"的句式进行提问。

训练方法

1. 训练者分别出示图片并提问，要求儿童回答。

2. 训练者同时出示图片，示范使用"（什么）是（什么），还是（什么）？"的句式进行提问，让儿童模仿。

3. 与儿童对话，让儿童独立使用"（什么）是（什么），还是（什么）？"的句式进行提问。

你会唱歌，还是会跳舞？

训练者：你会唱歌吗？

儿　童：我会唱歌。

训练者：你会跳舞吗？

儿　童：我会跳舞。

训练者：还可以把两个问题连起来，
　　　　"你会唱歌，还是会跳舞？"
　　　　请你学着问我。

儿　童：你会唱歌，还是会跳舞？

训练者：说得真棒！请你再问一遍。

儿　童：你会唱歌，还是会跳舞？

你喜欢上数学课，还是语文课？

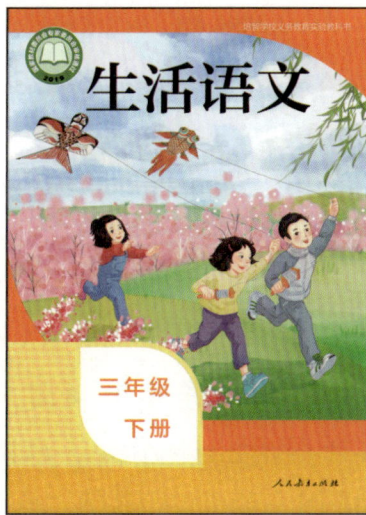

训练者：你喜欢上数学课吗？

儿　童：我喜欢上数学课。

训练者：你喜欢上语文课吗？

儿　童：我喜欢上语文课。

训练者：还可以把两个问题连起来，"你喜欢上数学课，还是语文课？"请你学着问我。

儿　童：你喜欢上数学课，还是语文课？

训练者：说得真棒！请你再问一遍。

儿　童：你喜欢上数学课，还是语文课？

拓展训练

　　仔细观察身边的事物，然后使用"（什么）是（什么），还是（什么）？"的句式进行提问。

评 价

评价内容	评价结果
在语言/图片提示下能使用"（什么）是（什么），还是（什么）？"的句式进行提问。	能/不能
能独立使用"（什么）是（什么），还是（什么）？"的句式进行提问。	能/不能
拓展训练：能在生活情景中，使用"（什么）是（什么），还是（什么）？"的句式进行提问。	能/不能

训练小贴士

1. 训练者可以根据日常生活中常用的、熟悉的事物，准备相应图片或实物作为训练材料。
2. 训练者除了可以使用图片与儿童进行问答训练，还可以根据训练场所的情景对儿童进行训练，巩固所学的句式。
3. 本训练内容难度较高，可以作为弹性内容进行选择性训练。

2.12 "先……，然后/再……"

儿童姓名_____ 训练者_____ 日期_____

知识/能力准备　　训练目标

知识/能力准备
1. 能观察两件事情发生的先后顺序。
2. 能听懂"先……，然后/再……"的句式。
训练目标
能正确使用"先……，然后/再……"的句式进行表达。

热身训练

看一看，指一指

1. 请你看一看，指出哪张图片表示"早上，明明先刷牙，再洗脸"。

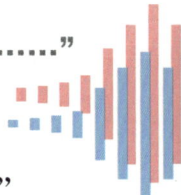

2. 请你看一看，指出哪张图片表示"明明先穿上溜冰鞋，然后去溜冰了"。

3. 请你看一看，指出哪张图片表示"明明先拧开瓶盖，然后喝水"。

训练建议

　　"热身训练"的目的是检验儿童是否能听懂"先……，然后／再……"的句式。如果儿童尚不能听懂"先……，然后／再……"的句式，建议训练者结合生活中的具体事件，或通过看图学话的方式，先让儿童理解句式的意思，再开始训练儿童使用"先……，然后／再……"的句式进行表达。

句式训练

训练要点

使用"先……，然后 / 再……"的句式进行表达。

训练方法

1. 训练者出示第一张图片，要求儿童使用"谁先干什么"进行表达，然后出示第二张图片，要求儿童使用"谁然后 / 再干什么"进行表达。

2. 训练者示范使用"先……，然后 / 再……"的句式进行表达，让儿童模仿。

3. 与儿童对话，让儿童使用"先……，然后 / 再……"的句式进行表达。

明明先刷牙，然后洗脸

训练者：明明先干什么？

儿　童：明明先刷牙。

训练者：明明然后干什么？

儿　童：明明然后洗脸。

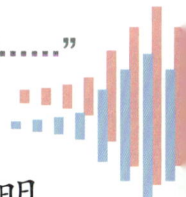

训练者：你能用"明明先刷牙，然后洗脸"的句子说说明明
在干什么吗？

儿　童：明明先刷牙，然后洗脸。

训练者：非常棒！明明干了什么？

儿　童：明明先刷牙，然后洗脸。

明明先穿溜冰鞋，然后去溜冰

训练者：明明先干什么？

儿　童：明明先穿溜冰鞋。

训练者：明明然后干什么？

儿　童：明明然后去溜冰。

训练者：你能用"明明先穿溜冰鞋，然后去溜冰"的句子
说说明明在干什么吗？

儿　童：明明先穿溜冰鞋，然后去溜冰。

训练者：非常棒！明明干了什么？

儿　童：明明先穿溜冰鞋，然后去溜冰。

明明先拧开瓶盖，再喝水

训练者：明明先干什么？

儿　童：明明先拧开瓶盖。

训练者：明明再干什么？

儿　童：明明再喝水。

训练者：你能用"明明先拧开瓶盖，再喝水"的句子说说明明在干什么吗？

儿　童：明明先拧开瓶盖，再喝水。

训练者：非常棒！明明干了什么？

儿　童：明明先拧开瓶盖，再喝水。

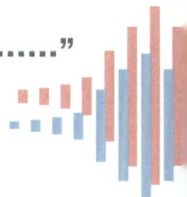

拓展训练

1. 你能说一说，妈妈走进厨房先干什么，然后／再干什么吗？

2. 家里来客人了，你能说说爸爸是怎么招待的吗？他先干什么，然后／再干什么？

3. 大扫除时，同学们是怎么做的？请你用"先……，然后／再……"的句式进行表达。

评　价	
评价内容	评价结果
在语言／图片提示下能使用"先……，然后／再……"的句式进行表达。	能／不能
能独立使用"先……，然后／再……"的句式进行表达。	能／不能
拓展训练：能在生活情景中使用"先……，然后／再……"的句式进行表达。	能／不能

训练小贴士

1. 训练者要让儿童知道"先……"表示先做的事情，"然后／再……"表示后做的事情。

2. 训练者可以引导儿童多观察生活，借助日常生活中的场景开展句式训练，帮助儿童将学习的句式迁移到实际生活中。

2.13 "先……，然后 / 再……，最后……"

儿童姓名_____　训练者_____　日期_____

知识 / 能力准备　训练目标

知识 / 能力准备

1. 能观察三件事情发生的先后顺序。

2. 能使用"先……，然后 / 再……"的句式进行表达。

3. 能听懂"先……，然后 / 再……，最后……"的句式。

训练目标

能正确使用"先……，然后 / 再……，最后……"的句式进行表达。

热身训练

一、看一看，说一说

请你看图片，使用"先……，然后 / 再……"的句式说出明明做了什么。

二、听一听，指一指

1. 早上，明明先刷牙，再洗脸，最后吃早饭。

2. 明明先擦桌子，然后扫地，最后拖地。

3. 明明先拿出汽水, 然后拧开瓶盖, 最后喝汽水。

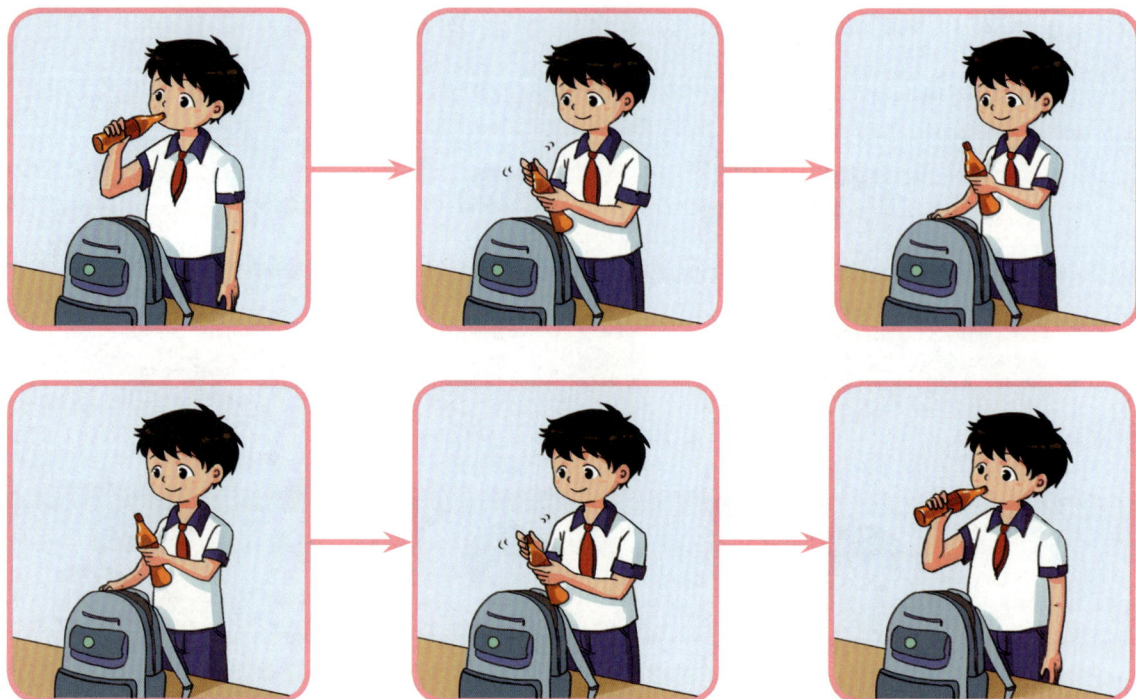

训练建议

　　热身训练的目的是检验儿童是否能使用"先……, 然后/再……"的句式进行表达, 并能听懂"先……, 然后/再……, 最后……"句式的意思。如果儿童尚不能使用"先……, 然后/再……"的句式进行表达, 建议训练者先让儿童学会使用该句式。另外, 如果儿童在生活中不能听懂"先……, 然后/再……, 最后……"的句式, 建议训练者结合生活中的具体事件, 或通过看图学话等方式让儿童先听懂, 再开始训练儿童使用"先……, 然后/再……, 最后……"的句式进行表达。

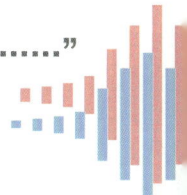

句式训练

训练要点

使用"先……，然后/再……，最后……"的句式进行表达。

训练方法

1. 训练者出示第一张图片，要求儿童说出"谁先干什么"；出示第二张图片，要求儿童说出"谁然后/再干什么"；出示第三张图片，要求儿童说出"谁最后干什么"。

2. 训练者示范使用"先……，然后/再……，最后……"的句式进行表达，让儿童模仿。

3. 与儿童对话，让儿童独立使用"先……，然后/再……，最后……"的句式进行表达。

明明先刷牙，然后洗脸，最后吃早饭

训练者：明明先干什么？

儿　童：明明先刷牙。

训练者：明明然后干什么？

儿　童：明明然后洗脸。

训练者：明明最后干什么？

儿　童：明明最后吃早饭。

训练者：你能用"明明先刷牙，然后洗脸，最后吃早饭"的句子说说明明在干什么吗？

儿　童：明明先刷牙，然后洗脸，最后吃早饭。

训练者：非常棒！

明明先拿出汽水，再拧开瓶盖，最后喝汽水

训练者：明明先干什么？

儿　童：明明先拿出汽水。

训练者：明明再干什么？

儿　童：明明再拧开瓶盖。

训练者：明明最后干什么？

儿　童：明明最后喝汽水。

训练者：你能用"明明先拿出汽水，再拧开瓶盖，最后喝汽水"的句子说说明明在干什么吗？

儿　童：明明先拿出汽水，再拧开瓶盖，最后喝汽水。

训练者：非常棒！

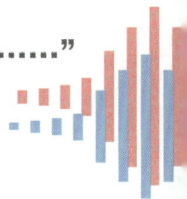

拓展训练

1. 请你说说妈妈走进厨房以后先干什么，然后／再干什么，最后干什么。

2. 家里来客人了，你能说说爸爸是怎么招待的吗？他先干什么，然后／再干什么，最后干什么？

3. 大扫除时，同学们是怎么做的？请你使用"先……，然后／再……，最后……"的句式进行表达。

评价

评价内容	评价结果
在语言／图片提示下能使用"先……，然后／再……，最后……"的句式进行表达。	能／不能
能独立使用"先……，然后／再……，最后……"的句式进行表达。	能／不能
拓展训练：能在生活情景中使用"先……，然后／再……，最后……"的句式进行表达。	能／不能

训练小贴士

1. 训练者可以使用本篇中的图片，也可以自行准备与儿童生活相关的图片。

2. 训练者要让儿童知道，"先……"表示做的第一件事情，"然后／再……"表示做的第二件事情，"最后……"表示做的第三件事情。

3. 训练者可以引导儿童多观察生活，借助日常生活中的场景开展句式训练，帮助儿童将学习的句式迁移到实际生活中。

2.14 "……，可是……"

儿童姓名_____ 训练者_____ 日期_____

知识 / 能力准备
能听懂"……，可是……"的句式。
训练目标
能正确使用"……，可是……"的句式进行表达。

热身训练

听一听，说一说

1. 这个冰激凌很好看，可是不好吃。这个冰激凌好吃吗？
2. 明明说："我想吃蛋糕，可是蛋糕店关门了。"明明吃到蛋糕了吗？
3. 右边的这条丝巾比左边的丝巾价格贵，可是更漂亮。哪条丝巾更漂亮？

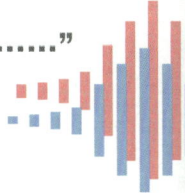

　　热身训练的目的是检验儿童是否能听懂"……，可是……"的句式。如果儿童尚不能听懂"……，可是……"的句式，建议训练者结合生活中的具体事件，先让儿童理解"……，可是……"句式的意思，再开始训练儿童使用"……，可是……"的句式进行表达。

句式训练

训练要点

使用"……，可是……"的句式进行表达。

训练方法

1. 训练者朗读对话，引导儿童理解对话内容。
2. 训练者示范使用"……，可是……"的句式进行表达，让儿童模仿。
3. 与儿童对话，让儿童独立使用"……，可是……"的句式进行表达。

贝贝想吃雪糕，可是商店都关门了

训练者：贝贝想吃什么？

儿　童：她想吃雪糕。

训练者：想吃雪糕去哪里买？

儿　童：去商店。

训练者：可是商店都关门了，她吃得到雪糕吗？

儿　童：吃不到。

训练者：请你跟我说，"贝贝想吃雪糕，可是商店都关门了"。

儿　童：贝贝想吃雪糕，可是商店都关门了。

训练者：说得真棒！请你说一说发生了什么事。

儿　童：贝贝想吃雪糕，可是商店都关门了。

我很累，可是很开心

训练者：玩跳格子 / 捉迷藏好累啊，你累不累？

儿　童：……（随意回答。）

训练者：可是我很开心，你开心吗？

儿　童：开心。

训练者：请你跟我说，"我很累，可是我很开心"。

儿　童：我很累，可是我很开心。

训练者：说得真棒！请你再说一说。

儿　童：我很累，可是我很开心。

贝贝想买娃娃，可是钱不够

训练者：贝贝想买什么？

儿　童：贝贝想买娃娃。

训练者：贝贝有 50 元，娃娃要
　　　　100 元，贝贝的钱够吗？

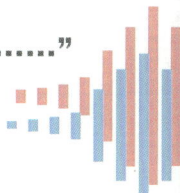

儿　童：不够。

训练者：我们可以说，"贝贝想买娃娃，可是钱不够"。

儿　童：贝贝想买娃娃，可是钱不够。

训练者：说得真棒！请你看图说一说发生了什么事。

儿　童：贝贝想买娃娃，可是钱不够。

拓展训练

请你根据下面的生活情景，使用"……，可是……"的句式说一说。
1. 妈妈想去超市买东西，天空乌云密布。
2. 晚饭后，我想吃蛋糕，妈妈不让吃蛋糕。

评　价

评价内容	评价结果
在语言／图片提示下能使用"……，可是……"的句式进行表达。	能／不能
能独立使用"……，可是……"的句式进行表达。	能／不能
拓展训练：能在生活情景中使用"……，可是……"的句式进行表达。	能／不能

训练小贴士

1. 训练者可以使用本篇中的图片，也可以自行准备与儿童生活相关的图片。
2. 训练者要让儿童理解"……，可是……"的句式表示转折的意思。
3. 训练者可以根据训练场所的实际情景对儿童进行句式训练。训练内容尽量采用日常生活中常用的、熟悉的活动。

2.15 "一……，就……"

儿童姓名＿＿＿＿＿　训练者＿＿＿＿＿　日期＿＿＿＿＿

知识／能力准备	训练目标

知识／能力准备

1. 能观察到两个相邻动作或状态的先后关系。
2. 能听懂"一……，就……"的句式。

训练目标

2. 能正确使用"一……，就……"的句式进行表达。

🧍 **热身训练**

看一看，说一说

1. 小朋友一按开关，灯就亮了。

2. 小丽一起床，就刷牙。

3. 小朋友一放学，就回家。

训练建议

　　热身训练的目的是检验儿童是否能听懂"一……，就……"的句式。如果儿童尚不能听懂"一……，就……"的句式，建议训练者与儿童进行一问一答的游戏活动，通过看图学话等方式先让儿童听懂"一……，就……"的句式，再开始训练儿童使用"一……，就……"的句式进行表达。

句式训练

训练要点

使用"一……，就……"的句式进行表达。

训练方法

1. 训练者出示图片，要求儿童用"谁干什么"来描述。

2. 训练者同时出示两张图片，示范使用"一……，就……"的句式进行表达，让儿童模仿。

3. 与儿童对话，让儿童独立使用"一……，就……"的句式进行表达。

小朋友一放学回家，就做作业

训练者：小朋友干什么？

儿　童：小朋友放学回家。

训练者：小朋友干什么？

儿　童：小朋友做作业。

训练者：小朋友回家后马上就做作业了，我们可以这样说，"小朋友一放学回家，就做作业"。

儿　童：小朋友一放学回家，就做作业。

训练者：说得真棒！请你看图说一说。

儿　童：小朋友一放学回家，就做作业。

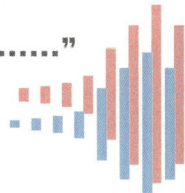

他一听到音乐，就跳舞

训练者：他干什么？

儿　童：他听音乐。

训练者：他干什么？

儿　童：他跳舞。

训练者：他一听到音乐马上就跳舞了，我们可以这样说，
　　　　"他一听到音乐，就跳舞"。

儿　童：他一听到音乐，就跳舞。

训练者：说得真棒！请你再说一遍。

儿　童：他一听到音乐，就跳舞。

上课铃声一响，同学们就走进教室

训练者：上课铃声怎么样？

儿　童：上课铃声响了。

训练者：同学们干什么？

儿　童：同学们走进教室。

训练者：上课铃声响了，同学们马上走进教室，我们可以
　　　　这样说，"上课铃声一响，同学们就走进教室"。

儿　童：上课铃声一响，同学们就走进教室。

训练者：说得真棒！请你看图说一说。

儿　童：上课铃声一响，同学们就走进教室。

拓展训练

请你结合生活中的实际情况，使用"一……，就……"的句式说一说。

评　价

评价内容	评价结果
在语言 / 图片提示下能使用"一……，就……"的句式进行表达。	能 / 不能
能独立使用"一……，就……"的句式进行表达。	能 / 不能
拓展训练：能在生活情景中使用"一……，就……"的句式进行表达。	能 / 不能

训练小贴士

1. 训练材料可以是本篇中的图片，也可以自行准备与儿童生活相关的图片。
2. 训练者要让儿童知道，把两件前后衔接很紧密的事情连接在一起，可以使用"一……，就……"的句式来表述。
3. 训练者还可以根据训练场所的实际情景对儿童进行句式训练。
4. 训练的动作内容尽量选用日常生活中常用的、熟悉的动作，训练者可以演示动作。

2.16 "不但……，而且……"

儿童姓名_____ 训练者_____ 日期_____

知识 / 能力准备　训练目标

知识 / 能力准备
1. 能理解人和事物的不同特征属性，比如外形、味道、价格等。
2. 能听懂"不但……，而且……"的句式。

训练目标
能正确使用"不但……，而且……"的句式进行表达。

热身训练

听一听，说一说

1. 我们的教室不但干净，而且明亮。

2. 这家餐厅不但菜品多样，而且价格便宜。

训练建议

　　热身训练的目的是检验儿童是否能听懂"不但……，而且……"的句式。如果儿童尚不能听懂"不但……，而且……"的句式，建议训练者结合生活中的具体事件，先让儿童理解"不但……，而且……"句式的意思，再开始训练儿童使用"不但……，而且……"的句式进行表达。

句式训练

训练要点

使用"不但……，而且……"的句式进行表达。

训练方法

1. 训练者出示第一张图片，要求儿童描述图片内容。

2. 训练者出示第二张图片，示范使用"不但……，而且……"的句式进行表达，让儿童模仿。

3. 与儿童对话，让儿童独立使用"不但……，而且……"的句式进行表达。

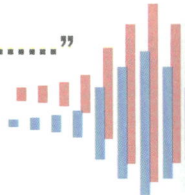

贝贝不但会唱歌，而且会跳舞

训练者：贝贝在干什么？

儿　童：贝贝在唱歌。

训练者：贝贝在干什么？

儿　童：贝贝在跳舞。

训练者：请你跟我说，"贝贝不但
会唱歌，而且会跳舞"。

儿　童：贝贝不但会唱歌，而且会
跳舞。

训练者：说得真棒！请你用"不但……，而且……"的句
式看图说一说。

儿　童：贝贝不但会唱歌，而且会跳舞。

草莓蛋糕不但外形好看，而且味道好吃

训练者事先准备好草莓蛋糕实物。

训练者：这是草莓蛋糕，外形好看吗？

儿　童：外形好看。

训练者：我们再来尝一尝它的味道，看看好不好吃。

儿　童：味道好吃。

训练者：请你跟我说，"草莓蛋糕不但外形好看，而且味道
好吃"。

儿　童: 草莓蛋糕不但外形好看，而且味道好吃。

训练者: 说得真棒！请你用"不但……，而且……"的句子说一说草莓蛋糕。

儿　童: 草莓蛋糕不但外形好看，而且味道好吃。

拓展训练

请你根据生活情景，使用"不但……，而且……"的句式说一说。

1. 小明喜欢踢足球。小明喜欢打篮球。
2. 这支笔很便宜。这支笔很实用。
3. 贝贝爱学习。贝贝经常帮助同学。

评　价

评价内容	评价结果
在语言／图片提示下能使用"不但……，而且……"的句式进行表达。	能／不能
能独立使用"不但……，而且……"的句式进行表达。	能／不能
拓展训练：能在生活情景中使用"不但……，而且……"的句式进行表达。	能／不能

训练小贴士

1. 训练者可以使用本篇中的图片，也可以自行准备与儿童生活相关的图片。
2. 训练者可以根据训练场所的实际情景对儿童进行句式训练。训练内容尽量选用儿童熟悉的活动。

2.17 "如果……，就……"

儿童姓名_____ 训练者_____ 日期_____

知识 / 能力准备　训练目标

知识 / 能力准备

1. 能判断事情是否已经发生，能推测事情的结果。
2. 能听懂"如果……，就……"的句式。

训练目标

能正确使用"如果……，就……"的句式进行表达。

热身训练

请你看一看，指出正确的图片

1. 如果生病了，就去找医生。

2. 如果下雨了，出门就要带雨伞。

3. 如果每天认真刷牙，牙齿就会亮晶晶的。

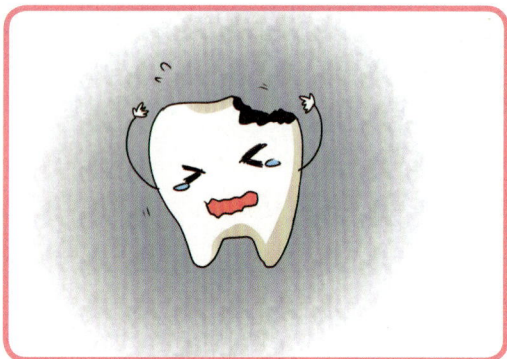

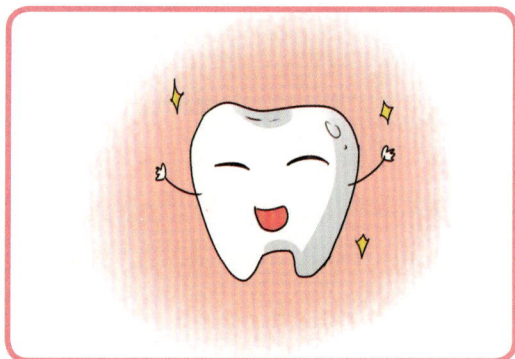

训练建议

　　热身训练的目的是检验儿童是否能听懂"如果……，就……"的句式。如果儿童尚不能听懂"如果……，就……"的句式，建议训练者结合生活中的具体事件，先让儿童理解"如果……，就……"句式的意思，再开始训练儿童使用"如果……，就……"的句式进行表达。

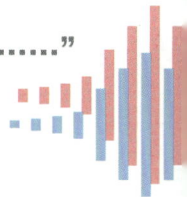

句式训练

训练目标

使用"如果……，就……"的句式进行表达。

训练方法

1. 训练者出示第一张图片，要求儿童描述图片内容。

2. 训练者出示第二张图片，示范使用"如果……，就……"的句式进行表达，让儿童模仿。

3. 与儿童对话，让儿童独立使用"如果……，就……"的句式进行表达。

如果生病了，就要去医院

训练者：小朋友怎么了？

儿　童：他生病了。

训练者：如果生病了，就要去哪里？

儿　童：去医院。

训练者：请你跟我说，"如果生病了，就要去医院"。

儿　童：如果生病了，就要去医院。

训练者：说得真棒！请你再说一遍。

儿　童：如果生病了，就要去医院。

如果下雨了，就要打伞

训练者：天气怎么了？

儿　童：下雨了。

训练者：如果下雨了，就要怎么样？

儿　童：打伞。

训练者：请你跟我说，"如果下雨了，就要打伞"。

儿　童：如果下雨了，就要打伞。

训练者：说得真棒！请你再说一遍。

儿　童：如果下雨了，就要打伞。

如果去跑步，就要穿运动鞋

训练者：他在干什么？

儿　童：跑步。

训练者：如果去跑步，就要穿什么鞋？

儿　童：穿运动鞋。

训练者：请你跟我说，"如果去跑步，就要穿运动鞋"。

儿　童：如果去跑步，就要穿运动鞋。

训练者：说得真棒！请你再说一遍。

儿　童：如果去跑步，就要穿运动鞋。

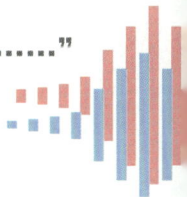

拓展训练

请你用"如果……，就……"的句式描述下面的情形。

1. 天气很好，丁丁可以去游乐场玩耍。
2. 贝贝完成作业，妈妈带她去超市购物。
3. 明明口渴了，应该喝水。

评价

评价内容	评价结果
在语言 / 图片提示下能使用"如果……，就……"的句式进行表达。	能 / 不能
能独立使用"如果……，就……"的句式进行表达。	能 / 不能
拓展训练：能在生活情景中使用"如果……，就……"的句式进行表达。	能 / 不能

训练小贴士

1. 训练者可以使用本篇中的图片，也可以自行准备与儿童生活相关的图片。
2. 训练者要让儿童知道，"如果……，就……"表示一种假设关系："如果……"是进行假设，"就……"是引出假设条件下的结果。
3. 训练者可以根据训练场所的实际情景对儿童进行句式训练。训练内容尽量选用儿童熟悉的活动。

《手把手教你做语言训练》编写人员简介

马红英，华东师范大学特殊教育学系副教授，担任《培智学校义务教育实验教科书·生活语文》《生活语文·听说》主编。长期从事特殊学校语文教材教法、特殊学生语文学业评价、特殊儿童语言发展与训练等领域的教学和研究工作。主持《上海市辅读学校言语沟通训练课程指南》《特殊儿童语言与沟通能力评估指导手册》《随班就读学生语文学业评价指导手册》的研发和编写工作。主编、参编著作10余部，发表专业论文40余篇。参与教育部《培智学校义务教育生活语文课程标准（2016年版）》《培智学校义务教育艺术休闲课程标准（2016年版）》的审读工作。

李萍，上海市普陀区启星学校原校长，高级教师。曾荣获上海市三八红旗手、上海市特殊教育先进个人、上海市园丁及普陀区劳模等称号。主持多项全国课题和上海市规划课题，研究成果获上海市教学成果一等奖。参与《上海市辅读学校行为训练课程指南》的编写，主编《启启星星社交故事集》。

陈建军，上海市青浦区辅读学校原校长、党支部书记，青浦区特殊教育指导中心常务副主任，上海市教育学会特殊教育专业委员会理事，上海市基础教育督学，高级教师。曾荣获首届上海市"四有好老师"（师德楷模）提名，青浦区改革创新先进个人称号。领衔完成了上海市随班就读支持保障体系实验区、上海市特殊教育医教结合实验区、上海市特殊教育学前教育设点布局与管理研究实验区、上海市特殊教育送教上门、医教结合服务实验区等实验项目的研究，课题成果获上海市基础教育教科研成果二等奖。出版《医教结合——我们在行动》《医教结合——我们在探究》《从接纳走向融合——特殊教育教学康复及支持服务》《三十春秋育弱苗——特殊教育研究与实践启示录》等著作。

徐银秀，毕业于华东师范大学特殊教育学系，特殊教育学硕士。上海市青浦区特殊教育指导中心教师，上海市教育委员会教研室特殊教育中心组成员。主要从事特殊儿童言语－语言康复训练、随班就读巡回指导等工作。参与《特殊儿童语言与沟通能力评估指导手册》《培智学校义务教育实验教科书·生活语文》《生活语文·听说》的编写工作。

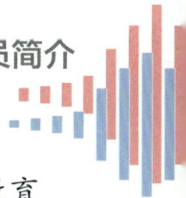

范敏，上海市普陀区启星学校党支部书记、校长，上海市普陀区特殊教育康复指导中心主任。长期从事义务教育阶段语文教学工作，参与《培智学校义务教育〈生活语文〉教师教学用书》的编写，主持和参与多项特殊教育教学各级课题的研究，多次受邀在华东师范大学和各级特殊教育教师培训中作专题讲座。

钱慧红，上海市青浦区辅读学校高级教师，青浦区特殊教育教研员。从事特教工作二十多年，参与编写《培智学校义务教育实验教科书·劳动技能》。担任青浦区第六届、第七届名优教师"种子计划"团队主持人，先后带领青浦区特殊教育团队领衔上海市医教结合、随班就读教学、学前特殊教育等项目研究。主持开展区级重点项目研究，开发"十三五""十四五"区级教师培训课程。主编《医教结合，我们以生为本》，发表论文10余篇。

刘君，上海市普陀区启星学校科研室主任，高级教师。长期从事语文教学和学校教育科研工作。荣获上海市中小学青年教师教学评选活动一等奖和全国首届培智学校青年教师基本功大赛二等奖。参与《培智学校义务教育实验教科书·生活语文》审读试教工作和《培智学校义务教育实验教科书〈生活语文〉教师教学用书》教学设计的撰写工作，以及《生活语文·学习实践与评估》的编写工作，发表专业论文10余篇。

余兆，上海市普陀区教育学院特殊教育教研员，上海市普陀区启星学校语文教师，高级教师。长期从事语文教学、特殊儿童语言与沟通能力评估和训练工作。参与《培智学校义务教育实验教科书·生活语文》试教工作。申报并主持多项区级重大课题、一般课题和个人课题。参与华东师范大学"特殊学校语文教材教法"慕课教学。获2016年度上海市中小学中青年教师教学评选一等奖、上海市金爱心教师二等奖、上海市园丁奖等荣誉。

杨燕，上海市普陀区启星学校语文教师，语言训练教研组组长，一级教师。长期从事特殊学生语文教学、特殊儿童语言与沟通能力评估工作。参与编写《培智学校义务教育实验教科书〈生活语文〉教师教学用书》，主持的区级重点课题获上海市普陀区第十三届教育科学研究成果二等奖。曾获上海市园丁奖、普陀区园丁奖等荣誉。

　　张珏春，上海市普陀区启星学校语文教师，上海市普陀区特殊教育指导中心巡回指导教师，高级教师。长期从事特殊学校语文、普通学校随班就读等领域的教育教学研究工作，参与编写《培智学校义务教育实验教科书〈生活语文〉教师教学用书》，主持的课题获得上海市特殊教育专业委员会三等奖和普陀区教科研个人课题优秀。曾获上海市金爱心教师二等奖、普陀区园丁奖、普陀区青年岗位能手等荣誉。

　　茅娟，高级教师，毕业于华东师范大学，现任教于上海市普陀区启星学校。专注于特殊儿童语文课堂的教学与研究，参与编写《生活语文·学习实践与评估》《辅读学校　实用语文学本》及配套教参。多次代表学校参加各级教学评比和展示活动，2016年获得上海市中青年教师教学评优一等奖，2018年参加课改三十年"量身定制，个性发展"的现场教学展示活动。

　　刘轶，上海市普陀区启星学校语文教师，语文教研组组长，一级教师。毕业于华东师范大学特殊教育系特殊教育专业。长期从事语文一线教学，语言与沟通训练。曾获2020年度上海市中小学中青年教师教学评选一等奖，2021年度普陀杯青年教师教学评选一等奖。参与编写《培智学校义务教育实验教科书·生活语文》，参与区级课题"上海市辅读学校言语沟通训练课程指南的细化研究"。

　　虞明稚，上海市普陀区启星学校语文教师，毕业于华东师范大学，二级教师。工作后一直从事特殊儿童语文教学和言语－语言康复训练。参与区级课题"上海市辅读学校言语沟通训练课程指南的细化研究"，获得"教坛新秀"荣誉称号。

　　徐珍珍，上海市普陀区启星学校语文教师，毕业于华东师范大学，二级教师。长期从事特殊儿童语文教学、言语－语言康复训练工作。参与上海市普陀区教育科研课题"科学领域的积极心理健康课程建构"和"自闭症儿童青春期问题行为指导"。

　　殷勤，上海市普陀区启星学校教师，毕业于上海中医药大学康复治疗系，二级教师。从事特殊教育工作十二年，擅长特殊儿童的言语－语言康复训练。参与区级课题"上海市辅读学校言语沟通训练课程指南的细化研究"，多次参与教学展示活动。

陈嬿，上海市普陀区启星学校语文教师，语文教研组组长，高级教师。长期从事特殊学生语文教学、特殊儿童个别化康复训练工作。参与编写《启启星星社交故事集》，参与区级重点课题研究，申报并主持区级课题，发表多篇论文。曾获上海市园丁奖、普陀区园丁奖等荣誉。

孙宏燕，毕业于华东师范大学特殊教育学系，特殊教育学硕士。目前就职于上海市青浦区辅读学校，一级教师。长期从事针对特殊幼儿语言与沟通的康复教学，参与编写《特殊儿童语言康复主题教学》，参与多项市、区级课题研究。

彭云晖，华东师范大学特殊教育硕士，上海市闵行区启智学校教师，闵行区教育学院特殊教育中心组成员。主要从事特殊儿童的语言康复训练和数学教学工作。参与编写《走向高质量融合教育》一书。

马占刚，毕业于华东师范大学特殊教育学系，特殊教育学硕士。上海市青浦区辅读学校教师，学校教科室主任，主要承担培智学校康复训练与研究工作，青浦区特殊教育中心组成员。近年来先后获得上海市园丁奖、青浦区名优教师、青浦区特殊教育先进个人等荣誉称号。主持市级课题 3 项，区级课题 1 项，发表学术论文 5 篇。

张薇婧，华东师范大学言语听觉科学专业本科，特殊教育学在职硕士。上海市青浦区特殊教育指导中心教师，兼任青浦区随班就读巡回指导教师、青浦区特殊教育听力语言康复训练研究基地秘书。主要承担特殊儿童听觉与言语－语言康复训练工作。曾获青浦区教育系统园丁奖、青浦区特殊教育先进个人称号，多次在教学技能大赛、课题研究和论文评比中获奖。参与编写培智教材《生活语文·听说》和《特殊儿童语言康复主题教学》一书。

特殊儿童康复训练与保健系列丛书

手把手
教你做语言训练

第三册 情景对话训练

马红英 李 萍 陈建军 总 主 编

李 萍 马红英 本册主编

上海教育出版社
SHANGHAI EDUCATIONAL
PUBLISHING HOUSE

图书在版编目（CIP）数据

手把手教你做语言训练. 第三册, 情景对话训练 / 李萍, 马
红英主编; 范敏, 余兆副主编; 杨燕, 茅娟执行主编. — 上海:
上海教育出版社, 2024.7. — (特殊儿童康复训练与保健系列丛
书). — ISBN 978-7-5720-2546-4

Ⅰ. G762

中国国家版本馆CIP数据核字第2024JY0357号

丛书策划　李京哲

责任编辑　李京哲

美术编辑　王　慧

版式设计　王　慧

装帧设计　周　吉

特殊儿童康复训练与保健系列丛书

手把手教你做语言训练

SHOUBASHOU JIAO NI ZUO YUYAN XUNLIAN

马红英　李　萍　陈建军　总主编

出版发行　上海教育出版社有限公司

官　　网　www.seph.com.cn

地　　址　上海市闵行区号景路159弄C座

邮　　编　201101

印　　刷　上海龙腾印务有限公司

开　　本　889×1194　1/16　印张 39.75

字　　数　701 千字

版　　次　2024年10月第1版

印　　次　2024年10月第1次印刷

书　　号　ISBN 978-7-5720-2546-4/G·2242

定　　价　268.00 元（全三册）

如发现质量问题，读者可向本社调换　电话：021-64373213

本书编委会

总 主 编　马红英　李　萍　陈建军

编　　委（以姓氏笔画为序）

马占刚　马红英　刘　君　刘　轶　孙宏燕

杨　燕　李　萍　余　兆　张珏春　张薁婧

陈建军　陈嬿　范　敏　茅　娟　徐珍珍

徐银秀　钱慧红　殷　勤　彭云晖　虞明稚

分册编委会

第一册　发音训练

主　　编　陈建军　马红英

副 主 编　徐银秀　钱慧红

执行主编　徐银秀

编写人员　徐银秀　张薁婧　孙宏燕　彭云晖　马占刚

陈建军　钱慧红

第二册　常用句式训练

主　　编　李　萍　马红英

副 主 编　范　敏　余　兆

执行主编　刘　君　张珏春

编写人员　刘　君　张珏春　陈　嬿　徐珍珍　范　敏

余　兆　马红英

第三册　情景对话训练

主　　编　李　萍　马红英

副 主 编　范　敏　余　兆

执行主编　杨　燕　茅　娟

编写人员　杨　燕　茅　娟　刘　轶　徐珍珍　殷　勤

虞明稚　李　萍

前　言

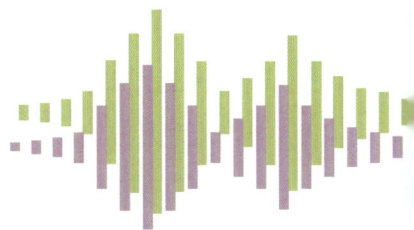

研究显示，儿童言语沟通障碍已经成为制约其学业发展、社会融入的核心障碍之一，对言语沟通障碍儿童进行早期干预刻不容缓。但是，目前针对言语沟通障碍儿童的系统干预的书籍少之又少。

《手把手教你做语言训练》（以下简称《语言训练》）是为教师和家长编写的言语沟通训练实训指导手册，旨在为使用者提供科学、系统的言语沟通训练方案。

训练内容

《语言训练》由三个分册构成。各册训练项目安排如下：

第一册：发音训练。包括发音生理功能训练和声母及韵母发音的训练项目 29 个。

第二册：常用句式训练。包括生活中常用单句和复句的训练项目 35 个。

第三册：情景对话训练。包括家庭、学校、社区情景对话训练项目 50 个。

编写思路

1. 《语言训练》依据《培智学校康复训练课程标准（2016 年版）》和《上海市辅读学校言语沟通训练课程指南（征求意见稿）》编写。训练内容涵盖了发音、常用句式、语用、会话技能等重要领域。

2. 根据儿童语言与认知发展规律来安排训练内容的顺序，努力体现儿童语言沟通能力的发展过程和儿童语言运用的基本需求。

3. 尽量创设沟通环境，通过真实的沟通场景、具体的沟通任务开展项目训练。基于此认识，《语言训练》依托儿童熟悉的生活情景设置沟通事件，以情景对话的方式，引导儿童认识语境，表达需求，遵守会话原则，掌握固定的语言表达格式，提升儿童参与训练的兴趣。训练时，训练者只需引导儿童一步步完成书中布置的沟通任务，即可实现训练目标。

编写结构

《语言训练》除言语呼吸训练和口腔功能训练等 5 个项目外，其余训练项目的结构大致相同，每个项目的训练均由三个部分组成。

第一部分是给训练者的训前提示，包括能力准备和训练目标。"能力准备"是提示使用者在训练前对儿童完成本项目训练的先备条件进行评估，只有当儿童具备完成本目标的知识技能时，才能进入目标训练程序；"训练目标"则是提示使用者关于本项目的训练内容和要点。

第二部分呈现了项目训练的素材和程序，其中包括热身训练、项目训练（如发音训练、句式训练等）和拓展训练三个板块。"热身训练"是项目训练前的热身活动，旨在调动儿童兴趣，集中对相关知识技能的注意，为正式实施目标训练作铺垫；"项目训练"是言语沟通训练的主体，旨在通过专项训练促进儿童形成所训目标的能力；"拓展训练"则是项目训练的延伸，旨在引导儿童将通过本训练项目获得的技能及时迁移运用到具体的沟通场景中。

第三部分是训练结果评价和训练操作建议。"评价"根据训练目标设置的评价要点和目标达成要求进行，旨在帮助使用者及时了解儿童的训练效果，判断能否进入下一个训练项目的学习；"训练小贴士"是针对本项目的训练，从材料准备、训练重点、训练方法等维度提出的操作性建议。

统一的结构方便使用者把握训练目标、要点和步骤，但如果儿童有不同的训练基础和沟通习惯，使用者可以据此调整训练结构，设计个性化的训练程序。

适用对象

1. 训练对象：《语言训练》适用于构音障碍、句法发展迟缓、沟通困难等言语沟通障碍儿童的语言沟通干预训练，也可用于普通幼儿的语言游戏活动。

2. 使用人员：本书使用者为语言康复教师、特殊学校语言训练教师、普通学校资源教师、普通幼儿园语言教师及特殊儿童家长。

我们的希望

希望《语言训练》的出版能够丰富国内言语沟通障碍儿童训练的资源，为一线语言康复训练教师提供言语沟通干预实践指导，提升言语沟通障碍儿童的语言运用能力，满足家长对言语沟通障碍儿童交际能力发展的期待。

本书编写组

2023 年 12 月

简　介

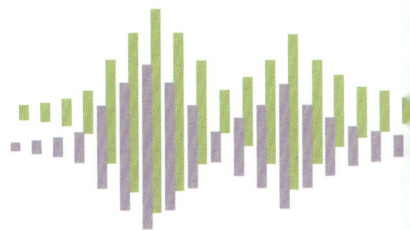

　　《手把手教你做语言训练》第三册《情景对话训练》依据儿童语言和语用的发展规律，立足家庭、康复机构、特殊学校儿童语言教学实际和日常生活需求，力图将语言训练与儿童认知发展水平、实际生活环境有机结合起来，并展现教学全过程，帮助训练者（家长或教师）对语言学习期的儿童进行语言教学和指导。

　　根据儿童实际生活环境，结合常见的沟通对象、沟通事件，第三册选择了家庭、学校、社区等交际场景，设置了50个生活中典型的交际主题开展会话训练。每个会话训练均设置学习要点提示（知识／能力准备和训练目标）、热身训练、对话训练、拓展训练、评价和训练小贴士等板块，从多侧面、多角度展现学习内容，突出实用性，方便家长和教师操作与使用。

　　"知识／能力准备"列出儿童在进行该会话训练前应具备的语言水平和相关概念，训练者可使用"热身训练"中所列内容进行检验，判断儿童是否已具备学习该会话的能力。

　　"训练目标"指明儿童通过该训练应达到的会话水平。

　　"对话训练"提供了相应的训练要点和训练方法，呈现了具体且贴近儿童生活的会话训练内容，提供完整的训练行为，供训练者使用时参考。

　　"拓展训练"提供了真实的生活情景，可检验儿童会话技能的掌握和泛化情况。

　　"评价"呈现了评价内容和评价结果，方便训练者及时了解和把握训练成效，合理调整训练进度。

　　"训练小贴士"提供了该会话训练需要准备的材料，以及训练时的注意事项。

目　录

1 家庭情景对话训练

1 家庭情景对话训练

1.1 我想吃的菜

儿童姓名 _____ 训练者 _____ 日期 _____

知识/能力准备　　　训练目标

知识/能力准备

认识一些家常菜，能说出菜名。

训练目标

1. 能正确表达自已的想法。
2. 能清楚地说出想吃的菜的菜名，并能简单说说理由。

热身训练

1. 请你看一看图片，说一说这些菜的菜名。

2. 请你说一说，你还知道哪些家常菜？你喜欢吃什么菜？

训练建议

　　热身训练的目的是检验儿童是否认识家常菜。如果儿童尚不能说出常见的家常菜，建议训练者结合实际生活，在每天共同进餐的时间多进行相关训练。

对话训练

我想吃炸鸡腿

训练要点

1. 能正确表达自己想吃什么菜。
2. 能清楚地说出想吃的菜的菜名。

训练方法

1. 训练者示范妈妈和贝贝的对话，要求儿童理解对话内容。
2. 要求儿童模仿对话中贝贝的话。
3. 模拟吃饭的情景，让儿童正确表达自己想吃什么菜。

今天是星期六，妈妈做了贝贝爱吃的炒虾仁。

妈妈：贝贝，我们吃晚饭了。

贝贝：来了。

妈妈：今天，妈妈做了你喜欢的菜，看看是什么。

贝贝：是炒虾仁，太好了！

（贝贝吃完饭。）

妈妈：明天你想吃什么？

贝贝：我想吃炸鸡腿。

妈妈：好的，明天给你做炸鸡腿。

我还想吃糖醋排骨

训练要点

1. 能正确表达自己特别喜欢什么菜，以及还想吃的想法。
2. 能清楚地说出想吃的菜的菜名，并能简单说说理由。

训练方法

1. 训练者示范妈妈和贝贝的对话，要求儿童理解对话内容。
2. 要求儿童模仿对话中贝贝的话。
3. 模拟吃晚餐的情景，让儿童正确表达自己想吃什么菜。

晚餐后，妈妈问贝贝明天想吃什么菜，贝贝是怎么说的呢？一起来听听吧。

妈妈：贝贝，我们吃晚饭了。

贝贝：来了，是糖醋排骨，太好了！

（贝贝吃完饭。）

妈妈：你明天想吃什么？

贝贝：我还想吃糖醋排骨。

妈妈：今天已经吃过了。

贝贝：糖醋排骨酸酸甜甜的，很好吃！

妈妈：好的，明天再给你做糖醋排骨。

贝贝：太棒了，谢谢妈妈！

········· **拓展训练** ·········

明天晚上，你有什么想吃的菜吗？你会怎样对妈妈说呢？能不能说一说自己为什么喜欢这道菜？请你试一试。

评　价

评价内容	评价结果
能正确表达自己想吃什么菜。	能 / 不能
能说出喜欢的理由。	能 / 不能

训练小贴士

1. 根据儿童不同的喜好，训练者可适当准备儿童喜欢的菜品照片，辅助儿童说说自己喜欢的菜品。
2. 训练者需要充分了解儿童的喜好，并以此为切入点，鼓励儿童多表达自己的想法。

1.2　我想玩一会儿

儿童姓名 _____　训练者 _____　日期 _____

知识 / 能力准备　　训练目标

知识 / 能力准备

能说出自己喜欢玩的游戏、爱看的动画片以及自己喜欢去哪里玩。

训练目标

1. 能主动表达自己想玩一会儿的想法。
2. 能说清楚自己想去哪里玩，玩什么。

热身训练

1. 请你说一说，你喜欢玩什么游戏？
2. 请你说一说，你爱看什么动画片？
3. 请你说一说，你喜欢去哪里玩？

训练建议

　　热身训练的目的是检验儿童能否清楚地说出自己喜欢玩的游戏、爱看的动画片，以及喜欢去哪里玩。如果儿童不能回答以上问题，需要先让儿童学习以上内容。

对话训练

我想玩游戏

训练要点

1. 能主动表达自己想玩一会儿的想法。
2. 能说清楚自己想玩什么。

训练方法

1. 训练者示范妈妈和贝贝的对话，要求儿童理解对话内容。
2. 儿童模仿对话中贝贝的话。
3. 模拟完成作业后的情景，让儿童说清楚自己想玩什么。

> 放学回到家，贝贝做好了作业，想征得妈妈的同意后玩一会儿游戏。她是如何说的？一起来看看吧。

妈妈：贝贝，你的钢笔字写好了吗？

贝贝：写好了，我现在可以玩一会儿吗？

妈妈：可以的，你想玩什么呢？

贝贝：我想用 iPad 玩一会儿游戏。

妈妈：好的，不过时间不能太长，就玩半个小时吧。

贝贝：好的。

妈妈：那到时间了我提醒你。

贝贝：好的，谢谢妈妈！

我想去公园玩

训练要点

1. 能主动表达自己想玩一会儿的想法。
2. 能主动说清楚自己想去哪里玩,玩什么。

训练方法

1. 训练者示范妈妈和贝贝的对话,要求儿童理解对话内容。
2. 要求儿童模仿对话中贝贝的话。
3. 模拟作业完成后的情景,让儿童说清楚自己想去哪里玩,玩什么。

贝贝做完作业,想征得妈妈的同意后去公园玩一会儿。她是如何说的? 一起来看看吧。

贝贝: 妈妈,今天我想去中山公园玩翻斗乐。

妈妈: 你的美术作业做完了吗?

贝贝: 还没有。

妈妈: 那你先做完作业,然后妈妈带你去,好吗?

贝贝: 好的。

(过了没多久,贝贝做完了美术作业。)

贝贝: 妈妈,我做好了,我们可以去公园了吗?

妈妈: 可以,我们现在就出发。

贝贝: 太好了,谢谢妈妈!

拓展训练

　　如果你在双休日想和妈妈去电影院看喜欢的动画片，应该怎么说呢？请你试一试。

评　价

评价内容	评价结果
能主动表达自己想玩一会儿的想法。	能 / 不能
能说清楚自己想去哪里玩，玩什么。	能 / 不能

训练小贴士

1. 在热身训练中，训练重点是让儿童清楚地表达自己的喜好。在对话训练和拓展训练中，训练重点是让儿童说清楚自己想玩什么，或想去哪里玩。
2. 训练者要在情景对话中引导儿童理解与表达。
3. 训练者要鼓励儿童主动表达，特别是对学语初期的儿童，要激发儿童表达的欲望。

1.3 我会拜年

知识 / 能力准备 | 训练目标

知识 / 能力准备

1. 知道重要的节日名称。
2. 能说出不同节日的祝福语。

训练目标

能根据不同的会话对象说出合适的拜年祝福语。

热身训练

1. 请你看一看图片，说说图中的内容与什么节日有关。

2. 请你想一想，在这些节日，我们可以说什么祝福语？

（1）过元宵节的时候，我们可以说什么祝福语？

（2）过春节的时候，我们可以说什么祝福语？

（3）过中秋节的时候，我们可以说什么祝福语？

训练建议

　　热身训练的目的是检验儿童能否正确说出节日名称,能否说出相应的祝福语。如果儿童尚不能说出节日名称和祝福语,建议训练者结合生活中庆祝节日的活动,帮助儿童理解和掌握这项内容。

对话训练

给爸爸妈妈拜年

训练要点

能对父母说出合适的拜年祝福语。

训练方法

1. 训练者示范爸爸妈妈和贝贝的对话,要求儿童理解对话内容。
2. 要求儿童模仿对话中贝贝的话。
3. 模拟过年的情景,让儿童对父母说出合适的拜年祝福语。

新年到了,贝贝一起床就去给爸爸妈妈拜年。

贝贝:妈妈,祝你新年快乐!永远美丽!

妈妈:谢谢贝贝!

贝贝:爸爸,祝你新年快乐!工作顺利!

爸爸:谢谢贝贝!爸爸妈妈祝你新年快乐!学习进步!

贝贝:谢谢爸爸妈妈!

给外公外婆拜年

训练要点

能对长辈说出合适的拜年祝福语。

训练方法

1. 训练者示范外公外婆和贝贝的对话，要求儿童理解对话内容。
2. 要求儿童模仿对话中贝贝的话。
3. 模拟过年的情景，让儿童对外公外婆说出合适的拜年祝福语。

大年初一，贝贝一家去外公外婆家拜年。

贝贝：外婆，祝您新年快乐，身体健康！

外婆：贝贝真乖。给你一个大红包。

贝贝：谢谢外婆。外公，祝您新年快乐！万事如意！

外公：贝贝真懂事。这是外公送给你的新年礼物！

（外公送给贝贝一件漂亮的外套。）

贝贝：谢谢外公。

给姐姐和妹妹拜年

训练要点

能对同辈说出合适的拜年祝福语。

训练方法

1. 训练者示范姐姐和妹妹同贝贝的对话，要求儿童理解对话内容。
2. 要求儿童模仿对话中贝贝的话。
3. 模拟过年的情景，让儿童对同辈说出合适的祝福语。

姐姐和妹妹也来到了外婆家。

贝贝：姐姐，祝你新年快乐！学习进步！一帆风顺！

姐姐：谢谢贝贝，也祝你新年快乐！学习进步！更上一层楼！

贝贝：妹妹，祝你越来越聪明，越来越漂亮！

妹妹：谢谢贝贝姐姐！祝你新年快乐！万事如意！

拓展训练

中秋节是阖家团圆的喜庆节日。你知道中秋节有哪些传统习俗吗？我们可以怎么表达对家人的中秋节祝福？请你试一试。

评价

评价内容	评价结果
能对父母说出合适的拜年祝福语。	能 / 不能
能对长辈说出合适的拜年祝福语。	能 / 不能
能对同辈说出合适的拜年祝福语。	能 / 不能

训练小贴士

1. 训练材料：表示各种节日特征的图片。
2. 训练者要在情景对话中引导儿童理解与表达。
3. 训练者要多为儿童创造练习的机会，让儿童拥有更多真实的体验。

1.4 生日祝福

儿童姓名 _____ 训练者 _____ 日期 _____

知识 / 能力准备	训练目标

知识 / 能力准备

知道过生日的常规活动，如生日许愿、吹蜡烛、吃蛋糕、赠送礼物、唱生日歌等。

训练目标

能根据不同的会话对象说出合适的生日祝福语。

········· 🧍 **热身训练** ·········

请你看图说一说，过生日时我们会做些什么？

过生日时，我们会吃生日蛋糕。

过生日时，我们会表达祝福并赠送礼物。

过生日时，我们会许愿、吹蜡烛。

过生日时，我们会唱生日歌。

训练建议

　　热身训练的目的是检验儿童是否了解过生日的常规活动。如果儿童对过生日没有概念，建议训练者结合相关视频或照片帮助儿童了解。

🗣 对话训练

贝贝过生日

训练要点

能对同辈说出合适的生日祝福语。

训练方法

1. 训练者示范对话中同伴的祝福和贝贝的回应，要求儿童理解对话内容。
2. 要求儿童模仿对话中明明、红红、丁丁和小胖的祝福语。
3. 模拟过生日的情景，让儿童说出合适的生日祝福。

今天是贝贝的生日，同学们一起为她过生日。

明明：贝贝，祝你生日快乐！学习进步！

红红：贝贝，祝你生日快乐！天天快乐！

丁丁：贝贝，祝你生日快乐！心想事成！

小胖：贝贝，祝你生日快乐！笑口常开！

贝贝：谢谢大家的祝福！

妈妈过生日

训练要点

能对父母说出合适的生日祝福语。

训练方法

1. 训练者示范爸爸、奶奶、爷爷、贝贝的祝福语，要求儿童理解对话内容。
2. 要求儿童模仿对话中爸爸、奶奶、爷爷、贝贝的祝福语。
3. 模拟过生日的情景，让儿童说出合适的生日祝福语。

今天是妈妈的生日，全家人一起为妈妈过生日。

爸爸：祝你生日快乐！身体健康！

奶奶：祝你生日快乐！工作顺利！

爷爷：祝你生日快乐！心想事成！

贝贝：妈妈，祝你生日快乐！永远美丽！

奶奶过生日

训练要点

能对长辈说出合适的生日祝福语。

训练方法

1. 训练者示范妈妈、爸爸、贝贝的祝福语，要求儿童理解对话内容。
2. 要求儿童模仿对话中妈妈、爸爸、贝贝的祝福语。
3. 模拟过生日的情景，让儿童说出合适的生日祝福语。

今天是奶奶的生日，全家人一起为奶奶过生日。

妈妈：祝您生日快乐！身体健康！

爸爸：祝您生日快乐！笑口常开！

贝贝：祝您生日快乐！寿比南山！

拓展训练

如果同学过生日，你能为他／她送上生日祝福吗？如果爸爸过生日，你能为他送上生日祝福吗？如果爷爷过生日，你能为他送上生日祝福吗？

评　价

评价内容	评价结果
能对同辈说出合适的生日祝福语。	能 / 不能
能对父母说出合适的生日祝福语。	能 / 不能
能对长辈说出合适的生日祝福语。	能 / 不能

训练小贴士

1. 训练材料：生日蛋糕、蜡烛等图片。
2. 训练者要在情景对话中引导儿童理解与表达。
3. 训练者要多为儿童创造练习的机会，让儿童拥有更多真实的体验。

1.5 我不舒服

儿童姓名 _____ 训练者 _____ 日期 _____

知识 / 能力准备	训练目标

知识 / 能力准备

能根据图片分辨身体不舒服的症状。

训练目标

1. 能简单地向他人说明自己的病情。
2. 能对他人的回答做出合适的回应。

热身训练

1. 请你看一看，指出哪张图片表示小朋友肚子疼。

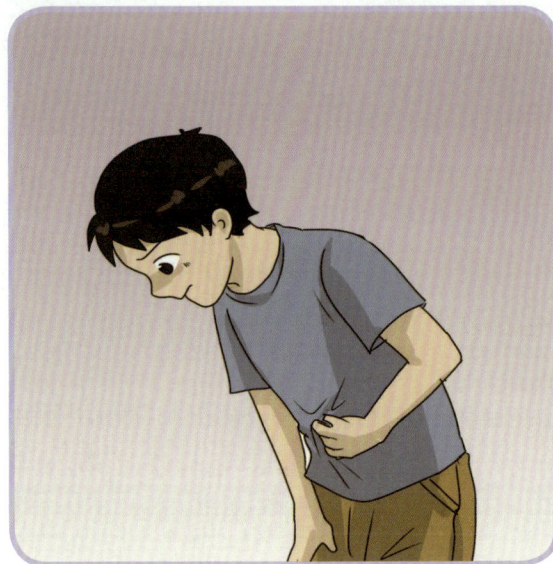

2. 请你看一看，指出哪张图片表示小朋友扭伤了脚。

3. 请你看一看，指出哪张图片表示小朋友发烧了。

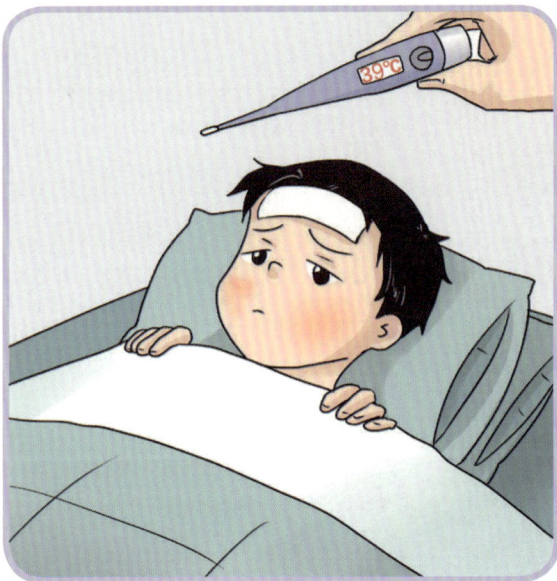

训练建议

　　热身训练的目的是检验儿童能否将图片和发生的情况正确配对。如果儿童不能完成上述训练，建议训练者结合生活情景或相关视频，让儿童了解常见的病情。

我生病了

训练要点

1. 能说出自己哪里不舒服。
2. 能听懂别人的回应。

训练方法

1. 训练者示范妈妈和贝贝的对话，要求儿童理解对话内容。
2. 要求儿童模仿对话中贝贝的话。
3. 模拟生病的情景，让儿童说出自己哪里不舒服。

星期六下午，妈妈准备带贝贝去公园玩。

妈妈：贝贝，我们下午去公园玩好吗？

贝贝：妈妈，我不太舒服。

妈妈：哪里不舒服呀？

贝贝：我肚子有点疼。

妈妈：我带你去看医生吧。

贝贝：好的。

我去看医生

训练要点

1. 能简单描述自己的病情。
2. 能回答别人的提问。

训练方法

1. 训练者示范医生和贝贝的对话,要求儿童理解对话内容。
2. 要求儿童模仿对话中贝贝的话。
3. 模拟就医的情景,让儿童说出自己哪里不舒服。

妈妈带贝贝来到医院看医生。

医生:小朋友,你哪里不舒服?

贝贝:我肚子疼。

医生:什么时候开始的?

贝贝:今天中午。

医生:有没有吃过什么东西?

贝贝:我吃了一个冰激凌,还喝了一杯冰可乐。

医生:小朋友,可不能吃那么多冰的东西哦,肚子会受不了的。

贝贝:嗯,我知道了。

医生:今天给你开点药,回家注意饮食,别再吃那么多冰的东西了。

贝贝:好的,我一定少吃冰的东西。谢谢医生!

拓展训练

体育课上，同学们在跑步。突然，明明的脚扭伤了，他疼得跑不动了，他应该怎么和老师说呢？请你帮帮他。

评 价

评价内容	评价结果
能说出自己感觉不舒服。	能 / 不能
能向他人简单地描述病情。	能 / 不能

训练小贴士

1. 训练材料：几种常见伤病的图片。
2. 训练者要在情景对话中引导儿童理解与表达。
3. 训练者要多为儿童创造练习的机会，鼓励儿童表达自己的感受。

1.6 我会招待客人

儿童姓名 _____ 训练者 _____ 日期 _____

知识 / 能力准备　训练目标

知识 / 能力准备
1. 知道怎么称呼不同的人。
2. 能正确使用问候语。

训练目标
1. 能用正确的称呼向别人问好。
2. 能帮助家长招待客人。

热身训练

请你看图，说一说如果遇到他们，应该如何打招呼。
1. 遇到阿姨时，应该如何打招呼？

2. 遇到老奶奶时，应该如何打招呼？

3. 遇到叔叔时，应该如何打招呼？

训练建议

　　热身训练的目的是检验儿童能否正确称呼他人并使用问候语。如果不能，需要让儿童学习这项内容。

对话训练

老师来家访

训练要点

　　能根据客人的身份礼貌地招待客人。

训练方法

　　1. 训练者示范客人和贝贝的对话，要求儿童理解对话内容。

2. 要求儿童模仿对话中贝贝的话。

3. 模拟家访的情景,让儿童说出招待客人的常用语。

王老师来家访,她敲了敲门,贝贝来开门。

贝　贝:王老师好!

王老师:贝贝,你好!今天我来家访。

贝　贝:王老师快请进。

(贝贝将王老师带到客厅。)

贝　贝:王老师请坐。

(贝贝给王老师倒了一杯水。)

贝　贝:王老师喝水。

王老师:谢谢贝贝!

同学来做客

明明来贝贝家玩,他敲了敲门,贝贝打开门。

贝贝:明明,快请进。我家有可乐和橙汁,你想喝点什么?

明明:我想喝橙汁。

贝贝:好的,我去拿。

(贝贝拿了两瓶橙汁给明明。)

贝贝:你想玩什么?

明明:你家有什么玩具?

贝贝:有拼搭玩具和遥控小汽车。

明明：我想玩拼搭玩具。

贝贝：好的。

拓展训练

明明的生日就要到了，妈妈邀请亲朋好友来家里为明明庆祝生日。明明不知道该如何招待客人，你能帮帮他吗？

评 价

评价内容	评价结果
能根据客人的身份礼貌地招待客人。	能／不能
能邀请客人参与游戏。	能／不能

训练小贴士

1. 训练材料：体现不同身份的人物图片。
2. 训练者要在情景对话中引导儿童理解与表达。
3. 训练者要多为儿童创造练习的机会，比如邀请朋友到家里做客，让儿童拥有真实的招待客人的体验。

1.7 我去做客

儿童姓名 _____ 训练者 _____ 日期 _____

知识 / 能力准备　　训练目标

知识 / 能力准备
1. 能根据不同的会话对象使用不同的称呼。
2. 能正确打招呼。

训练目标
1. 能有礼貌地问好和告别。
2. 能听懂对方的问话，并礼貌回答。

热身训练

1. 请你看一看图片，想一想，应该如何称呼他们？

2. 请你想一想，如果他们和你打招呼，你应该如何回答？

（1）当邻居奶奶和你说"小朋友好"时，你应该说什么？

（2）当邻居爷爷和你说"你好"时，你应该说什么？

（3）当邻居阿姨和你说"下午好"时，你应该说什么？

（4）当邻居叔叔和你说"晚上好"时，你应该说什么？

（5）当邻居姐姐和你说"你好"时，你应该说什么？

（6）当邻居哥哥和你说"弟弟/妹妹早"时，你应该说什么？

训练建议

　　热身训练的目的是检验儿童能否根据会话对象正确打招呼。如果儿童尚不会正确打招呼，建议训练者结合生活中经常遇到的会话对象，训练儿童正确称呼他人并打招呼。

··········· 对话训练 ···········

我去做客

训练要点

1. 能有礼貌地问好。
2. 能正确回应对方的问话。

训练方法

1. 训练者示范张阿姨和贝贝的对话，要求儿童理解对话内容。
2. 要求儿童模仿对话中贝贝的话。
3. 模拟做客的情景，让儿童礼貌地使用做客时的常用语。

张阿姨搬了新家，妈妈带贝贝去做客。贝贝敲了敲门，张阿姨来开门。

张阿姨：贝贝来了呀，快请进。

贝　贝：张阿姨好！

张阿姨：贝贝真有礼貌。想喝什么饮料？阿姨家里有橙汁和可乐。

贝　贝：我想喝可乐。

张阿姨：好的，我去拿。

（张阿姨拿来了可乐。）

张阿姨：贝贝，给你。

贝　贝：谢谢张阿姨！

该回家啦

训练要点

能有礼貌地告别。

训练方法

1. 训练者示范妈妈、张阿姨和贝贝的对话，要求儿童理解对话内容。
2. 要求儿童模仿对话中贝贝的话。
3. 模拟做客的情景，让儿童礼貌告别。

玩了一天，妈妈要带贝贝回家了。

妈　妈：贝贝，我们玩了一天了，现在该回家了。

贝　贝：好的。

（贝贝转向张阿姨。）

贝　贝：张阿姨，我们要回家了。

张阿姨：好的，欢迎贝贝下次再来玩。

贝　贝：好的，张阿姨再见！

张阿姨：贝贝再见！

拓展训练

周末，爸爸妈妈带明明来到李叔叔家玩，明明有些紧张，不知道该说些什么，你能帮帮他吗？

评　价

评价内容	评价结果
能有礼貌地问好和告别。	能 / 不能
能听懂对方的问话，并礼貌回答。	能 / 不能

训练小贴士

1. 训练材料：体现不同身份的人物图片。
2. 训练者要在情景对话中引导儿童理解与表达。
3. 训练者要多为儿童创造练习的机会，比如多带儿童去做客，让儿童拥有真实的做客体验。

1.8 我会接听电话

儿童姓名 _____ 训练者 _____ 日期 _____

知识 / 能力准备 　　训练目标

知识 / 能力准备

能听懂有礼貌的提问，如"请问你是谁 / 哪位？""请问你有什么事？"

训练目标

1. 能在电话中有礼貌地提问，如"请问你是谁 / 哪位？""××，请问有什么事？"

2. 能听懂电话中对方的回答，并礼貌对话。

热身训练

想一想，说一说

1. 明明给贝贝打电话，贝贝问："喂，你好，请问你是哪位？"明明应该怎么回答？

2. 明明想请贝贝来家里玩，他给贝贝打电话，贝贝问："请问你有什么事？"明明应该怎么回答？

3. 贝贝给老师打电话，老师问："喂，你好，请问你是谁？"明明应该怎么回答？

4. 贝贝要向老师请假一天，贝贝给老师打电话，老师问："请问你有什么事？"贝贝应该怎么回答？

训练建议

　　热身训练的目的是检验儿童是否能听懂有礼貌的提问，如"请问你是谁 / 哪位？""请问你有什么事？"如果儿童尚不能听懂，建议训练者结合生活中的具体事件，训练儿童听懂这些问话。

对话训练

接听家人的电话

训练要点

1. 接起电话后，能有礼貌地提问："请问你是谁 / 哪位？"
2. 能根据对方的回应，提问："××，请问你有什么事？"
3. 能听懂电话中对方的回答，并礼貌对话。

训练方法

1. 两位训练者示范明明和爸爸的电话对话，要求儿童理解对话内容。
2. 要求儿童模仿对话中明明的话。
3. 模拟打电话的情景，让儿童使用常用语。

丁零零，电话铃响了，明明拿起听筒。

明明：喂，你好，请问你是哪位？

爸爸：明明，我是爸爸。

明明：爸爸，有什么事？

爸爸：我今天晚点回来，不用等我吃晚饭。

明明: *知道了，爸爸再见！*

爸爸: 再见！

接听老师的电话

训练要点

1. 接起电话后，能有礼貌地提问："请问你是谁／哪位？"
2. 能根据对方的回应，提问："××，请问有什么事？"
3. 能听懂电话中对方的回答，并礼貌回应。

训练方法

1. 训练者示范明明和王老师的电话对话，要求儿童理解对话内容。
2. 要求儿童模仿对话中明明的话。
3. 模拟打电话的情景，让儿童使用常用语。

丁零零，电话铃又响了，明明拿起听筒。

明　明: *喂，你好，请问你是哪位？*

王老师: 明明，我是王老师。

明　明: *王老师，请问有什么事？*

王老师: 明天学校有活动，记得要穿校服。

明　明: *知道了，王老师再见！*

王老师: 再见！

拓展训练

电话铃响了，如果是同学打来的电话，你接听后应该怎么说？如果是妈妈的同事打来电话，你接听后又应该怎么说？请你试一试。

评价

评价内容	评价结果
能有礼貌地提问："请问你是谁 / 哪位？""××，请问有什么事？"	能 / 不能
能听懂电话中对方的回答，并礼貌对话。	能 / 不能

训练小贴士

1. 训练材料：两部电话机或两部手机。
2. 训练者在训练过程中要引导儿童理解对话并正确表达。
3. 本篇的训练难点是根据不同的通话人使用合适的对话语言。

1.9 我会拨打电话

儿童姓名 _____ 训练者 _____ 日期 _____

知识 / 能力准备　训练目标

知识 / 能力准备
1. 能听懂提问："你是谁？""你有什么事？"
2. 能使用常用应答语"好的""知道了"。

训练目标
1. 能礼貌地提问："请问（谁）在吗？"
2. 能说出打电话的目的。

热身训练

想一想，说一说

1. 妈妈说："你现在去洗澡。"我应该说"好的"还是"对不起"？

2. 我在客厅拍皮球，爸爸说："在家不能拍皮球。"我应该说"谢谢你"还是"知道了"？

3. 新同学问明明："你是谁？"明明应该说"我是明明"还是"我想跟你玩"？

4. 明明拍了拍新同学，新同学问："你有什么事？"明明应该说"我是明明"还是"我想跟你玩"？

热身训练的目的是检验儿童是否能听懂提问"你是谁?""你有什么事?",是否能使用常用应答语"好的""知道了"。如果儿童尚不能听懂"请问你是谁?""请问你有什么事?",建议训练者结合生活中的具体事件帮助儿童听懂这些提问。

对话训练

我给贝贝打电话(1)

训练要点

1. 能使用"请问(谁)在吗?"礼貌地提问。
2. 能说出打电话的目的。

训练方法

1. 训练者示范贝贝和明明的电话对话,要求儿童理解对话内容。
2. 要求儿童模仿对话中明明的话。
3. 模拟打电话的情景,让儿童使用拨打电话时的常用语。

明明想请贝贝来家里玩,他拿起电话,拨了贝贝家的电话号码。

贝贝:喂,你好,请问你是哪位?

明明:你好,我是明明。请问贝贝在吗?

贝贝:我就是,你有什么事?

明明:我想邀请你明天下午来我家玩,好吗?

贝贝: 好的。

明明: 明天见！

贝贝: 明天见！

我给贝贝打电话（2）

训练要点

1. 能使用"请问（谁）在吗？"礼貌地提问。
2. 能说出打电话的目的。

训练方法

1. 训练者示范贝贝妈妈和明明的电话对话，要求儿童理解对话内容。
2. 要求儿童模仿对话中明明的话。
3. 模拟打电话的情景，让儿童使用拨打电话时的常用语。

明明不会做作业，他想打电话问问贝贝。他拨通了贝贝家的电话，是贝贝妈妈接的电话。

贝贝妈妈: 喂，你好，请问你是哪位？

明　　明: 你好，我是明明，请问贝贝在吗？

贝贝妈妈: 她出去了，请问你有什么事？

明　　明: 我的作业不会做，我想问问贝贝。

贝贝妈妈: 等贝贝回来，我让她给你回电话，好吗？

明　　明: 好的，谢谢阿姨，再见！

贝贝妈妈: 再见！

拓展训练

请你给好朋友打个电话，邀请他/她来你家做客。

评 价

评价内容	评价结果
能使用"请问（谁）在吗？"礼貌地提问。	能 / 不能
能说出打电话的目的。	能 / 不能

训练小贴士

1. 训练材料：两部电话机或两部手机。
2. 训练者在训练过程中要引导儿童理解对话并正确表达。
3. 本篇的训练难点是清楚地说出打电话找谁和打电话的目的。家长可以在生活中多引导孩子表达自己的想法。

1.10 我独自在家

儿童姓名 _____ 训练者 _____ 日期 _____

知识 / 能力准备　　训练目标

知识 / 能力准备

1. 知道小区常见的工作人员，比如物业公司工作人员、居委会工作人员等。

2. 能听懂并提问："你是谁 / 哪位？""你有什么事？"

3. 知道并能说出爸爸妈妈什么时候在家。

训练目标

1. 提问时能使用礼貌用语，如"请问你是谁 / 哪位？""请问你有什么事？""麻烦你（某个时间）再来。"

2. 能听懂对方的回答。

热身训练

想一想，选一选

1. 家里的水管漏水了，小区里哪个工作人员能帮助解决问题呢？

　　A. 保洁人员　　　　B. 物业公司工作人员

2. 如果腿受伤了需要租借轮椅，可以去小区哪个部门寻求帮助呢？

　　A. 居委会　　　　B. 物业公司

3. 有人敲门时，你会说什么？

　　A. 你是谁？　　　　B. 你在干什么？

4. 有人敲门说"你好，我是社区医生"，你会怎么说？

　　　A. 你是谁？　　　　　B. 你有什么事？

5. 今天是星期六，妈妈说："我上午要加班，中午再回来。"请问妈妈什么时候在家？

　　　A. 下午　　　　　　B. 上午

训练建议

　　热身训练的目的是检验儿童是否知道社区常见人员有哪些，是否能听懂相关问题，是否具有主动提问的能力，是否知道家人何时在家。如果儿童尚不能听懂或提问"你是谁？""你有什么事？"，建议训练者结合生活中的具体事件，先训练儿童听懂问题，再练习主动提问。

对话训练

物业公司工作人员上门

训练要点

　　1. 会使用礼貌用语："请问你是谁/哪位？""请问你有什么事？""麻烦你（某个时间）再来。"

　　2. 能听懂对方的回答。

训练方法

　　1. 训练者示范物业公司工作人员和贝贝的对话，要求儿童理解对话内容。

　　2. 要求儿童模仿对话中贝贝的话。

　　3. 模拟物业公司工作人员上门的情景，让儿童礼貌地拒绝开门。

爸爸妈妈要出门了，对贝贝说："贝贝，不要给陌生人开门，如果有事，请他们周六再来。"过了一会儿，贝贝在看书，响起了"咚咚咚"的敲门声。

物业人员：有人在家吗？

贝　　贝：(不开门。)请问你是谁？

物业人员：你好，我是物业公司的工作人员。

贝　　贝：(不开门。)请问你有什么事？

物业人员：我来修水管。

贝　　贝：(不开门。)麻烦你周六再来吧。

物业人员：好的，再见！

贝　　贝：再见！

居委会工作人员上门

训练要点

1. 会使用礼貌用语："请问你是谁/哪位？""请问你有什么事？""麻烦你（某个时间）再来。"
2. 能听懂对方的回答。

训练方法

1. 训练者示范居委会工作人员和贝贝的对话，要求儿童理解对话内容。
2. 要求儿童模仿对话中贝贝的话。
3. 模拟居委会工作人员上门的情景，让儿童礼貌地拒绝开门。

爸爸妈妈要出门了，对贝贝说："贝贝，不要给陌生人开门，如果有事，请他们晚上再来。"过了一会儿，贝贝在看电视，响起了"咚咚咚"的敲门声。

居委会人员：有人在家吗？

贝　　贝：(不开门。) 请问你是哪位？

居委会人员：你好，我是居委会的工作人员。

贝　　贝：(不开门。) 请问你有什么事？

居委会人员：我来登记住户人员信息，请开门。

贝　　贝：(不开门。) 麻烦你晚上再来吧。

居委会人员：好的，再见！

贝　　贝：再见！

拓展训练

如果你一个人在家，有陌生人来敲门，你会怎么说，怎么做？请你试一试。

评　价

评价内容	评价结果
提问时会使用礼貌用语："请问你是谁 / 哪位？"	能 / 不能
提问时会使用礼貌用语："请问你有什么事？"	能 / 不能
会使用礼貌用语："麻烦你（某个时间）再来。"	能 / 不能
能听懂对方的回答。	能 / 不能

训练小贴士

1. 对话训练过程中要引导儿童理解与表达。

2. 本篇的训练难点是主动使用礼貌用语进行提问。家长可以在生活中多引导孩子积极提问，学习使用礼貌用语。

1.11 我会分享快乐

儿童姓名 _____ 训练者 _____ 日期 _____

知识 / 能力准备　训练目标

知识 / 能力准备
1. 能通过表情感受他人快乐的情绪。
2. 能分辨哪些是能让自己感到快乐的事情。

训练目标
1. 能说出让自己感到快乐的事情。
2. 能主动分享让自己感到快乐的事情。

热身训练

1. 请你指一指，图中哪些表情是表示快乐的情绪？

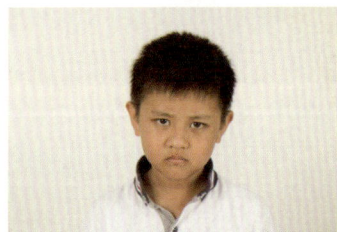

2. 请你听一听,下面这些事情中,哪些会让你感到快乐?

今天,妈妈给你买了件新衣服。

今天,你把教室打扫得很干净,老师表扬了你。

今天,你不小心把同学的杯子摔碎了。

今天,你被音乐老师选中加入打击乐乐队啦!

今天,你上课开小差,被老师批评了。

训练建议

　　热身训练的目的是检验儿童能否正确分辨哪些是能让自己感到快乐的事情。如果儿童尚不能完成上述内容,建议训练者在日常生活中让儿童体验和理解不同的表情和情绪。

对话训练

分享快乐(1)

训练要点

能表达让自己感到快乐的事情。

训练方法

1. 训练者示范妈妈和贝贝的对话,要求儿童理解对话内容。

2. 儿童模仿对话中贝贝的话,说出让自己感到快乐的事情。

3. 模拟儿童放学后和妈妈对话的情景,让儿童分享令自己感到快乐的事情。

放学了,贝贝一出校门就看到妈妈来接她。

妈妈:贝贝,今天在学校过得开心吗?

贝贝:妈妈,我今天很开心。明明摔跤了,我把他扶起来,老师夸奖了我。

妈妈:贝贝助人为乐,妈妈为你感到高兴!

分享快乐(2)

训练要点

能主动分享让自己感到快乐的事情。

训练方法

1. 训练者示范妈妈和贝贝的对话,要求儿童理解对话内容。
2. 要求儿童模仿对话中贝贝的话,主动说出让自己感到快乐的事情。
3. 模拟考试得了满分的情景,让儿童主动分享令自己感到快乐的事情。

放学回到家,贝贝一脸笑容,显得很开心。妈妈看见了,问贝贝为什么这么高兴,贝贝应该怎么跟妈妈说呢?

贝贝:妈妈,我考试得了100分,老师表扬了我。

妈妈:我家贝贝真棒!

拓展训练

你会与他人分享自己的快乐吗？请你和老师或同学分享一件让你感到快乐的事情吧！

评　价

评价内容	评价结果
能表达让自己感到快乐的事情。	能 / 不能
能主动分享让自己感到快乐的事情。	能 / 不能

训练小贴士

1. 表达情绪对学语初期的儿童来说有一定的难度，因此在训练时，可以根据儿童的不同特点，找到令他们感到愉快的具体事件进行训练。

2. 训练时，可以先让儿童了解人的基本情绪有哪些，以及情绪与事件之间的关系，再引导儿童进行表达。

1.12 捡回自己的东西

儿童姓名 _____ 训练者 _____ 日期 _____

知识 / 能力准备　　训练目标

知识 / 能力准备
能根据不同的情景正确使用礼貌用语。
训练目标
1. 从别人那里捡回自己的物品时，能礼貌地与他人对话。
2. 能准确地描述物品的主要特征。

热身训练

请你想一想，如果在小区里遇到下面的情况，应该使用哪些礼貌用语来回答？

1. 在小区里遇见邻居阿姨，阿姨说："你好！"

2. 你手里拿着东西，邻居叔叔帮你扶住大门，对你说："你先进。"

3. 你要坐电梯去十楼，可是你的两只手都拿着东西，无法按电梯按钮。邻居姐姐说："你要去几楼？"

4. 十楼到了，邻居姐姐跟你道别："再见！"

训练建议

　　热身训练的目的是检验儿童能否正确使用礼貌用语。如果儿童尚不能正确使用礼貌用语，建议训练者结合生活中的具体事件帮助儿童学会正确使用。

· · · · · · · · 对话训练 · · · · · · · ·

捡回自己的玩具

训练要点

　　准确表达要捡回自己物品的需求，完成对话。

训练方法

　　1. 训练者示范邻居阿姨和贝贝的对话，要求儿童理解对话内容。

　　2. 要求儿童模仿对话中贝贝的话。

　　3. 模拟捡回自己玩具的情景，让儿童礼貌地说出要捡回玩具的需求，完成对话。

　　贝贝的玩具掉到楼下邻居家了，她下楼敲了邻居阿姨家的门，阿姨打开门。

　　贝贝：阿姨你好！

　　阿姨：贝贝你好！你有什么事？

　　贝贝：阿姨，我的玩具掉到你家窗台上了，你能帮我拿一下吗？

阿姨: 好的。你等一等。

阿姨:(阿姨把玩具交给贝贝。)给你。

贝贝: 谢谢！阿姨再见！

阿姨: 再见！

捡回自己的衣物

训练要点

能准确描述物品的主要特征。

训练方法

1. 训练者示范邻居奶奶和明明的对话，要求儿童理解对话内容。
2. 要求儿童模仿对话中明明的话。
3. 模拟捡回自己衣服的情景，让儿童准确描述衣服的特征，完成对话。

明明收衣服时，衣服不小心掉到楼下邻居家了，他下楼敲了邻居家的门。

奶奶: 小朋友，你有什么事?

明明: 奶奶好，我的衣服掉下来了。你能帮我拿一下吗?

奶奶: 好的，你等一等。

(奶奶没有找到衣服。)

奶奶: 是什么样的衣服?

明明: 是一件蓝色的格子衬衫。

奶奶: 好的，我再去看一下。

（奶奶找到了明明的衣服。）

奶奶：给你。

明明：*谢谢！奶奶再见！*

奶奶：再见！

•••••••••• 拓展训练 ••••••••••

如果你的围巾掉到楼下邻居家了，你会怎么做？请你和爸爸妈妈模拟捡回围巾的情景。

评 价

评价内容	评价结果
能清楚地说出自己要捡回的物品，有礼貌地完成对话。	能 / 不能
能准确地描述物品的主要特征。	能 / 不能

训练小贴士

1. 训练材料为衣服、玩具、毛巾等需要经常清洗、晾晒的物品。
2. 在对话训练过程中，训练者要鼓励儿童大胆表达，说出敲门的目的，注意要有礼貌。
3. 有些儿童会害怕和陌生人打交道，家长平时要鼓励孩子在遇到邻居时主动打招呼。

2 学校情景对话训练

2.1 一起玩游戏

儿童姓名 _____ 训练者 _____ 日期 _____

知识 / 能力准备　　训练目标

知识 / 能力准备

能清楚地表达自己喜欢玩什么。

训练目标

1. 能说出自己想参与游戏的想法。
2. 能听懂他人的回应。

热身训练

请你看一看图片，说出自己喜欢玩什么玩具。

在热身训练中，让儿童练习看图说话，使用"我想玩（什么）"的句式说一说。目的是检验儿童能否清楚地表达自己想玩什么。如果儿童尚无法使用完整的句子表达自己的想法，需要让儿童学习这项内容。

对话训练

玩雪花片

训练要点

1. 能说出自己想参与游戏的想法。
2. 能听懂他人的回应。

训练方法

1. 训练者示范贝贝与明明的对话，引导儿童理解对话内容。
2. 要求儿童模仿对话中贝贝的话。
3. 模拟玩雪花片的情景，让儿童主动表达想一起玩的想法。

贝贝看到明明在玩雪花片，她也很想玩。

贝贝：你在玩什么？

明明：我在玩雪花片。

贝贝：我能和你一起玩吗？

明明：好啊，我们来拼一个花篮吧。

贝贝：好的。

玩飞行棋

训练要点

1. 能说出自己想参与游戏的想法。
2. 能听懂他人的回应。

训练方法

1. 训练者示范贝贝与同学的对话，引导儿童理解对话内容。
2. 要求儿童模仿对话中贝贝的话。
3. 模拟玩飞行棋的情景，让儿童主动表达想一起玩的想法。

贝贝看到同学们在玩飞行棋，她也很想玩。

贝贝：我能和你们一起玩飞行棋吗？

同学：飞行棋只能四个人玩，人已经满了，下次再和你一起玩吧。

贝贝：好的。

拓展训练

课间休息时，几个小朋友在玩橡皮泥，明明想和他们一起玩，可是他不知道该怎么说，你能帮帮他吗？

评 价

评价内容	评价结果
能说清楚自己想参与游戏的想法。	能 / 不能
能听懂他人的回应。	能 / 不能

训练小贴士

1. 训练材料：各种玩具的图片或实物。
2. 训练者要引导儿童理解与表达。
3. 训练者可以多为儿童创造和同伴一起玩游戏的机会，让儿童拥有真实的互动体验。

2.2 我会寻找物品

儿童姓名 _____ 训练者 _____ 日期 _____

知识 / 能力准备	训练目标

知识 / 能力准备

能准确地描述物品的特征。

训练目标

1. 能听懂寻找物品时他人的问话。
2. 能清楚地说出丢失物品的主要特征。

热身训练

请仔细看图片，准确地描述物品的特征。

　　热身训练的目的是检验儿童能否准确地描述物品的特征。如果不能，需要让儿童学习这项内容。

对话训练

我的直尺不见了

训练要点

1. 能听懂寻找物品时他人的问话。
2. 能说清楚丢失物品的主要特征。

训练方法

1. 训练者示范贝贝与老师的对话，要求儿童理解对话内容。
2. 要求儿童模仿对话中贝贝的话。
3. 模拟寻找直尺的情景，让儿童使用寻找物品时的常用语。

第一节语文课下课时，贝贝发现她刚才用的一把直尺找不到了。她向老师寻求帮助。

贝贝：老师，我的直尺找不到了。

老师：你什么时候发现找不到的？

贝贝：就是现在。刚才语文课上我还用了呢。

老师：你有没有把直尺带出教室？

贝贝：没有。

老师：你的直尺是什么样子的？

贝贝：是木色的，形状是一只猫咪。

老师：好的，那我帮你问问其他同学看到没有。

贝贝：谢谢老师！

我的雨伞不见了

训练要点

1. 能听懂寻找物品时他人的问话。
2. 能说清楚丢失物品的主要特征。

训练方法

1. 训练者示范贝贝与营业员的对话，要求儿童理解对话内容。
2. 要求儿童模仿对话中贝贝的话。
3. 模拟寻找雨伞的场景，让儿童使用寻找物品的常用语。

贝贝从超市购物回来后，发现带出去的雨伞不见了，于是返回超市寻找雨伞。她向营业员寻求帮助。

贝　贝：阿姨，刚才我的一把雨伞忘在超市了。

营业员：你的雨伞是什么样子的？

贝　贝：我的雨伞是蓝色的，上面有白色的小圆点。

营业员：嗯，是有这么一把伞，你看看是你的吗？

贝　贝：（接过雨伞看了看。）是的是的，谢谢阿姨！阿姨再见！

拓展训练

　　你在快餐店用餐后，把一件蓝色的长袖外套忘在店里了，你返回快餐店寻找外套。你会怎么对店员说呢？请你试一试。

评　价

评价内容	评价结果
能听懂寻找物品时他人的问话。	能 / 不能
能说清楚丢失物品的主要特征。	能 / 不能

训练小贴士

1. 训练材料：直尺、雨伞、蓝色长袖外套。
2. 在热身训练中，训练重点是准确地描述物品的主要特征。在对话训练和拓展训练中，训练重点是听懂寻找物品时他人的问话，并说清楚丢失物品的主要特征。
3. 训练者要在情景对话中引导儿童理解与表达。

2.3 我会口头请假

儿童姓名 _____ 训练者 _____ 日期 _____

知识 / 能力准备	训练目标

知识 / 能力准备

1. 知道何种情况需要请假。
2. 知道向谁请假。

训练目标

1. 能听懂请假时老师的问话。
2. 会口头请假。

热身训练

一、请你听一听，想一想，下面的情况需要请假吗？

1. 我感冒了，觉得身体很不舒服，不能去上学。
2. 全家去外地旅游，因航班延误，周一才能去上学。
3. 周三放学后，妈妈要带我去医院看望生病的外婆。

二、请你听一听，想一想，下面的情况应该向谁请假？

1. 我感冒了，觉得身体很不舒服，不能去上学。
2. 全家去外地旅游，因航班延误，周一才能去上学。

训练建议

　　热身训练的目的是检验儿童是否知道何种情况需要请假，以及需要向谁请假。如果儿童尚不理解什么是请假，建议训练者结合生活中需要请假的具体事件向儿童说明。

对话训练

请事假

训练要点

1. 能听懂请假时老师的问话。
2. 会口头请假。

训练方法

1. 训练者示范贝贝向老师请假的对话，要求儿童理解对话内容。
2. 要求儿童模仿对话中贝贝的话。
3. 模拟请假的情景，让儿童口头请假。

贝贝：老师你好，周五我想请假。

老师：有什么事情吗？

贝贝：周五我要和爸爸妈妈去杭州。

老师：是去旅游吗？

贝贝：我们去参加姐姐的婚礼。

老师：请假几天？

贝贝：一天。

老师：好的，让家长写一张请假条交给我。

贝贝：好的，谢谢老师！

请病假

训练要点

1. 能听懂请假时老师的问话。
2. 会口头请假。

训练方法

1. 训练者示范明明向老师口头请假的对话，要求儿童理解对话内容。
2. 要求儿童模仿对话中明明的话。
3. 模拟请假的情景，让儿童口头请假。

明明：老师你好，我觉得身体不舒服，想请假回家休息。

老师：生病了吗？

明明：我感冒了，现在很难受。

（老师摸了摸明明的额头。）

老师：你发烧了。我现在打电话给你妈妈，让她来接你，好吗？

明明：好的，谢谢老师！

拓展训练

早上起床，你觉得身体不舒服，需要向老师请一天假。请你打电话给老师，向老师口头请假。

评 价

评价内容	评价结果
能听懂请假时老师的问话。	能 / 不能
会口头请假。	能 / 不能

训练小贴士

1. 在热身训练中，训练重点是让儿童理解哪些情况需要请假，以及向谁请假。
2. 对话训练的重点是让儿童说清楚请假的原因。
3. 训练者需要让儿童理解，生病时要请病假，家里有重要事情时要请事假。

2.4 我会交作业

儿童姓名 _____ 训练者 _____ 日期 _____

知识 / 能力准备 · 训练目标

知识 / 能力准备

1. 能听懂并会使用基本的礼貌用语。
2. 能分清不同科目的作业。

训练目标

能有礼貌地交作业。

热身训练

1. 请你想一想，如果遇到下面这些情况，应该使用什么礼貌用语回答？

（1）早上进校，遇见同学，同学说："你好。"

（2）贝贝生病在家休息，明明把作业带给他。贝贝说："谢谢！"

（3）丁丁不小心把红红撞倒了，他连忙把红红扶起来，说："对不起！"

（4）下午放学了，老师说："小朋友们再见！"

2. 请你听一听，拿出相应的作业。

（1）请你拿出语文作业。

（2）请你拿出数学作业。

　　热身训练的目的是检验儿童能否正确使用礼貌用语,能否分清不同科目的作业。如果儿童没有掌握基本的礼貌用语,或者还无法分清不同学科的作业,则需要帮助儿童学习这些内容。

对话训练

自己交作业

训练要点

能礼貌地使用交作业时的常用语。

训练方法

1. 训练者示范老师和贝贝的对话,要求儿童理解对话内容。
2. 要求儿童模仿对话中贝贝的话。
3. 模拟交作业的情景,让儿童礼貌使用交作业时的常用语。

早上,贝贝走进教室,放下书包,拿出作业交给老师。

贝贝:老师早上好!

老师:贝贝早上好!

贝贝:老师,这是我的作业。

老师:好的。请你放在讲台上,把语文作业和数学作业分开放。

（贝贝来到讲台前，整理好语文作业和数学作业。）

贝贝：老师，我放好了。

请同学代交作业

训练要点

有礼貌地请同学帮忙交作业。

训练方法

1. 训练者示范明明和贝贝的对话，要求儿童理解对话内容。
2. 要求儿童模仿对话中贝贝的话。
3. 模拟交作业的情景，让儿童有礼貌地请同学帮忙交作业。

贝贝今天身体不舒服，她请明明帮忙交作业。

贝贝：明明，你好！请你帮我把作业交给老师，好吗？

明明：好的。

贝贝：谢谢！

•••••••••••••••• 拓展训练 ••••••••••••••••

你会交作业吗？如果明天你不能去学校，需要请同学帮忙把作业交给语文老师，你应该怎么说呢？请你试一试。

评 价

评价内容	评价结果
能礼貌地使用交作业时的常用语。	能 / 不能
能有礼貌地请同学帮忙交作业。	能 / 不能

训练小贴士

1. 交作业是学校场景中每天都会遇到的事情。儿童可能认为交作业只是一个动作，并不需要交流，训练者应该引导儿童在交作业的过程中主动发起对话，提高儿童的口语沟通能力。
2. 训练者要鼓励儿童大胆表达，说话时态度大方自然、有礼貌。

2.5 无法按时交作业

儿童姓名 _____ 训练者 _____ 日期 _____

知识 / 能力准备 　　训练目标

知识 / 能力准备
1. 能有礼貌地交作业。
2. 能有礼貌地请别人帮忙交作业。

训练目标
能说表示道歉的常用语。
能说清无法按时交作业的缘由。

热身训练

老师正在讲台上收作业。请你听一听，哪个小朋友是有礼貌地交作业？

（1）明明把作业放在讲台上，不说话。

（2）丁丁把作业放在讲台上，对老师说："作业。"

（3）贝贝把作业放在讲台上，对老师说："老师，这是我的作业。"

训练建议

　　热身训练的目的是检验儿童是否能有礼貌地交作业。如果儿童尚不能判断哪种方式是有礼貌地交作业，则要帮助儿童学习这项内容。

对话训练

作业忘带了

训练要点

1. 会使用表示道歉的常用语。
2. 说清无法按时交作业的缘由。

训练方法

1. 训练者示范老师和贝贝的对话,要求儿童理解对话内容。
2. 要求儿童模仿对话中贝贝的话。
3. 模拟交作业的情景,让儿童说清无法按时交作业的缘由。

贝贝来到学校,当她打开书包准备交作业时,发现没有带语文作业。

贝贝:老师,对不起!我忘带语文作业了。

老师:知道了。明天记得带来,好吗?

贝贝:好的,明天我一定带来!

作业本被同学带回家了

训练要点

1. 会使用表示道歉的常用语。
2. 说清无法按时交作业的缘由。

训练方法

1. 训练者示范老师和贝贝的对话，要求儿童理解对话内容。
2. 要求儿童模仿对话中贝贝的话。
3. 模拟交作业的情景，让儿童说清无法按时交作业的缘由。

贝贝的作业本被同学带回家了，导致她无法按时交作业。

贝贝：老师，对不起！昨天放学时，我的语文作业本被明明带回家了。

老师：没关系。等会儿拿到作业本就开始补作业，好吗？

贝贝：好的！我一定认真完成。

拓展训练

如果你的数学作业忘记带了，或者不小心被其他同学带回家了，你会怎么向老师说明呢？请你试一试。

评 价

评价内容	评价结果
能正确使用表示道歉的常用语。	能 / 不能
能说清无法按时交作业的缘由。	能 / 不能

训练小贴士

1. 在训练过程中，训练者要注意引导儿童理解与表达。

2. 本篇的训练重点是学会用抱歉的语气说清自己无法按时交作业的缘由。

3. 训练者要鼓励儿童大胆表达，讲话时态度大方自然、有礼貌。

2.6 我生病了

儿童姓名 _____ 训练者 _____ 日期 _____

知识 / 能力准备　　　训练目标

知识 / 能力准备

知道生病时要注意饮食。

训练目标

1. 会描述自己的身体情况。
2. 会表达自己生病时需要注意饮食。

热身训练

1. 请你看一看图片，说一说咳嗽时不宜吃哪些食物。

2. 请你看一看图片，说一说肠胃不舒服时不宜吃哪些食物。

训练建议

　　热身训练的目的是检验儿童是否知道生病时不宜吃哪些食物。如果儿童尚不理解，建议训练者结合日常生活中的具体事件，帮助儿童理解生病时需要注意饮食。

对话训练

我不能吃炸鸡翅

训练要点

1. 会描述自己的身体情况。
2. 会表达自己生病了，需要注意饮食。

训练方法

1. 训练者示范老师和贝贝的对话，引导儿童理解对话内容。
2. 要求儿童模仿对话中贝贝的话，表达"我不能吃（什么）。"
3. 模拟情景对话，让儿童表达生病时需要注意饮食。

贝贝咳嗽还没好，中午，她打开盒饭，看到今天的午餐里有炸鸡翅。

贝贝：老师，我不能吃炸鸡翅。

老师：为什么？你不喜欢吗？

贝贝：不是，我咳嗽还没好，所以不能吃油炸食物。

我不能吃冰激凌蛋糕

训练要点

1. 会描述自己的身体情况。
2. 会表达自己生病了，需要注意饮食。

训练方法

1. 训练者示范明明和贝贝的对话，引导儿童理解对话内容。
2. 要求儿童模仿对话中贝贝的话，表达不能吃的食物以及原因。
3. 模拟情景对话，让儿童表达自己生病了，需要注意饮食。

今天是明明的生日，大家一起为明明庆祝生日。明明带来了一个冰激凌蛋糕。明明分给贝贝一块蛋糕。

明明：给你吃冰激凌蛋糕。

贝贝：谢谢你！我不能吃冰激凌蛋糕，因为我咳嗽还没好。

明明：哦，那请你吃草莓。

贝贝：谢谢明明！

拓展训练

因为自己生病了，所以有的食物不能吃，你学会如何告诉老师了吗？如果你拉肚子了，你知道不能吃哪些食物吗？又会如何告诉老师呢？

评 价

评价内容	评价结果
会描述自己的身体情况。	能 / 不能
会表达自己生病了，需要注意饮食。	能 / 不能

训练小贴士

1. 训练材料：食物的图片、模型和实物等。
2. 训练者在日常生活中可以适当传授一些生活常识，帮助儿童理解为什么生病时需要注意饮食。
3. 本篇的训练重点是让儿童能主动表达自己生病了，需要注意饮食。训练者可以通过游戏活动开展训练。

2.7 食堂添饭菜

儿童姓名 _____ 训练者 _____ 日期 _____

知识 / 能力准备	训练目标

知识 / 能力准备

1. 能辨认食堂工作人员。
2. 知道学校的食堂在哪里。

训练目标

1. 能听懂食堂工作人员的问话。
2. 能表达添饭菜的需求。

热身训练

请你找一找，哪位是学校食堂的工作人员？

请你想一想，如果你没吃饱，可以去哪里添饭菜？

热身训练的目的是检验儿童能否辨认食堂工作人员,是否知道需要添饭菜时去食堂。如果儿童不能辨认食堂和食堂工作人员,建议训练者结合学校环境训练这项内容。

对话训练

在食堂添饭

训练要点

1. 能听懂食堂阿姨的问话。
2. 能表达想添加米饭的需求。

训练方法

1. 训练者示范食堂阿姨、老师和贝贝添加米饭的对话,要求儿童理解对话内容。
2. 要求儿童模仿对话中贝贝的话,说"我想添米饭"。
3. 模拟在食堂添加米饭的情景,让儿童表达添加米饭的需求。

贝贝的米饭吃完了,可是她没吃饱,想添米饭。

贝　　贝:老师,我想添米饭。

老　　师:那你可以自己去一楼食堂添米饭吗?

贝　　贝:好的,我自己去。

（贝贝拿着碗来到食堂。）

贝　　贝：阿姨你好，我想添米饭。

食堂阿姨：加这些够了吗？

贝　　贝：够了。

食堂阿姨：炒青菜和煎蛋需要加吗？

贝　　贝：不用了，谢谢！阿姨再见！

食堂阿姨：再见！

在食堂添菜

训练要点

1. 能听懂食堂阿姨的问话。
2. 能表达想添加某道菜的需求。

训练方法

1. 训练者示范食堂阿姨和明明添菜的对话，要求儿童理解对话内容。
2. 要求儿童模仿对话中明明的话，说"我想添（什么）"。
3. 模拟在食堂添菜的情景，让儿童表达添菜的需求。

午餐时明明没吃饱，他想添点菜，便来到了食堂。

明　　明：阿姨你好，我想添点菜。

食堂阿姨：番茄炒蛋和红烧肉都要加吗？

明　　明：我想添点红烧肉。

食堂阿姨：加两块够吗？

明　　明：够了。

食堂阿姨：米饭需要再加一些吗？

明　　明：不用了。谢谢阿姨！

食堂阿姨：不客气。

拓展训练

今天的午餐是你最喜欢吃的可乐鸡翅，吃完后你还想再加一个。请你模拟在食堂添饭菜的情景，用学过的句式说一说。

评　价

评价内容	评价结果
能听懂食堂阿姨的问话。	能 / 不能
能表达添饭菜的需求。	能 / 不能

训练小贴士

1. 训练材料：米饭、番茄炒蛋、炒青菜和红烧肉的图片。
2. 热身训练的重点是让儿童认识学校或社区的食堂和食堂工作人员。
3. 对话训练的重点是让儿童主动说出"我想添（什么）"。如果儿童不能主动表达，那么训练者可以提问："你想加米饭吗？""你想加青菜吗？"

2.8 我会借用物品

儿童姓名 _____ 训练者 _____ 日期 _____

知识 / 能力准备

能正确地说出学习用品的名称，并能进行简单的描述。

训练目标

1. 能清楚地表达自己借物品的原因。
2. 能说清楚自己要借物品的想法。

热身训练

1. 请你看一看，这两个铅笔盒里的东西一样吗？哪里不一样？

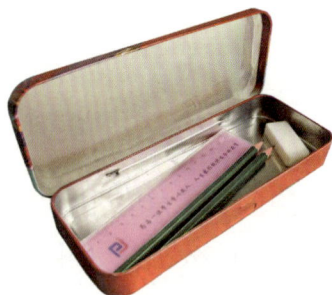

2. 请你看一看，这两个书包里的东西一样吗？哪里不一样？

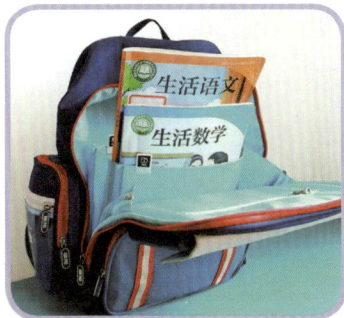

3. 请你看一看，这两组彩笔一样吗？哪里不一样？

训练建议

　　热身训练的目的是检验儿童能否正确地说出物品的名称，并进行简单的描述。如果儿童尚不具备这个能力，训练者可以适当提示，如果儿童经提示后仍然无法正确命名物品，建议先从命名开始训练。

对话训练

可以把橡皮借给我用一下吗？

训练要点

1. 能清楚地表达自己借橡皮的原因。
2. 能说清楚自己要借橡皮的想法。

训练方法

1. 训练者示范贝贝与明明的对话，要求儿童理解对话内容。
2. 要求儿童模仿对话中贝贝的话。
3. 模拟借用橡皮的情景，让儿童主动表达想借用东西。

今天来到学校，贝贝发现自己忘带了一些学习用品，她决定向明明借用。

贝贝：明明，我的橡皮忘记带了，可以把你的借给我用用吗？

明明：好的，给你。

贝贝：谢谢！

明明：不用谢！

可以把红色的蜡笔借给我用一下吗？

训练要点

1. 能清楚地表达自己借蜡笔的原因。
2. 能说清楚自己要借蜡笔的想法，以及所借蜡笔的颜色。

训练方法

1. 训练者示范贝贝与明明的对话，要求儿童理解对话内容。
2. 要求儿童模仿对话中贝贝的话。
3. 模拟借用蜡笔的情景，让儿童主动说出借用物品的具体名称和特征。

美术课上，贝贝在画画。当她要用红色蜡笔时，发现已经用完了。

贝贝：明明，你能借给我一支蜡笔吗？

明明：好的。你要什么颜色的？

贝贝：我的红色蜡笔用完了，我要一支红色的。

明明：好的，给你。

贝贝：谢谢！我用完就马上还给你。

拓展训练

课间休息时，你看见同学贝贝在看《中国童话故事》。如果你想借这本书看，会怎么对贝贝说呢？请你试一试。

评 价

评价内容	评价结果
能清楚地表达自己借物品的原因。	能 / 不能
能说清楚自己要借物品的想法。	能 / 不能

训练小贴士

1. 训练材料：橡皮、蜡笔、图书。
2. 对话训练的重点是要求儿童清楚地描述要借的物品的特征。训练者可以在生活中指导儿童根据颜色、形状、大小等特征来描述物品。
3. 训练者要在情景对话中引导儿童理解与表达。

2.9 对不起

儿童姓名 _____ 训练者 _____ 日期 _____

知识 / 能力准备 　　　训练目标

知识 / 能力准备
1. 知道在哪些情况下需要向别人道歉。
2. 知道向别人道歉时应该怎么说。

训练目标
1. 能主动使用礼貌用语"对不起"向别人道歉。
2. 能根据情景描述当前发生的事情，并向别人道歉。

热身训练

1. 请你说一说，在哪些情况下需要向对方道歉？
（1）你把橡皮借给了同学。
（2）你在排队时踩了同学的脚。
（3）你不小心把同学的书弄破了。
（4）春游时，你和同学分享食物。
（5）在公园里，你不小心撞倒了人。
2. 请你说一说，向别人道歉时可以用什么礼貌用语？
　　A."对不起" 　　　B."没关系"

　　热身训练的目的是检验儿童是否知道在哪些情况下需要向别人道歉，是否知道向别人道歉时使用什么礼貌用语。如果儿童尚不能根据具体情景分辨是否需要道歉，建议训练者结合生活中的具体事件帮助儿童理解。

对话训练

对不起，我踩了你的脚

训练要点

能使用礼貌用语"对不起"向别人道歉。

训练方法

1. 训练者示范贝贝与明明的对话，要求儿童理解对话内容。
2. 要求儿童模仿对话中贝贝的话。
3. 模拟排队的情景，让儿童使用合适的礼貌用语向别人道歉。

放学排队时，贝贝不小心踩了明明的脚。

明明：哎哟，贝贝，你踩到我了。

贝贝：对不起！对不起！

明明：哦，不要紧。

贝贝：你的脚疼吗？

明明：没关系，已经不疼了。

对不起，我把你的铅笔盒打翻了

训练要点

1. 能主动使用礼貌用语"对不起"向别人道歉。
2. 能根据情景描述当前发生的事情，并向别人道歉。

训练方法

1. 训练者示范贝贝与明明的对话，要求儿童理解对话内容。
2. 要求儿童模仿对话中贝贝的话。
3. 模拟打翻铅笔盒的情景，让儿童主动道歉。

课间休息时，贝贝从明明的课桌旁走过，不小心把明明的文具盒打翻在地上。

贝贝：对不起！我把你的文具盒打翻了。我来捡起来。

明明：没关系，我知道你是不小心的。

（贝贝和明明一起捡起地上的文具。）

贝贝：明明，文具有没有摔坏？

明明：好像没有。

贝贝：哦，那就好。我下次走路的时候一定会小心的。

拓展训练

如果你在公园里和同伴一起玩的时候，不小心撞倒了其他小朋友，应该怎么说呢？请你试一试。

评　价

评价内容	评价结果
能主动使用礼貌用语"对不起"向别人道歉。	能 / 不能
能根据情景描述当前发生的事情，并向别人道歉。	能 / 不能

训练小贴士

1. 训练材料：一个装有文具的铅笔盒。
2. 训练者要在情景对话中引导儿童理解与表达。

2.10 请求打扫

儿童姓名 _____ 训练者 _____ 日期 _____

知识 / 能力准备　　训练目标

知识 / 能力准备

知道学校主要场所的名称。

训练目标

1. 能听懂保洁阿姨关于打扫的问话。
2. 请求打扫时，会与保洁阿姨对话。

・・・・・ **热身训练** ・・・・・

请你看一看图片，说一说这是学校的什么地方。

　　热身训练的目的是检验儿童能否说清需要打扫的地点。如果儿童尚不能正确命名学校的主要场所，建议训练者帮助儿童在真实的学校环境中学习这项内容。

对话训练

请求打扫教室

训练要点

1. 听懂保洁阿姨关于打扫的问话。
2. 能清楚地说出需要打扫的地点。

训练方法

1. 训练者示范贝贝与保洁阿姨的对话，引导儿童理解对话内容。
2. 要求儿童模仿对话中贝贝的话。
3. 模拟请求打扫教室的情景，让儿童说出需要打扫的地点。

中午吃饭时，明明不小心把饭菜打翻在地上，老师让贝贝去请保洁阿姨来打扫一下。

贝　　贝：阿姨你好。

保洁阿姨：贝贝你好，有什么事？

贝　　贝：我们的教室需要打扫一下。

保洁阿姨：好的，是几班的教室？

贝　　贝：三（2）班。

保洁阿姨：好的。我拿一下打扫工具就过去。

贝　　贝：好的，谢谢阿姨！

保洁阿姨：不用谢！

请求打扫走廊

训练要点

1. 听懂保洁阿姨关于打扫的问话。
2. 能清楚地说出需要打扫的地点和打扫的原因。

训练方法

1. 训练者示范贝贝与保洁阿姨的对话，引导儿童理解对话内容。
2. 要求儿童模仿对话中贝贝的话。
3. 模拟请求打扫走廊的情景，让儿童说出需要打扫的地点及打扫的原因。

贝贝在走廊倒水的时候，不小心把玻璃茶杯打碎了，贝贝找到保洁阿姨请求打扫。

贝　　贝：阿姨你好。

保洁阿姨：小朋友你好，有什么事？

贝　　贝：走廊需要打扫一下，我不小心把玻璃杯打碎了，地上都是碎玻璃。

保洁阿姨：好的，是哪里的走廊？

贝　　贝：是三楼的走廊。

保洁阿姨：好的。我拿一下打扫工具就过去。

贝　　贝：好的，谢谢阿姨！

保洁阿姨：不用谢！

拓展训练

你会请求打扫吗？请你看一看图中的情况，然后和家长、老师或同学进行一次请求打扫的模拟练习。

评　价

评价内容	评价结果
能听懂保洁阿姨关于打扫地点的问话。	能 / 不能
请求打扫时，会与保洁阿姨对话。	能 / 不能

训练小贴士

1. 训练材料：学校主要场所的照片。
2. 训练者在开展训练的过程中要引导儿童理解与表达对话。
3. 本篇的训练重点是说清楚需要打扫的地点，对于是否能说清楚需要打扫的原因不作要求，但可以作为拓展训练的内容。

2.11 领取物品

儿童姓名 _____ 训练者 _____ 日期 _____

知识 / 能力准备　　训练目标

知识 / 能力准备

1. 知道教室里常用物品的名称。
2. 能正确使用数量词。

训练目标

1. 听清并理解后勤老师的问话。
2. 领取物品时, 会与后勤老师对话。

热身训练

请你看一看图片, 说一说图中是什么物品, 数量是多少。

训练建议

　　热身训练的目的是检验儿童是否能说清物品的名称与数量。训练者可根据本篇呈现的图片与儿童进行对话。如果儿童尚不能描述物品，或不能正确使用数量词，训练者要帮助儿童学习这些内容。

对话训练

领取垃圾袋

训练要点

1. 听懂后勤老师的问话。
2. 能清楚地说出需要领取的物品。

训练方法

1. 训练者示范贝贝与后勤老师的对话，引导儿童理解对话内容。
2. 要求儿童模仿对话中贝贝的话。
3. 模拟领取物品的情景，让儿童说清楚需要领取的物品的名称。

教室里的垃圾袋用完了，老师让贝贝去后勤处领取垃圾袋。

贝　　贝：老师好。

后勤老师：你好，怎么了？

贝　　贝：我们班的垃圾袋用完了，我来领垃圾袋。

后勤老师：好的，一卷够吗？

贝　　贝：够了。

后勤老师：好的。给你。

贝　　贝：谢谢老师！

后勤老师：不用谢！

领取五号电池

训练要点

1. 听懂后勤老师的问话。
2. 能清楚地说出需要领取的物品的名称和数量。

训练方法

1. 训练者示范贝贝与后勤老师的对话，引导儿童理解对话内容。
2. 要求儿童模仿对话中贝贝的话。
3. 模拟领取物品的情景，让儿童说清楚需要领取的物品的名称和数量。

同学们正在教室里聚精会神地听课。班级电脑的鼠标突然没反应了，老师查看发现是电池没电了。于是，老师让贝贝去后勤处领2节五号电池。

贝　　贝：老师好。

后勤老师：你好，有什么事？

贝　　贝：我们班的鼠标没电了，我来领2节电池。

后勤老师：好的，要几号电池？

贝　　贝：2节五号电池。

后勤老师：好的。给你。

贝　　贝：好的，谢谢老师！

后勤老师：不用谢！

········ ⤢ **拓展训练** ········

　　你学会如何领取物品了吗？请你试着说一说如何领取以下物品。

名称	数量
洗手液	1瓶
红色白板笔	2支

评　价

评价内容	评价结果
能听懂后勤老师关于领取物品的问话。	能 / 不能
领取物品时，会与后勤老师对话。	能 / 不能

训练小贴士

1. 训练材料：班级常用物品。
2. 训练者在开展对话训练的过程中要引导儿童理解与表达。
3. 本篇的训练重点是说清楚需要领取的物品的名称和数量，对于是否能说清楚领取物品的原因不作要求，但可以作为拓展训练的内容。

2.12 我会打招呼

儿童姓名 _____ 训练者 _____ 日期 _____

| 知识 / 能力准备 | 训练目标 |

知识 / 能力准备
知道见面、告别的常用语，如"你好""早上好""再见"。
训练目标
会根据会话对象和情景主动打招呼。

热身训练

请你看一看图片，说一说应该怎么打招呼。

训练建议

　　热身训练的目的是检验儿童是否知道见面、告别的常用语。如果儿童尚不能根据情景打招呼，需要帮助儿童学习这项内容。

对话训练

和老师打招呼

训练要点

能主动和老师打招呼。

训练方法

1. 训练者示范贝贝与老师的对话，引导儿童理解对话内容。
2. 要求儿童模仿对话中贝贝的话。
3. 模拟进学校的情景，让儿童向老师问好。

早上，贝贝背着书包来到校门口。李老师在校门口迎接学生。

贝　贝：李老师早上好！

李老师：贝贝早上好！

贝贝来到教室，班主任杨老师在教室门口迎接学生。

贝　贝：杨老师早上好！

杨老师：贝贝早上好！

和同学打招呼

训练要点

能主动和同学打招呼。

训练方法

1. 训练者示范贝贝与同学的对话，引导儿童理解对话内容。
2. 要求儿童模仿对话中贝贝的话。
3. 模拟进教室的情景，让儿童和同学打招呼。

贝贝背着书包走进教室，明明已经在教室里了。

贝贝：早上好！

明明：早上好！

贝贝放下书包就座。这时，星星也背着书包走进教室。

星星：贝贝、明明早上好！

贝贝：星星早上好！

拓展训练

你学会如何和不同的人打招呼了吗？请看图片，试着和图中的人物打招呼。

评　价

评价内容	评价结果
能主动和老师打招呼。	能 / 不能
能主动和同学打招呼。	能 / 不能

训练小贴士

1. 训练材料：老师和同学的照片。
2. 训练者在开展对话训练的过程中要引导儿童理解与表达。
3. 训练者在日常生活中要多为儿童创设沟通机会，鼓励儿童大胆地表达。

3 社区情景对话训练

3.1 菜场买菜

儿童姓名 _____ 训练者 _____ 日期 _____

知识 / 能力准备　　　　训练目标

知识 / 能力准备

1. 能听懂并会使用表示蔬菜、水果、海鲜等食品的词汇。

2. 知道购买水果、蔬菜时的常用计量单位是"斤"。

训练目标

1. 会使用买菜时的交际语："你好，(什么)多少钱一斤？""请帮我称(多少)。"

2. 能听懂菜场摊主的回答。

热身训练

请你看一看图片，说一说这是什么地方，这里卖什么食品。

训练建议

　　热身训练的目的是检验儿童是否认识菜场中的各类区域和常见食品。如果儿童尚不具备上述能力，训练者要帮助儿童学习这些内容。

· · · · · · · 对话训练 · · · · · · ·

买青菜

训练要点

　　1. 会使用交际语："你好，（什么）多少钱一斤？""请帮我称（多少）。"
　　2. 能听懂菜场摊主的回答。

训练方法

　　1. 训练者示范菜场阿姨和贝贝的对话，要求儿童理解对话内容。
　　2. 儿童模仿对话中贝贝的话，说："你好，（什么）多少钱一斤？""请帮我称（多少）。"
　　3. 模拟菜场买菜的情景，让儿童正确表达。

贝贝来到家附近的菜场，走到蔬菜摊前。

贝贝: 你好，请问青菜多少钱一斤？

阿姨: 2块钱一斤。

贝贝: 请帮我称1斤。

阿姨: 还需要其他菜吗？

贝贝: 有西红柿吗？

阿姨: 我这里没有，前面那家蔬菜摊有西红柿。

贝贝: 好的，谢谢阿姨，再见！

买西红柿

训练要点

1. 会使用交际语："你好，(什么)多少钱一斤？""请帮我称(多少)。"
2. 能听懂菜场摊主的回答。

训练方法

1. 训练者示范菜场阿姨和贝贝的对话，要求儿童理解对话内容。
2. 儿童能模仿对话中贝贝的话，说："你好，(什么)多少钱一斤？""请帮我称(多少)。"
3. 模拟菜场买菜的情景，让儿童正确表达。

贝贝走到另一个蔬菜摊前。

贝贝: 你好，请问西红柿多少钱一斤？

阿姨：5 块钱一斤。

贝贝：请帮我称 2 个西红柿。

阿姨：这两个可以吗？

贝贝：好的。

阿姨：一共 4 块钱。

贝贝：给你钱。叔叔再见！

拓展训练

请你和爸爸妈妈或老师进行一次菜场买菜的情景模拟练习。

评 价

评价内容	评价结果
会使用买菜时的交际语："你好，请问（什么）多少钱一斤？"	能 / 不能
会使用买菜时的交际语："请帮我称（多少）。"	能 / 不能
能听懂菜场摊主的回答。	能 / 不能

训练小贴士

1. 儿童要说清楚要买的蔬菜的菜名和数量，训练者要引导儿童用完整的句子表达。

2. 训练者要在日常生活中对儿童进行强化训练，帮助儿童充分理解本篇所学内容，并逐步学会运用。

3.2 餐厅点餐

儿童姓名 _____ 训练者 _____ 日期 _____

知识 / 能力准备

能说出菜单上的菜名和价格。

训练目标

1. 点餐时能听懂餐厅服务员的问话。
2. 能通过用手指出或说出菜名的方式点餐。
3. 能说清楚对菜品的要求。

热身训练

请你看一看菜单，说一说菜名，菜的价格是多少。

蔬菜类		汤类	
凉拌黄瓜	8元	紫菜蛋汤	8元
青椒香干	8元	老鸭汤	10元
家常豆腐	8元	开胃肉片汤	12元
手撕包菜	8元	西红柿鸡蛋汤	12元
清炒土豆丝	8元	冬瓜排骨汤	26元
干锅花菜	10元		
豆角炒茄子	8元		
干煸四季豆	8元		
西红柿炒蛋	10元		
老醋花生米	8元		

私房菜			
红烧土鸡	32元	红烧肉	22元
红烧牛肉	32元	青椒肚丝	26元
红烧排骨	25元	铁板牛肉	25元
清蒸鲈鱼	38元	炒腊肉	30元
生爆蒜苗肉	16元	青椒回锅肉	20元
肥肠炒猪肝	18元	香干炒肉丝	20元
麻辣鸡煲	26元		
川味毛肚	22元		

训练建议

　　热身训练的目的是检验儿童能否正确说出菜名和价格。如果儿童不熟悉常见的菜名，训练者可以在日常生活中帮助儿童学习这项内容。

・・・・・・・・・・・・・・ 对话训练 ・・・・・・・・・・・・・

餐厅点餐（1）

训练要点

1. 点餐时能听懂餐厅服务员的问话。
2. 能通过用手指出或说出菜名的方式点餐。

训练方法

1. 训练者示范服务员和贝贝点餐时的对话，要求儿童理解对话内容。
2. 要求儿童模仿对话中贝贝的话。
3. 模拟在餐厅点餐的情景，让儿童通过用手指出或说出菜名的方式点餐。

　　贝贝和好朋友一起来到餐厅，她看了菜单，准备点餐。

贝　贝：服务员，点餐。

服务员：好的。

贝　贝：我要凉拌黄瓜、红烧排骨、西红柿炒蛋、老鸭汤。

服务员：好的。主食吃什么？

贝　贝：两碗米饭。

服务员: 好的。你们要的是凉拌黄瓜、红烧排骨、西红柿炒蛋、老鸭汤和两碗米饭，对吗？

贝　贝: 对的，谢谢！

服务员: 好的，请稍等。

餐厅点餐（2）

训练要点

1. 点餐时能听懂餐厅服务员的问话。
2. 能通过用手指出或说出菜名的方式点餐。
3. 能说清楚对菜品的要求。

训练方法

1. 训练者示范服务员和明明点餐时的对话，要求儿童理解对话内容。
2. 要求儿童模仿对话中明明的话。
3. 模拟在餐厅点餐的情景，让儿童通过用手指出或说出菜名的方式点餐，并说出对菜品的要求。

明明和好朋友一起来到餐厅，她看了菜单，准备点餐。

明　明: 服务员，点餐。

服务员: 好的。

明　明: 我要老醋花生米、香干炒肉丝、红烧土鸡、麻辣鸡煲。

服务员: 红烧土鸡和麻辣鸡煲都是鸡，要不要把红烧土鸡换成红烧牛肉？

贝　贝: 好的。

服务员: 麻辣鸡煲要微辣、中辣还是重辣?

贝　贝: 微辣。

服务员: 好的。饮料要什么?

贝　贝: 一瓶可乐。

服务员: 要大瓶的还是小瓶的?

贝　贝: 大瓶的。

服务员: 要冰的还是常温的?

贝　贝: 常温的。

服务员: 好的。主食吃什么?

贝　贝: 先不要主食,谢谢!

服务员: 好的。你们要的是老醋花生米、香干炒肉丝、红烧牛肉、麻辣鸡煲、一大瓶常温可乐,对吗?

贝　贝: 对的,谢谢!

服务员: 好的,请稍等。

拓展训练

请你看一看下面的菜单,然后和爸爸妈妈或老师模拟在餐厅点餐的情景,请你点一份比萨/面和一种饮品。

115

菜单：

比萨
韩式烤肉比萨（辣）	56元
意式风味香肠比萨	56元
黑椒牛肉比萨	56元
鲜香培根比萨	49元
香脆鸡肉比萨（辣）	49元
海陆至尊比萨（二合一）	69元
个人装夏威夷风光比萨	26元
个人装香脆鸡肉比萨	26元

面
芝士香肠意面	24元
法式蘑菇鸡肉面	28元
经典意式肉酱面	28元
黑胡椒牛肉意面	35元
咖喱鸡丁面	28元
三文鱼面	39元
茄汁鲜虾面	39元

饮品
橙汁	8元/瓶
可乐	8元/瓶
椰汁	10元/瓶

评　价

评价内容	评价结果
点餐时能听懂餐厅服务员的问话。	能／不能
能通过用手指出或说出菜名的方式点餐。	能／不能
能说清楚对菜品的要求。	能／不能

训练小贴士

1. 训练材料：菜单若干份。训练者可以在日常生活中留意收集各种菜单。
2. 训练者在开展对话训练的过程中要引导儿童理解与表达。
3. 本篇的训练内容涉及识字。如果儿童存在认读汉字的障碍，可以让儿童用手指出菜单上的菜名。

3.3 餐厅请求服务

儿童姓名 _____ 训练者 _____ 日期 _____

知识 / 能力准备　　　　训练目标

知识 / 能力准备
知道在餐厅遇到哪些事情可以请服务员帮忙。
训练目标
能向餐厅服务员说清楚自己的服务请求。

热身训练

请你看一看，在餐厅里，需要下列哪些物品时可以请服务员帮忙？请在相应图片下方打"√"。

（　　）

（　　）

（　　）

（　　）

（　　）

（　　）

训练建议

　　热身训练的目的是检验儿童是否能在餐厅场景中辨别哪些事情需要请服务员帮忙。如果儿童尚不具备这些能力，训练者要帮助儿童学习这些内容。

对话训练

训练要点

能向餐厅服务员说清楚自己的服务请求。

训练方法

1. 训练者示范贝贝向服务员请求服务的对话，要求儿童理解对话内容。
2. 要求儿童模仿对话中贝贝的话，说出请求服务的内容。
3. 模拟在餐厅就餐的情景，让儿童向餐厅服务员说清楚自己的服务请求。

大家在餐厅吃饭，贝贝的筷子不小心掉在了地上。

贝　贝：阿姨，请再给我一双筷子。

服务员：好的，请稍等。

贝　贝：谢谢！

贝贝吃了炸鸡翅，嘴巴油乎乎的，她需要纸巾。

贝　贝: 阿姨，请给我一包纸巾。

服务员: 纸巾需要另外收费，一包 2 元，可以吗？

贝　贝: 好的。

贝贝点的酸菜鱼一直没有上，贝贝请服务员去催一催。

贝　贝: 阿姨，我点的酸菜鱼一直没上，麻烦帮我催一催。

服务员: 好的。

贝　贝: 谢谢！

大家都吃饱了，可是桌上还有一些菜没有吃完，贝贝需要打包盒。

贝　贝: 阿姨，请给我两个打包盒。

服务员: 好的。请稍等。

贝　贝: 谢谢！

拓展训练

你会向服务员请求服务吗？如果在餐厅遇到下面这些情况，你会怎样向服务员请求服务？

1. 需要一把汤勺。
2. 不知道餐厅的卫生间在哪里。
3. 菜冷了，需要加热。

评　价

评价内容	评价结果
能向餐厅服务员说清楚自己的服务请求。	能 / 不能

训练小贴士

1. 训练材料：筷子一双，纸巾一包，打包盒若干，汤勺一个。
2. 训练者在开展对话训练的过程中要引导儿童理解与表达。
3. 家长平时带孩子在餐厅就餐时，要有意识地引导孩子在真实的情景中练习向服务员请求服务。

3.4 买饮品

儿童姓名 _____ 训练者 _____ 日期 _____

知识 / 能力准备　训练目标

知识 / 能力准备
1. 能找出饮品店的图片。
2. 能说出自己喜欢喝的饮品。

训练目标
1. 能听懂营业员的问话。
2. 会向营业员说出自己的要求。
3. 取饮品时会和营业员对话。

热身训练

1. 请你看一看图片，说一说可以在哪些地方买到饮品。

2. 请你看一看图片，说一说，我们可以在饮品店买到什么饮品？你想买哪种饮品？

珍珠奶茶
6元/超大杯

原味奶茶
6元/超大杯

柠檬红茶
6元/超大杯

柠檬绿茶
5元/超大杯

训练建议

热身训练的目的是检验儿童是否认识饮品店，是否知道什么是饮品并能说出自己喜欢喝的饮品。如果儿童尚未具备以上能力，需要帮助儿童学习这项内容。

对话训练

我来买饮品

训练要点

1. 听懂营业员的问话。
2. 向营业员说明自己的要求。

训练方法

1. 训练者示范营业员和贝贝的对话，要求儿童理解对话内容。
2. 要求儿童模仿对话中贝贝的话。
3. 模拟买饮品的情景，让儿童说出自己需要什么饮品。

贝贝来到一家饮品店。

营业员：您好，请问需要什么饮品？

贝　贝：我想买一杯柠檬茶。

营业员：要冰的吗？

贝　贝：是的。

营业员：要中杯还是大杯？

贝　贝：中杯。

营业员：15 元。

（贝贝付给营业员 15 元。）

营业员：请拿好您的小票。您是 121 号，等叫号取饮品。

我来取饮品

训练要点

1. 听懂营业员的问话。
2. 取饮品时会和营业员对话。

训练方法

1. 训练者示范营业员和贝贝的对话，要求儿童理解对话内容。
2. 要求儿童模仿对话中贝贝的话。
3. 模拟取饮品的情景，让儿童说出取饮品环节的对话。

贝贝的饮品制作好了，营业员在叫号取饮品。

营业员：121 号，请取饮品。

贝　贝：我是 121 号。

营业员：请出示您的小票。

（贝贝把小票交给营业员。）

营业员：这是您的柠檬茶，是打包还是现在喝？

贝　贝：现在喝。

（营业员将饮品递给贝贝。）

营业员：欢迎下次光临！

拓展训练

逛街时，爸爸妈妈口渴了，你能帮他们买两大杯常温奶茶吗？

评 价

评价内容	评价结果
能听懂营业员的问话。	能 / 不能
会向营业员说出自己的要求。	能 / 不能
取饮品时会和营业员对话。	能 / 不能

训练小贴士

1. 训练材料：场景图片若干、菜单图片若干。不同区域常见的饮品店有所不同，训练者可以根据当地的实际情况选择场景图片。
2. 训练者要在情景对话模拟的过程中引导儿童理解与表达。
3. 训练者可以在日常生活中多为儿童提供买饮品的机会，鼓励儿童独立买饮品。

3.5　医院看病

儿童姓名 _____　训练者 _____　日期 _____

知识 / 能力准备　　训练目标

知识 / 能力准备
知道身体不舒服的表现有哪些。
训练目标
1. 能听懂医生关于病情的询问。
2. 能简单地描述病情。

热身训练

请你看一看图片，说一说图中的小朋友怎么了。

　　热身训练的目的是检验儿童是否了解身体不舒服的表现。如果儿童只知道生病了，但不知道症状表现，比如肚子疼、发烧等，就需要帮助儿童学习这项内容。

········· 对话训练 ·········

感冒了

训练要点

1. 能听懂医生关于病情的询问。
2. 能简单地描述病情。

训练方法

1. 训练者示范医生和贝贝的对话，要求儿童理解对话内容。
2. 要求儿童模仿对话中贝贝的话。
3. 模拟看病的情景，让儿童简单描述病情。

贝贝生病了，去医院看病。挂号后在门诊候诊。等叫到自己的名字后，她进入诊室就诊。

贝贝：医生你好。

医生：你好，哪里不舒服？

贝贝：我觉得头痛，还咳嗽、流鼻涕。

医生：这些症状是从什么时候开始的？

贝贝: 今天早上起床后就觉得不舒服。

医生: 量过体温吗？有没有发烧？

贝贝: 在家量过体温，37度。

医生: 可能感冒了。来，张大嘴巴，让我看看喉咙。

贝贝:（张大嘴巴）啊——

医生: 喉咙发炎了，回家多喝水，注意休息，饮食清淡一些。我再给你配点药，按要求用药。

贝贝: 谢谢医生！

肚子疼

训练要点

1. 能听懂医生关于病情的询问。
2. 能简单地描述病情。

训练方法

1. 训练者示范医生和明明的对话，要求儿童理解对话内容。
2. 要求儿童模仿对话中明明的话。
3. 模拟看病的情景，让儿童简单描述病情。

明明拉肚子了，他去医院看病。挂号后在门诊候诊。等叫到自己的名字后，他进入诊室就诊。

明明: 医生你好。

医生: 明明你好，哪里不舒服？

明明：我拉肚子了。

医生：是什么时候开始的？几次了？

明明：今天早上就开始觉得不舒服。拉过一次肚子。

医生：有呕吐吗？

明明：没有呕吐。

医生：早上吃了什么？

明明：昨晚的剩饭。

医生：疑似肠胃炎，回家注意休息，饮食清淡一些。我再给你配点药，按要求用药。

明明：谢谢医生！

医生：这是处方单，请拿好。再见！

明明：医生再见！

拓展训练

早上起床后，你觉得身体无力，四肢酸痛，好像生病了。请妈妈扮演医生，你扮演病人，模拟就医过程。

评 价

评价内容	评价结果
能听懂医生关于病情的询问。	能 / 不能
能简单地描述病情。	能 / 不能

训练小贴士

1. 可以允许儿童用动作辅助描述病情。
2. 对话训练的重点在于听懂对方的问话。如果训练过程中遇到困难，请先检验儿童是否能听懂对方的问题。
3. 训练者要在情景对话中引导儿童理解与表达。

3.6 医院挂号、取药

儿童姓名 _____ 训练者 _____ 日期 _____

知识 / 能力准备　　训练目标

知识 / 能力准备
认识医院的主要场所，比如挂号处、门诊室、取药处等。

训练目标
1. 听懂挂号时医务人员的问话，会使用挂号时的常用语。
2. 听懂取药时医务人员的问话，会使用取药时的常用语。
3. 能用复述的方式确认听到的信息。

热身训练

请你看一看，指出哪张图中是挂号处，哪张图中是取药处。

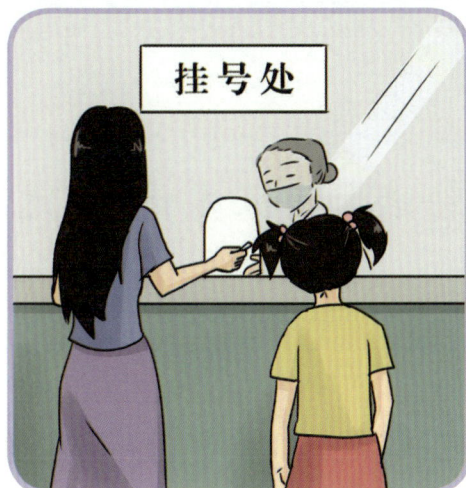

训练建议

　　热身训练的目的是检验儿童是否认识医院的主要场所。如果儿童尚不认识，训练者要帮助儿童学习该内容。

对话训练

医院挂号

训练要点

1. 能听懂挂号时医务人员的问话。
2. 会使用挂号时的常用语。

训练方法

1. 训练者示范医务人员和贝贝的对话，要求儿童理解对话内容。
2. 要求儿童模仿对话中贝贝的话。
3. 模拟医院挂号的情景，让儿童正确表达挂号的需求。

贝贝在家人的陪同下来到医院挂号处。

贝　　贝：你好，我要挂内科。

医务人员：好的。请把社保卡给我，医保支付 19 元，自费 6 元。

贝　　贝：好。

医务人员：这是您的挂号单，请至二楼内科门诊就诊。

贝　　贝：谢谢！

医院取药

训练要点

1. 能听懂取药时医务人员的问话。
2. 会使用取药时的常用语。
3. 能用复述的方式确认听到的信息。

训练方法

1. 训练者示范医务人员和贝贝的对话，要求儿童理解对话内容。
2. 要求儿童模仿对话中贝贝的话。
3. 模拟医院取药的情景，让儿童正确表达取药的需求。

就诊后，贝贝在家人的陪同下，拿着处方单来到取药处。

贝　　贝：你好，我要取药。

医务人员：请把社保卡和处方单给我。

贝　　贝：好的。

医务人员：这是你的药，每天早晚各一次，饭后服药。

贝　　贝：早饭后吃一次，晚饭后吃一次，对吗？

医务人员：是的。

贝　　贝：谢谢！

拓展训练

你学会在医院挂号、取药了吗？请你和老师或爸爸妈妈模拟在医院挂号、取药的过程。

133

评　价

评价内容	评价结果
能听懂挂号时医务人员的问话。	能 / 不能
会使用挂号时的常用语。	能 / 不能
能听懂取药时医务人员的问话。	能 / 不能
会使用取药时的常用语。	能 / 不能
能用复述的方式确认听到的信息。	能 / 不能

训练小贴士

1. 训练材料：挂号单、处方单各一份。训练者可以在日常生活中留意收集。
2. 训练者要在情景模拟对话的过程中，引导儿童理解与表达。

3.7 公园购票

儿童姓名 _____ 训练者 _____ 日期 _____

知识 / 能力准备　　训练目标

知识 / 能力准备

知道公园的常见游乐项目有哪些。

训练目标

能清楚地说出要购买的游乐项目门票和门票数量。

🧍 **热身训练**

公园里有好多好玩的游乐项目啊！你能说出这些游乐项目的名称吗？你玩过哪些游乐项目？

训练建议

　　热身训练的目的是检验儿童是否知道常见的游乐项目有哪些，为后续的训练奠定基础。如果儿童尚未具备该能力，训练者要帮助儿童学习这项内容。

对话训练

训练要点

　　能清楚地说出要购买的游乐项目门票和门票数量。

训练方法

　　1. 训练者示范售票员和贝贝的对话，要求儿童理解对话内容。

　　2. 要求儿童模仿对话中贝贝的话。

　　3. 模拟买票的情景，让儿童清楚地说出要购买的游乐项目门票和门票数量。

买过山车门票

六月一日是儿童节，妈妈决定带贝贝去游乐园玩。贝贝和妈妈来到售票厅。

售票员：你好，请问需要什么游乐项目的门票？

贝　贝：你好，我要买过山车的门票。

售票员：要买几张呢？

贝　贝：2张。

售票员: 好的。我和你确认一下, 过山车门票 2 张, 对吗?

贝　贝: 对的。

售票员: 一共 20 元。

贝　贝: 好的。

买摩天轮门票

贝贝还想玩摩天轮, 决定再买 2 张摩天轮的门票。

售票员: 你好, 请问要买什么游乐项目的门票?

贝　贝: 你好, 我要买 2 张摩天轮的门票。

售票员: 好的。2 张摩天轮门票, 请付款 30 元。

贝　贝: 好的。

•••••••• ↗ **拓展训练** ••••••••

你学会购买门票了吗? 请你看一看下面的信息, 然后和家长、老师或同学进行一次购买门票的模拟游戏。

项目	人数	总价
旋转木马	3 人	30 元

评　价

评价内容	评价结果
能清楚地说出要购买的游乐项目门票和门票数量。	能 / 不能

训练小贴士

1. 训练材料：公园游乐项目清单一份。家长可以在日常生活中留意收集或自制。

2. 训练者在开展对话训练的过程中要引导儿童理解与表达。

3. 训练者在日常生活中要多为儿童创设机会，并让儿童拥有真实的购买门票的体验，鼓励儿童大胆表达。

3.8 公园求助

儿童姓名 _____ 训练者 _____ 日期 _____

知识/能力准备   训练目标

知识/能力准备

知道遇到困难时可以去公园的何处求助。

训练目标

1. 能听懂公园工作人员的问话。
2. 能说清楚自己和家人的基本信息。

········· **热身训练** ·········

在公园里,贝贝和妈妈走散了。请你想一想,贝贝应该去哪里寻求帮助?

    A. 公共厕所   B. 公园问讯处

    C. 自动售货机   D. 游客服务中心

训练建议

    热身训练的目的是检验儿童是否知道如何找到公园工作人员。如果儿童尚未具备该能力,训练者要帮助儿童学习这项内容。

对话训练

训练要点

1. 能听懂公园工作人员的问话。
2. 能说清楚自己的姓名和基本信息。

训练方法

1. 训练者示范公园工作人员和贝贝的对话，要求儿童理解对话内容。
2. 要求儿童模仿对话中贝贝的话。
3. 模拟请求帮助的情景，让儿童说清楚自己的姓名和基本信息。

求助：寻找家长

贝贝来到公园的游客服务中心，找到工作人员寻求帮助。

贝　　贝：阿姨，你好！

工作人员：你好，请问有什么需要帮助的？

贝　　贝：我和妈妈走散了。

工作人员：好的，我帮你通过广播找妈妈，你叫什么名字？

贝　　贝：我叫贝贝。

工作人员：好的。

（贝贝妈妈听到广播后，来到服务中心与贝贝会合。）

求助：寻找老师

明明跟着班级来公园秋游。他和同学、老师走散了，于是来到公园问讯处寻求帮助。

明　　明：阿姨，你好！

工作人员：你好，请问有什么需要帮助的？

明　　明：我和老师、同学走散了。

工作人员：好的，我帮你通过广播找一下，你叫什么名字？

明　　明：我叫明明。

工作人员：明明，你是哪个学校的？你是哪个班级的？

明　　明：我的学校是××××学校，我的班级是四年级（2）班。

工作人员：好的，请稍等。

（听到广播，班主任老师很快就来到问讯处找到了明明。）

拓展训练

你学会求助了吗？假如你在商场里和爸爸妈妈走散了，你会怎么寻求帮助？

评 价

评价内容	评价结果
能听懂公园工作人员的问话。	能 / 不能
能说清楚自己的姓名和基本信息。	能 / 不能

训练小贴士

1. 训练材料：公园地图一份。家长可以在日常生活中留意收集。
2. 训练者在开展对话训练的过程中要引导儿童理解与表达。
3. 训练者在日常生活中要多为儿童创设沟通的机会，鼓励儿童大胆表达。

3.9 物业报修

儿童姓名 _____ 训练者 _____ 日期 _____

知识 / 能力准备　　　　训练目标

知识 / 能力准备

知道发生哪些情况可以向小区物业公司打电话报修。

训练目标

1. 能听懂物业公司工作人员的问话。
2. 会打电话向物业公司报修。

热身训练

请你想一想，发生哪些情况可以向小区物业公司打电话报修？

（1）家里的水管漏水了。

（2）楼道里的灯不亮了。

（3）家里的空调坏了。

（4）家里突然停电了。

（5）电梯坏了。

（6）手机坏了。

训练建议

热身训练的目的是检验儿童能否清楚地说出小区物业公司的报修电话、自己的家庭住址和物业公司名称。如果儿童无法做到，训练者要先让儿童学习这些内容。

对话训练

训练要点

1. 能听懂物业公司工作人员的问话。
2. 会打电话向物业公司报修。

训练方法

1. 训练者示范物业公司工作人员和贝贝的对话，要求儿童理解对话内容。
2. 要求儿童模仿对话中贝贝的话。
3. 模拟打电话向物业公司报修的情景，让儿童正确说出需要解决的问题。

家里的下水道堵住了

贝贝一个人在家，她发现家里的下水道堵塞了，便打电话向物业公司报修。

贝　贝: 我是住在 5 号楼 601 的业主，我家的下水道堵塞了，请派人来修一下。

工作人员: 好的，我们会安排工作人员为你上门维修的。

贝　贝: 谢谢，再见！

楼道里的感应灯不亮了

贝贝发现楼道里的感应灯不亮了，她打电话向物业公司报修。

贝　　贝：您好，请问是物业公司吗？

工作人员：是的，请问有什么可以帮助你？

贝　　贝：我是居住在 7 号楼的业主，我们五楼楼道里的感应灯不亮了，我要报修。

工作人员：好的，我们会安排工作人员来检修的。

贝　　贝：谢谢！

拓展训练

如果你发现家里的水龙头坏了，要打电话向物业公司报修，应该怎么说？请你试一试。

评　价

评价内容	评价结果
能听懂物业公司工作人员的问话。	能 / 不能
会打电话向物业公司报修。	能 / 不能

145

训练小贴士

1. 训练材料：两部电话机或两部手机。
2. 说出需要报修的问题是对话训练的重点和难点，训练者可以根据实际情况引导儿童进行练习。
3. 训练者要在情景对话中引导儿童理解与表达。

3.10 收取快递

儿童姓名 _____ 训练者 _____ 日期 _____

知识 / 能力准备 　　训练目标

知识 / 能力准备

1. 知道家人的姓名，能说出其手机号码。

2. 能找出寄件码和收件码。

3. 认识自己小区的快递驿站，能独立前往并返回。

4. 寄快递时，能把要寄的包裹交给快递员。

训练目标

1. 快递员上门送件时，能听懂快递员的问话并作出回应，会核对收件人并收取包裹。

2. 快递员上门取件时，能听懂快递员的问话并作出回应，能说出寄件码并将包裹交给快递员。

3. 在快递驿站取件时，能与工作人员有效沟通，能说出取件码或电话号码进行取件。

🧍 **热身训练**

想一想，说一说

1. 你叫什么名字？你的爸爸妈妈叫什么名字？请你说出爸爸妈妈的手机号码。

2. 请查看收取快递的提示信息，如果让你去取这个快递，你会去哪里取？取件码是什么？

取件提醒 ☆

中国邮政

5-5-5009
取件码

快递单号　　　　取件地址
尾号8951　　　　快递驿站

联系电话　　　　快递公司
1872166****　　邮政

查看原文　　联系快递　　回复

3. 请查看收取快递的提示信息，如果让你去取这个快递，你会去哪里取？取件码是什么？

> 您的快递包裹已到韶山路245弄18号102小象驿站，凭取件码296046来取。如有问题，请联系1823848****。

4. 这是寄快递的提示信息，寄件码是什么？快递员来取件时，你会怎么做？

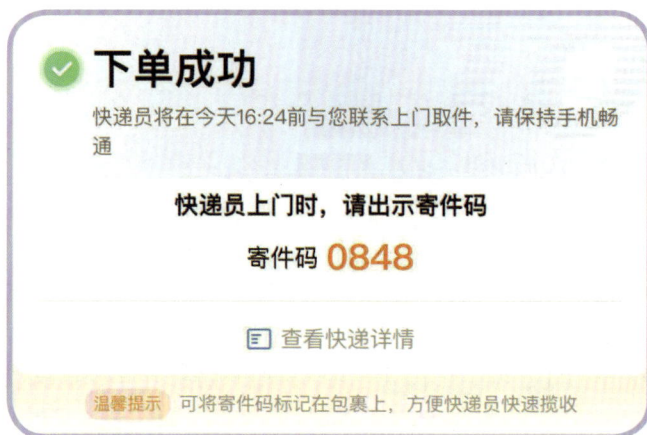

✓ **下单成功**

快递员将在今天16:24前与您联系上门取件，请保持手机畅通

快递员上门时，请出示寄件码

寄件码 **0848**

▣ 查看快递详情

温馨提示 可将寄件码标记在包裹上，方便快递员快速揽收

训练建议

　　热身训练的目的检验儿童是否知道家人的姓名，能否在提示信息中找出寄件码或取件码，是否认识自己小区的快递驿站。如果儿童不能做到，那么训练者要先让儿童学习这些内容。

收快递——快递员上门送件

训练要点

1. 在快递员上门送件时，能听懂快递员的问话，并作出回应。
2. 在快递员上门送件时，能核对收件人姓名并收取包裹。

训练方法

1. 训练者示范快递员和贝贝的对话，要求儿童理解对话内容。
2. 要求儿童模仿对话中贝贝的话。
3. 模拟快递员上门送件的情景，让儿童对快递员的问话作出回应。

贝贝一个人在家，妈妈说今天有一个快递会到，请贝贝收一下。

（敲门声：咚咚咚。）

贝　贝：请问你是谁？

快递员：送快递的。

贝　贝：请问是谁的快递？

快递员：刘女士的快递，是你们家的吗？

贝　贝：哦，是的。

（贝贝打开门，接过包裹。）

贝　贝：谢谢叔叔，再见！

快递员：再见！

店员：不客气，请问还需要别的水果吗？

贝贝：不用了。

店员：好的，请到门口收银台付款。

······ 拓展训练 ······

你学会买水果了吗？请你试着去水果店买一些自己爱吃的水果。

评　价

评价内容	评价结果
能听懂水果店店员的问话。	能 / 不能
买水果时会与店员对话。	能 / 不能

训练小贴士

1. 训练材料：场景图片、水果图片若干。
2. 训练者要在情景模拟对话过程中引导儿童理解与表达。
3. 建议训练者在日常生活中多为儿童创设沟通的机会，并让儿童拥有购买水果的真实体验，鼓励儿童大胆表达。

3.12 加工水果

儿童姓名 _____ 训练者 _____ 日期 _____

知识 / 能力准备　　　训练目标

知识 / 能力准备

知道常见水果的食用方式。

训练目标

1. 能听懂水果店店员的问话。
2. 加工水果时会与水果店店员对话。

热身训练

　　明明在水果店买了一些水果，请你看一看，这些水果能直接吃吗？如果不能，需要怎么做？

训练建议

　　热身训练的目的是检验儿童是否知道如何加工水果，为后续的训练做好知识准备。如果儿童尚不知道，训练者要帮助儿童学习这项内容。

• • • • • • • • • • • • • • • 🗣 **对话训练** • • • • • • • • • • • •

加工菠萝

训练要点

1. 听懂水果店店员关于加工水果的问话。
2. 表达将水果去皮的要求。

训练方法

1. 训练者示范水果店店员和贝贝的对话，要求儿童理解对话内容。
2. 要求儿童模仿对话中贝贝的话。
3. 模拟购买水果的情景，让儿童表达将水果去皮的要求。

贝贝买了一个菠萝，想请店员削皮。

贝贝：你好！能帮我把菠萝的皮削了吗？

店员：好的，请稍等！

店员：要把菠萝叶子切掉吗？

贝贝：切掉吧。

（店员把切好的菠萝装袋，递给贝贝。）

店员：这是你的菠萝。欢迎下次再来。

贝贝：谢谢！再见！

加工哈密瓜

训练要点

1. 听懂水果店店员关于加工水果的问话。
2. 表达将水果切块的要求。

训练方法

1. 训练者示范水果店店员和明明的对话，要求儿童理解对话内容。
2. 要求儿童模仿对话中明明的话。
3. 模拟要求加工水果的情景，让儿童表达将水果切块的要求。

明明买了一个哈密瓜，想请店员帮忙把哈密瓜切成小块。

明明：你好！能帮我把哈密瓜切成小块吗？

店员：好的，请稍等。

店员：是现在吃，还是装在盒子里？

明明：装在盒子里吧。

（店员把切好的哈密瓜递给明明。）

店员：这是你的哈密瓜。欢迎下次再来。

明明：谢谢！再见！

拓展训练

你学会了关于加工水果的对话吗？请你和家长、老师或同学进行一次加工水果的情景模拟练习。

水果名	具体要求
甘蔗	削皮，切段

评价

评价内容	评价结果
能听懂水果店店员的问话。	能 / 不能
加工水果时会与水果店店员对话。	能 / 不能

训练小贴士

1. 训练材料：场景图片、水果图片若干。
2. 训练者要在情景模拟对话过程中引导儿童理解与表达。
3. 建议训练者在日常生活中多为儿童创设沟通的机会，鼓励儿童大胆表达。

3.13 买文具

儿童姓名 _____ 训练者 _____ 日期 _____

知识 / 能力准备　　训练目标

知识 / 能力准备

1. 认识文具店。
2. 认识常用的文具。

训练目标

1. 能听懂文具店店员的问话。
2. 买文具时会与文具店店员进行对话。

热身训练

看一看，说一说

1. 看一看图片，找一找哪家是文具店。

2. 看一看图片,找一找哪些是文具。

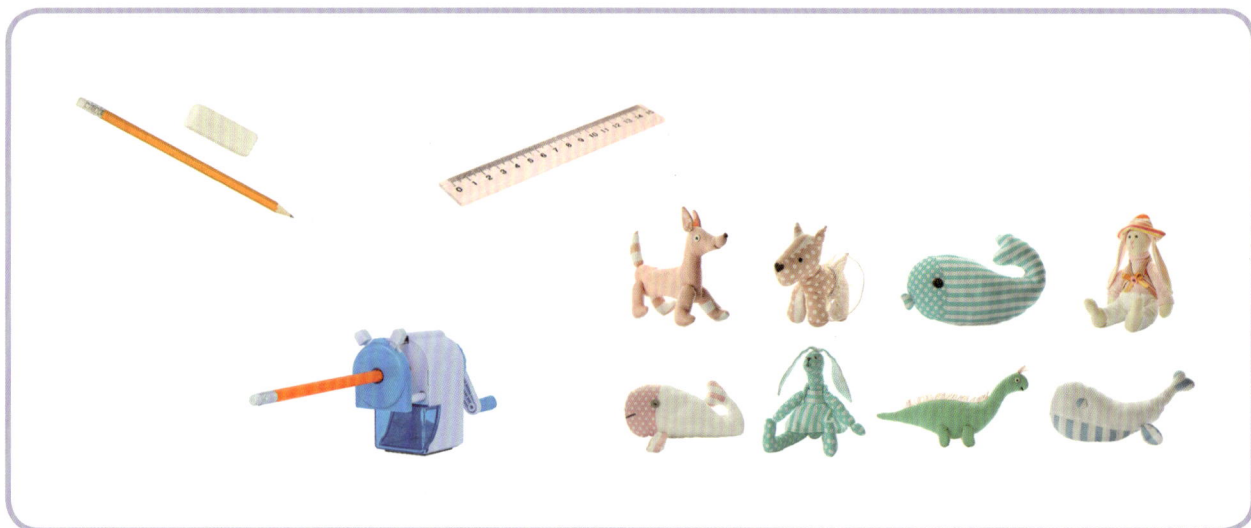

训练建议

　　热身训练的目的是检验儿童是否认识文具店及常用文具。如果儿童不认识,训练者要帮助儿童学习这项内容。

对话训练

训练要点

1. 能听懂文具店店员的问话。
2. 买文具时会与文具店店员进行对话。

训练方法

1. 训练者示范文具店店员和贝贝的对话,要求儿童理解对话内容。
2. 要求儿童模仿对话中贝贝的话。
3. 模拟购买文具的情景,让儿童使用买文具时的常用语。

在文具店买铅笔

店员: 你好, 小朋友, 你想买什么?

贝贝: 我想买 HB 铅笔。

店员: HB 铅笔 5 角钱一支。

贝贝: 好的, 我要买两支。

店员: 一共 1 元钱。还需要其他文具吗?

贝贝: 不需要了, 谢谢!

（店员收了钱, 把两支铅笔递给贝贝。）

店员: 铅笔请拿好, 欢迎下次光临。

在文具店买橡皮

贝贝的橡皮用完了, 她再次来到文具店。

店员: 小朋友, 你想买什么?

贝贝: 我想买一块橡皮。

店员: 有 1 元的和 2 元的两种橡皮, 你想买哪一种?

贝贝: 我要 2 元钱的橡皮。

店员: 买几块?

贝贝: 一块, 谢谢!

（店员收了钱, 把橡皮递给贝贝。）

店员: 橡皮请拿好, 欢迎下次光临。

拓展训练

你会购买文具吗？请你和老师或爸爸妈妈模拟买文具的情景。

1. 需要一把20厘米长的直尺。
2. 需要一支黑色水笔。
3. 需要一把手工剪刀。

评　价

评价内容	评价结果
能听懂文具店店员的问话。	能 / 不能
买文具时会与文具店店员进行对话。	能 / 不能

训练小贴士

1. 训练材料：直尺、铅笔和橡皮。
2. 训练者要在情景对话中引导儿童理解与表达。

3.14 买花

儿童姓名 _____ 训练者 _____ 日期 _____

知识 / 能力准备　　训练目标

知识 / 能力准备

会询问鲜花的名称和售价。

训练目标

1. 买花时,能听懂花店店员的问话。
2. 能说清楚需要购买的鲜花的名称、数量和颜色。

热身训练

花店里有很多漂亮的鲜花。你认识这些花吗? 请你问一问店员鲜花的名称和价格。

训练建议

热身训练的目的是检验儿童能否就鲜花的名称和售价进行提问。如果儿童尚不能做到，训练者要帮助儿童学习这些内容。

●●●●●●●●●● **对话训练** ●●●●●●●●●●

买向日葵

训练要点

能说清楚需要购买的鲜花的名称和数量。

训练方法

1. 训练者示范花店店员和贝贝的对话，要求儿童理解对话内容。
2. 要求儿童模仿对话中贝贝的话。
3. 模拟购买鲜花的情景，让儿童说清楚需要购买的鲜花的名称和数量。

过年啦！妈妈让贝贝去花鸟市场买一束鲜花装饰客厅。

店员：你好，请问想要什么花？

贝贝：请问这是什么花？多少钱一支？

店员：这是向日葵，6元一支。

贝贝：我要5支向日葵。

店员：好的，这5支可以吗？

贝贝：可以的。

店员：好的，谢谢惠顾！

买百合花

训练要点

能说清楚需要购买的花卉的名称、数量和颜色。

训练方法

1. 训练者示范花店店员和明明的对话，要求儿童理解对话内容。
2. 要求儿童模仿对话中明明的话。
3. 模拟购买鲜花的情景，让儿童说清楚需要购买的鲜花的名称、数量和颜色。

妈妈让明明去花鸟市场买一束鲜花。

明明：你好，我想买花。

店员：好的。请问你想要什么花？

明明：我要买百合花，请问多少钱一支？

店员：白色的8元一支，粉色的10元一支。

明明：我要3支粉色的百合花。

店员：好的，这3支可以吗？

明明：可以的。

店员：好的，谢谢惠顾！

拓展训练

你会购买鲜花吗？请你先看一看下面这张购物单，然后进行购买鲜花的情景模拟练习。

花卉	数量
玫瑰	10 支
康乃馨	8 支

评 价

评价内容	评价结果
能听懂花店店员的问话。	能 / 不能
能清楚地说出需要购买的鲜花的品种、数量和颜色。	能 / 不能

训练小贴士

1. 训练材料：仿真花卉、花瓶，或者花卉的图片。
2. 训练重点是让儿童掌握买花时的常用语，如果在实际训练中儿童无法说出花卉名称，也可以让其用手指出。

3.15 去理发店

儿童姓名 _____ 训练者 _____ 日期 _____

知识 / 能力准备　　　训练目标

知识 / 能力准备
1. 认识理发店。
2. 知道什么情况下需要去理发。

训练目标
1. 能听懂理发师的问话。
2. 能向理发师说明洗头发或理发的需求。

热身训练

看一看，说一说

1. 请你看图片，找出哪个是理发店。

2. 请你看图片，找出哪个小朋友需要去理发。

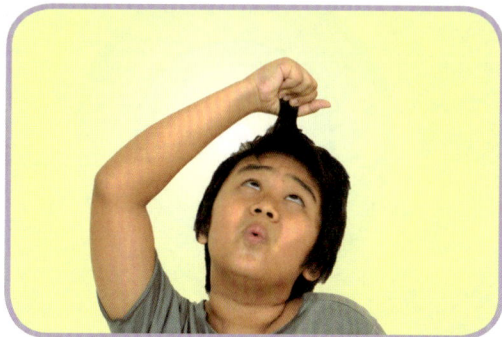

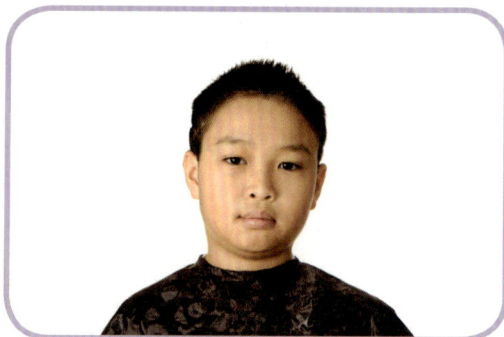

训练建议

　　热身训练的目的是检验儿童是否认识理发店，是否知道什么情况下需要去理发。如果儿童尚未具备这些能力，训练者要帮助儿童学习这项内容。

对话训练

洗发

训练要点

1. 听懂理发师的问话。
2. 向理发师说明洗头发的需求。

训练方法

1. 训练者示范理发师和贝贝的对话，要求儿童理解对话内容。
2. 儿童模仿对话中贝贝的话。
3. 模拟在理发店洗头发的情景，引导儿童向理发师说明洗头发的需求。

贝贝来到理发店。

理发师: 您好, 您是来剪头发的吗?

贝　贝: 不是, 我来洗头发。

理发师: 您想干洗还是水洗?

贝　贝: 水洗就可以了。

理发师: 好的, 请跟我来。

理发

训练要点

1. 听懂理发师的问话。
2. 向理发师说明理发的需求。

训练方法

1. 训练者示范理发师和贝贝的对话, 要求儿童理解对话内容。
2. 儿童模仿对话中贝贝的话。
3. 模拟在理发店理发的情景, 让儿童向理发师说出理发的需求。

贝贝来到理发店。

理发师: 您好, 您是来剪头发的吗?

贝　贝: 是的。

理发师: 您想剪什么样的发型呢?

贝　贝: 剪短一些, 现在的头发太长太多了。

理发师: 好的，那我帮您打薄一点，稍微剪短一点，可以吗？

贝 贝: 嗯，好的。

・・・・・・・ 拓展训练 ・・・・・・・・・・

弟弟的头发长了，需要理发，你能陪弟弟一起去理发店，并向理发师说出弟弟需要理发的要求吗？

评 价

评价内容	评价结果
能听懂理发师的问话。	能 / 不能
能向理发师说明洗头发或理发的需求。	能 / 不能

训练小贴士

1. 训练材料: 场景图片若干。
2. 训练者要在情景模拟对话的过程中引导儿童理解与表达。
3. 训练者可以多利用日常生活中去理发店的机会，让儿童多练习。

3.16 公交车问询

儿童姓名 _____ 训练者 _____ 日期 _____

知识 / 能力准备	训练目标

知识 / 能力准备

1. 知道在公交车上可以向司机或售票员问询。
2. 能听懂公交车上的报站。

训练目标

1. 会向公交车司机或售票员问询目的地的相关信息。
2. 能听懂公交车司机或售票员的回答。

热身训练

看一看，说一说

1. 请你看一看，图中是几路公交车？

2. 听一听公交车的报站，你知道下一站是哪里吗？请你说一说。

（1）下一站，石泉路岚皋路，请需要下车的乘客做好准备。

（2）下一站，人民广场站，请需要下车的乘客做好准备。

（3）下一站，儿童乐园站，请需要下车的乘客做好准备。

训练建议

　　热身训练的目的是检验儿童是否知道乘坐公交车需要帮助时可以向司机或售票员问询，以及能否听懂公交车的报站信息。如果儿童不能做到，训练者要帮助儿童学习这些内容。

对话训练

问询是否到达目的地

训练要点

会问询公交车是否前往目的地。

训练方法

1. 训练者示范公交车司机和贝贝的对话，要求儿童理解对话内容。

2. 要求儿童模仿对话中贝贝的话。

3. 模拟在公交车上问询的情景，让儿童正确问询车辆是否到达目的地。

星期天，贝贝和妈妈要乘坐 876 路公交车去少年城参加活动。

贝贝：叔叔，你好！请问这辆车到少年城吗？

司机：到的，赶快上车吧！

贝贝：好的，谢谢！

问询目的地车站站名

训练要点

会问询目的地对应的车站站名。

训练方法

1. 训练者示范公交车司机和贝贝的对话，要求儿童理解对话内容。
2. 要求儿童模仿对话中贝贝的话。
3. 模拟在公交车上问询的情景，让儿童正确问询目的地的站名。

贝贝要去少年城，可是她不知道在哪一站下车。

贝贝：叔叔，我要到少年城，应该在哪一站下车？

司机：你可以在枣阳路杏山路站下车。

贝贝：还有几站呢？

司机：还有 7 站。

贝贝：哦！叔叔，到站时请你提醒我，好吗？

司机：好的！放心吧，小朋友！

贝贝：谢谢叔叔！

拓展训练

你会乘坐公交车吗？请你和家长、老师或同学乘坐一次公交车，并看一看下面的目的地信息，进行情景模拟练习。

目的地
长风公园
宜川影城
上海马戏城

评　价

评价内容	评价结果
会向公交车司机或售票员问询公交车是否前往目的地。	能 / 不能
会向公交车司机或售票员问询目的地对应的车站站名。	能 / 不能
能听懂公交车司机或售票员的回答。	能 / 不能

训练小贴士

1. 训练者要在对话训练过程中引导儿童理解与表达。
2. 本篇的训练重点是问询公交车司机或售票员目的地，并听懂他们的回答。
3. 训练者要鼓励儿童大胆地表达，并注意讲话自然大方、有礼貌。
4. 训练者在日常生活中要有意识地引导儿童熟悉公交车、公交站牌和公交站。

3.17 地铁买票

儿童姓名 _____ 训练者 _____ 日期 _____

知识 / 能力准备　训练目标

知识 / 能力准备

1. 知道地铁有不同的站名，能复述听到的站名。
2. 知道乘坐地铁需要买票。

训练目标

1. 能听懂地铁工作人员关于购买地铁票的问话。
2. 能说清楚购买地铁票的相关信息，包括目的地和车票数。

热身训练

请你仔细听，然后说出听到的地铁站名。

- 火车站
- 人民广场站
- 国际机场站
- 少儿图书馆站
- 迪士尼站

训练建议

　　在热身训练中，训练者报站名，要求儿童重复，检验儿童是否有一定的听辨和记忆能力。如果儿童听辨能力较弱，不能捕捉关键信息，则需要先进行相关练习。

对话训练

训练要点

能说清楚前往的目的地和所需车票数。

训练方法

1. 训练者示范地铁工作人员和贝贝的对话，要求儿童理解对话内容。
2. 要求儿童模仿对话中贝贝的话。
3. 模拟购买地铁车票的情景，让儿童清楚地说出购买车票的目的地和张数。

星期天，贝贝和妈妈想坐地铁去中山公园玩，他们来到地铁站售票处买票。

贝　　贝：你好，我要买车票。

工作人员：好的。你要买去哪里的车票？

贝　　贝：我要去中山公园。

工作人员：买几张？

贝　　贝：2 张。

工作人员：一共是 6 元，请付款。

（贝贝递给工作人员 6 元。）

工作人员：这是 2 张车票，请拿好！

贝　　贝：谢谢！再见！

· · · · · · · · · · · · · · · · 拓展训练 ·

你会在地铁服务中心购买车票吗？请你看看下面的信息，然后模拟购买地铁票的情景。

目的地	购票数量
上海体育场	4 张
上海火车站	3 张

评　价

评价内容	评价结果
能听懂地铁工作人员关于购买地铁票的问话。	能 / 不能
能使用购买地铁票时的常用语。	能 / 不能

训练小贴士

1. 购买地铁票时，如果儿童存在认读汉字的障碍，可以让其在路线图上指出目的地，也可以让其用手势来表示购票数量。

2. 对话训练的重点在于听懂地铁站工作人员的问话。如果在训练中遇到困难，请先检验儿童是否能听懂对方的问题。

3.18 地铁换乘

儿童姓名 _____ 训练者 _____ 日期 _____

知识 / 能力准备　　训练目标

知识 / 能力准备

1. 知道可以乘坐地铁出行。
2. 能辨别地铁工作人员，知道遇到哪些事可以请地铁工作人员帮忙。

训练目标

1. 能向地铁工作人员说清楚目的地和换乘需求。
2. 能听懂地铁工作人员的回答。

热身训练

请你看一看图片，找出谁是地铁工作人员。

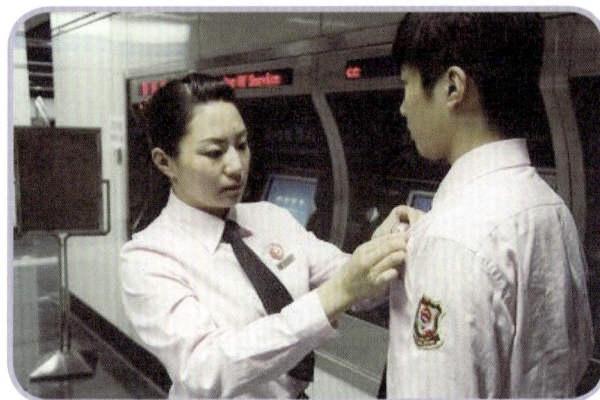

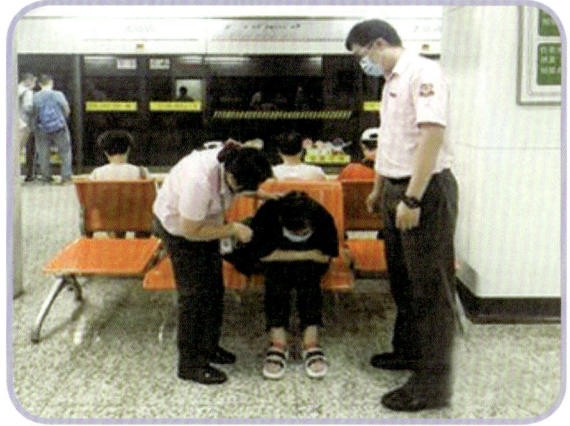

训练建议

　　热身训练的目的是检验儿童能否辨别地铁工作人员。如果儿童不能做到，训练者要帮助儿童学习这项内容。

对话训练

问询换乘方案

训练要点

　　能向地铁工作人员说清楚目的地，会问询如何换乘。

训练方法

1. 训练者示范地铁工作人员和贝贝的对话，要求儿童理解对话内容。
2. 要求儿童模仿对话中贝贝的话。
3. 模拟乘坐地铁的情景，让儿童说清楚换乘需求。

贝贝家住上海大学附近。星期天，她和妈妈准备乘坐地铁去中山公园，可是不知道应该乘坐哪条线路，于是来到地铁服务中心询问。

贝　　贝：你好，我想去中山公园，请问应该乘坐哪条地铁线？

工作人员：可以先乘坐 7 号线，再换乘 3 号线或 4 号线到中山公园站。

贝　　贝：在哪一站换乘呢？

工作人员：7 号线镇坪路站下，同站换乘 3 号线或 4 号线。

贝　　贝：好的，谢谢！再见！

问询换乘通道

训练要点

能向地铁工作人员说清楚目的地，会问询如何换乘。

训练方法

1. 训练者示范地铁工作人员和贝贝的对话，要求儿童理解对话内容。
2. 要求儿童模仿对话中贝贝的话。
3. 模拟乘坐地铁的情景，让儿童说清楚换乘需求。

镇坪路站到了，贝贝下地铁后不知道怎么换乘 3 号线。于是，她找到地铁站台的工作人员。

贝　　贝：你好，我想换乘 3 号线，请问应该怎么走？

工作人员：你要到哪里去？

贝　　贝: 中山公园。

工作人员: 走换乘通道，然后从左边的楼梯上去就是往中

山公园方向的 3 号线。

贝　　贝: 好的，谢谢！再见！

・・・・・・・・・・・・・・・ 拓展训练 ・・・・・・・・・・・・・

你会向地铁工作人员询问换乘线路吗？请你看一看下面的出发地和目的地信息，然后和家长、老师或同学开展一次地铁换乘的情景模拟练习。

出发地	目的地
人民广场	迪士尼乐园
中山公园	世纪公园

评　价

评价内容	评价结果
能向地铁工作人员说清楚目的地。	能 / 不能
能向地铁工作人员说清楚换乘需求。	能 / 不能
能听懂地铁工作人员的回答。	能 / 不能

训练小贴士

1. 训练者在对话训练过程中要引导儿童理解与表达。

2. 本篇的训练重点是让儿童学会向地铁工作人员询问如何换乘地铁，并听懂地铁工作人员的回答。

3. 训练者要鼓励儿童大胆表达，并注意讲话自然大方、有礼貌。

4. 训练者在日常生活中要有意识地引导儿童熟悉地铁线路、地铁站和地铁工作人员。

3.19 地铁问询

儿童姓名 _____ 训练者 _____ 日期 _____

知识 / 能力准备　　训练目标

知识 / 能力准备

1. 能听懂并说出地铁线路名称、站名等。
2. 知道在地铁站内需要帮助的时候可以向他人问询。

训练目标

1. 会使用在地铁站问询时的常用语。
2. 问询后能听懂他人的回答。

热身训练

请你听一听，然后说一说小朋友要乘坐地铁几号线，在哪一站下车，从几号口出站。

1. 贝贝要乘坐地铁 1 号线，在人民路站下车，她需要从 2 号口出站。
2. 明明要乘坐地铁 3 号线，在儿童图书馆站下车，他需要从 1 号口出站。
3. 小胖要乘坐地铁 8 号线，在国际机场站下车，他需要从 5 号口出站。
4. 小红要乘坐地铁 4 号线，在汽车总站下车，她需要从 3 号口出站。

训练建议

　　热身训练的目的是检验儿童是否具备一定的听辨和记忆能力。如果儿童听辨能力比较弱，不能捕捉关键信息，训练者要先对儿童进行这项训练。

・・・・・・・・・・・・・・・　对话训练　・・・・・・・・・・・

询问乘坐方向

训练要点

会向他人询问乘坐方向。

训练方法

1. 训练者示范阿姨和贝贝的对话，要求儿童理解对话内容。
2. 要求儿童模仿对话中贝贝的话。
3. 模拟在地铁站问询的情景，让儿童询问地铁的乘坐方向。

　　贝贝刷卡进入地铁站。她看到两边都有候车区，不知道该乘坐哪个方向的地铁。旁边有一位正在等地铁的阿姨，她走过去询问。

贝贝：阿姨，您好！我想去中山公园。请问我要乘坐哪个方向的地铁？

阿姨：去中山公园的话，你应该在对面候车。

贝贝：哦！那我应该怎么到对面站台去呢？

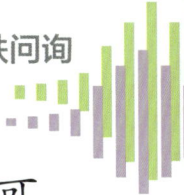

阿姨: 你先下楼, 走到对面, 再乘坐自动扶梯上去就可以了。

贝贝: 好的, 谢谢阿姨!

询问地铁出口

训练要点

能向他人询问地铁出口。

训练方法

1. 训练者示范地铁工作人员和贝贝的对话, 要求儿童理解对话内容。
2. 要求儿童模仿对话中贝贝的话。
3. 模拟在地铁站问询的情景, 让儿童询问地铁出口。

贝贝下了车, 看到地铁站有多个出口, 不知道应该从几号口出站, 于是, 她询问地铁工作人员。

贝　　贝: 叔叔, 您好! 我想去中山公园。请问我应该从几号口出站?

工作人员: 哦, 去中山公园可以从 2 号口出站。往前走, 左边就是 2 号口。

贝　　贝: 好的, 谢谢叔叔!

拓展训练

你在地铁内遇到困难时，会向他人寻求帮助吗？请你看一看下面这些情况，然后和家长、老师或同学进行地铁问询的情景模拟练习。

情景一	哎呀，一不小心乘过站了，应该怎样向别人寻求帮助？
情景二	在地铁内候车时，突然想上厕所，但是不知道厕所的位置，应该怎么办？

评 价

评价内容	评价结果
能使用地铁问询时的常用语。	能 / 不能
问询后能听懂他人的回答。	能 / 不能

训练小贴士

训练者要鼓励儿童大胆表达，并注意讲话自然大方、有礼貌。

3.20 交通卡充值

儿童姓名 _____ 训练者 _____ 日期 _____

知识 / 能力准备　　　训练目标

知识 / 能力准备
认识交通卡充值点。

训练目标
1. 给交通卡充值时，能听懂工作人员的问话。
2. 能礼貌地与工作人员对话，能说清充值金额。

热身训练

请你看一看图片，指出可以在哪里给交通卡充值。

地铁服务中心

便利店

我们可以在地铁站、便利店给交通卡充值。

训练建议

热身训练的目的是检验儿童能否分辨交通卡充值点。如果儿童不能做到，训练者要帮助儿童学习这项内容。

对话训练

交通卡充值（地铁站）

训练要点

1. 给交通卡充值时，能听懂地铁工作人员的问话。
2. 给交通卡充值时，能礼貌地与地铁工作人员对话，能说清充值金额。

训练方法

1. 训练者示范地铁工作人员和贝贝的对话，要求儿童理解对话内容。
2. 要求儿童模仿对话中贝贝的话。
3. 模拟在地铁站给交通卡充值的情景，让儿童礼貌地与工作人员对话。

贝贝的交通卡余额不足，于是她来到地铁服务中心。

贝　　贝: 您好，我需要充值。

工作人员: 请问充多少钱？

贝　　贝: 我想充 100 元。

（工作人员给贝贝的交通卡充值。）

工作人员: 卡内余额 3 元, 充值 100 元, 现在卡里有 103 元。请拿好您的卡和发票。

贝　　贝: 好的, 谢谢!

交通卡充值(便利店)

训练要点

1. 给交通卡充值时, 能听懂便利店店员的问话。
2. 给交通卡充值时, 能礼貌地与便利店店员对话, 能说清充值金额。

训练方法

1. 训练者示范便利店店员和贝贝的对话, 要求儿童理解对话内容。
2. 要求儿童模仿对话中贝贝的话。
3. 模拟在便利店给交通卡充值的情景, 让儿童礼貌地与店员对话。

贝贝的交通卡余额不足, 于是她来到便利店。

店员: 您好。

贝贝: 您好, 我想给交通卡充值。

店员: 请问充多少钱?

贝贝: 我要充 200 元。

(店员为贝贝的交通卡充值。)

店员: 卡内欠款 1 元, 充值 200 元, 现在卡里有 199 元。请拿好您的交通卡。

贝贝：好的，谢谢！

店员：欢迎下次光临。

拓展训练

请你和爸爸妈妈一起去地铁站的服务中心，试着给交通卡充值。

评　价

评价内容	评价结果
给交通卡充值时，能听懂工作人员的问话。	能 / 不能
能礼貌地与工作人员对话，能说清充值金额。	能 / 不能

训练小贴士

1. 训练材料：交通卡和现金。
2. 热身训练的重点是让儿童辨别可以在哪里给交通卡充值。
3. 训练者要在情景对话中引导儿童理解与表达。本篇的训练重点是让儿童说清充值的金额。

3.21 问路

儿童姓名 _____ 训练者 _____ 日期 _____

知识 / 能力准备 　　训练目标

知识 / 能力准备

1. 理解常用的方位词。
2. 知道一些常去的或重要的地点名称。

训练目标

1. 会使用问路时的常用语："你好,请问(哪里)怎么走?"
2. 能用复述的方式确认听到的内容。
3. 能记住对话中的关键信息。

热身训练

1. 请你听一听,指出声音方位。

（1）你的前面　　　　　（2）你的后面
（3）你的左边　　　　　（4）你的右边

2. 请你看一看图片,说说这是什么地方。

公共厕所

公园

游乐园

热身训练的目的是检验儿童能否辨认前、后、左、右四个方位。如果儿童尚未具备该能力，训练者要帮助儿童学习这项内容。

对话训练

公共厕所在哪里？

训练要点

1. 会使用问路时的常用语："你好，请问（哪里）怎么走？"
2. 能用复述的方式确认听到的内容。
3. 能记住对话中的关键信息。

训练方法

1. 训练者示范阿姨和贝贝的对话，要求儿童理解对话内容。
2. 要求儿童模仿对话中贝贝的话。
3. 模拟公园问路的情景，让儿童主动问路，然后用复述的方式确认听到的内容并记住对话中的关键信息。

贝贝和同学们在公园春游，她想上厕所，但是不知道厕所在哪里。这时，迎面走来一位阿姨，贝贝向阿姨问路。

贝贝：阿姨您好，请问公共厕所怎么走？

阿姨：往前走。

贝贝：往前走是吗？

阿姨: 是的。

贝贝: 谢谢阿姨，再见！

阿姨: 不客气！

游乐园在哪里？

训练要点

1. 会使用问路时的常用语："你好，请问（哪里）怎么走？"
2. 能用复述的方式确认听到的内容。
3. 能记住对话中的关键信息。

训练方法

1. 训练者示范保安和贝贝的对话，要求儿童理解对话内容。
2. 要求儿童模仿对话中贝贝的话。
3. 模拟公园问路的情景，让儿童主动问路，然后用复述的方式确认听到的内容并记住对话中的关键信息。

贝贝和同学想去游乐园，可是不知道游乐园在哪里。这时，贝贝看到了公园的保安。

贝贝: 叔叔您好！请问游乐园怎么走？

保安: 要去游乐园呀，先往前走，到路口后再向左转。

贝贝: 往前走，再左转，是吗？

保安: 是的。

贝贝: 谢谢叔叔！

保安: 不客气！

···········**拓展训练**··········

如果你和爸爸妈妈去公园玩，想去小卖部买冰激凌，你会向谁问路？应该怎么问呢？请你试一试。

评　价

评价内容	评价结果
会使用问路时的常用语："你好，请问（哪里）怎么走？"	能 / 不能
能用复述的方式确认听到的内容。	能 / 不能
能记住对话中的关键信息。	能 / 不能

训练小贴士

本篇训练的难点是让儿童理解指路人的回答，记住对话中的关键信息。

3.22 超市调换物品

儿童姓名 _____ 训练者 _____ 日期 _____

知识 / 能力准备　　　训练目标

知识 / 能力准备
通过问询，知道超市调换物品要去服务中心。

训练目标
1. 能听懂超市工作人员关于调换物品的问话。
2. 会表达在超市调换物品的需求。

热身训练

　　明明在超市买了一双袜子，可是回到家，他发现这双袜子一只大一只小，他想回超市调换，请你指一指，他应该去哪里调换呢？

热身训练的目的是检验儿童是否知道调换物品要去超市的服务中心。如果儿童尚未具备该能力，训练者要帮助儿童学习这项内容。

对话训练

调换拖鞋

训练要点

1. 能听懂超市工作人员有关调换物品的问话。
2. 会表达在超市调换物品的需求。

训练方法

1. 训练者示范超市工作人员和贝贝的对话，要求儿童理解对话内容。
2. 要求儿童模仿对话中贝贝的话。
3. 模拟在超市调换物品的情景，让儿童独立表达调换物品的原因及自己的要求。

妈妈在超市给贝贝买了一双拖鞋，回家后发现鞋子有点小，贝贝和妈妈来到超市服务中心。

贝　　贝：阿姨，你好！我要调换这双拖鞋。

工作人员：你为什么要调换？

贝　　贝：这双拖鞋有点小了，我想换大一码的。

工作人员：收银条有吗？

（贝贝拿出收银条递给工作人员。）

贝　　贝：阿姨，给你！

（工作人员检查商品和收银条。）

工作人员：好的！你自己去货架上重新拿一双大一码的。

（贝贝重新挑选后回到服务中心，把拖鞋递给工作人员。）

贝　　贝：阿姨，我换好了。

（工作人员确认。）

工作人员：好的，可以了。

贝　　贝：谢谢阿姨，再见！

调换裤子

妈妈在超市给明明买了一条裤子，回家后，明明发现裤子口袋脱线了，于是来到超市服务中心。

（明明把收银条和裤子递给工作人员。）

明　　明：阿姨，你好！这条裤子是妈妈昨天买的，口袋脱线了，我想换一条。

（工作人员检查商品和收银条。）

工作人员：好的，你自己去货架上重新拿一条。

（明明重新挑选后回到服务中心，把裤子递给工作人员。）

明　　明：阿姨，我换好了。

（工作人员确认。）

工作人员：好的，可以了。

明　　明：谢谢阿姨，再见！

········•　⤢　拓展训练　••••••••••

　　如果你在超市买了一袋薯片，回家发现薯片已经过期了，应该去哪里调换？你能向超市工作人员说清楚调换的原因吗？请你和爸爸妈妈模拟调换物品的情景。

评　价

评价内容	评价结果
能听懂超市工作人员关于调换物品的问话。	能 / 不能
会表达在超市调换物品的需求。	能 / 不能

训练小贴士

1. 训练材料：收银条、拖鞋和裤子。
2. 热身训练的重点是认识调换物品的地点。对话训练和拓展训练的重点是说清楚调换物品的原因和自己的要求。
3. 训练者要在情景对话中引导儿童理解与表达。

3.23 超市问询、求助

儿童姓名 _____ 训练者 _____ 日期 _____

知识 / 能力准备	训练目标

知识 / 能力准备

1. 基本能看懂超市广告单，包括商品名称、价格。
2. 基本能看懂购物单，会按购物单购物。

训练目标

1. 会使用在超市问询、求助的常用语。
2. 能听懂超市工作人员的回答。

· · · · · · · · · · · · · 热身训练 · · · · · · · · · · · · ·

看一看，说一说

1. 请你看一看这张超市广告，说一说广告单上商品的名称和对应的价格。

优选大骨 26.8 元/斤　优质瘦肉 29.8 元/斤　鲜活花甲 23.8 元/斤　新鲜红提 5.98 元/斤
白萝卜 1.38 元/斤　西红柿 3.68 元/斤　娃娃菜 1.98 元/斤　春菜 每人限购2斤 0.98 元/斤

2. 请你看一看购物单，说一说我们需要购买什么，买多少。

购物单	
商品名称	购买数量
薯片（烧烤味）	2 包
洗衣粉	1 袋
酸奶（原味）	1 箱
花生油	1 桶
拖鞋	1 双

训练建议

　　热身训练的目的是检验儿童能否看懂商品名称、价格和购物单。如果儿童不能做到，训练者要帮助儿童学习这项内容。

对话训练

找不到要买的商品

训练要点

1. 会使用在超市问询的常用语。
2. 能听懂超市工作人员的回答。

训练方法

1. 训练者示范贝贝和工作人员的对话，要求儿童理解对话内容。
2. 要求儿童模仿对话中贝贝的提问。
3. 模拟超市问询的情景，让儿童说出所需的商品，并听懂对方的回复。

贝贝拿着购物单来到超市，她想买一双拖鞋，但不知道拖鞋在哪个区域，于是，他找到了超市工作人员。

贝　　贝：阿姨，你好！请问拖鞋在哪里？

工作人员：（手指方向。）你从这边的楼梯上二楼，拖鞋在二楼的鞋帽区。

贝　　贝：好的，谢谢！

够不到高处的商品

训练要点

1. 会使用在超市求助的常用语。
2. 能听懂超市工作人员的回答。

训练方法

1. 训练者示范明明和工作人员的对话，要求儿童理解对话内容。
2. 要求儿童模仿对话中明明的话。
3. 模拟在超市求助的情景，要求儿童说出自己的需求。

明明要买一盒饼干，可是他要的饼干放在货架高处，他够不到，于是他向工作人员求助。

明　　明：阿姨，你好！你能帮我拿一下货架上的曲奇饼干吗？

工作人员：好的！

（阿姨把饼干递给明明。）

明　　明：谢谢阿姨！

✧ 拓展训练 ✧

当你在超市找不到要买的商品，或者够不到高处的商品时，你会向超市工作人员问询、求助吗？请你和家长或老师模拟在超市问询、求助的情景。

评 价

评价内容	评价结果
会使用在超市问询、求助时的常用语。	能 / 不能
能听懂超市工作人员的回答。	能 / 不能

训练小贴士

1. 训练材料：超市广告单一份、购物单一份。家长可以在日常生活中留意并收集。
2. 对话训练的重点在于使儿童听懂对方的回复，前提是儿童要理解方位词及分类的概念。

3.24 订蛋糕

儿童姓名 _____ 训练者 _____ 日期 _____

知识 / 能力准备　　　训练目标

知识 / 能力准备

1. 认识蛋糕店。
2. 能根据常见纪念日说出相关的祝福语。

训练目标

1. 预订蛋糕时，能听懂营业员关于预订蛋糕的问话。
2. 会使用订蛋糕时的常用语。

热身训练

1. 请你找一找，哪张图片是蛋糕店？

2. 请你想一想，妈妈过生日，我们应该说什么祝福语？父亲节到了，我们应该对爸爸说什么祝福语？

训练建议

热身训练的目的是检验儿童是否认识蛋糕店，能否根据不同纪念日说出祝福语。如果儿童不能做到，训练者要帮助儿童学习相关内容。

对话训练

预订生日蛋糕

训练要点

1. 预订蛋糕时，能听懂营业员的问话。
2. 会使用预订蛋糕时的常用语。

训练方法

1. 训练者示范营业员和贝贝的对话，要求儿童理解对话内容。
2. 要求儿童模仿对话中贝贝的话。
3. 模拟订蛋糕的情景，让儿童使用预订蛋糕时的常用语。

妈妈即将过生日，贝贝想给妈妈预订一个蛋糕，她走进蛋糕店。

营业员：你好！请问你需要什么？

贝 贝：你好！我要预订一个生日蛋糕。

（营业员拿出蛋糕样册。）

营业员：好的。这是蛋糕样册，请你挑选需要的蛋糕款式。

（贝贝挑选后，指着相应图片。）

贝　贝: 我要订这个蛋糕。

营业员: 你要订几寸的蛋糕?

贝　贝: 阿姨, 我家有三个人, 订几寸的蛋糕合适呢?

营业员: 8 寸的吧。

贝　贝: 好的, 给你钱。

营业员: 请问蛋糕上要写什么祝福语?

贝　贝: 写"妈妈, 祝你生日快乐!"

营业员: 你想什么时候取蛋糕?

贝　贝: 明天上午。

营业员: 好的。请留下你的姓名和电话号码。

贝　贝: 贝贝, 1380000****。

营业员: 可以了。请你明天上午 10 点凭这张取货单来取蛋糕。

贝　贝: 好的, 谢谢。再见!

预订节日蛋糕

训练要点

1. 预订蛋糕时, 能听懂营业员关于预订蛋糕的问话。
2. 会使用预订蛋糕时的常用语。

训练方法

1. 训练者示范营业员和明明的对话, 要求儿童理解对话内容。

2. 要求儿童模仿对话中明明的话。

3. 模拟订蛋糕的情景，让儿童使用预订蛋糕时的常用语。

本周末是父亲节，明明想给爸爸预订一个节日蛋糕，他走进蛋糕店。

营业员：你好！请问你需要什么？

明　明：你好！我要预订一个蛋糕。

（营业员拿出蛋糕样册。）

营业员：好的。这是蛋糕样册，请你挑选需要的蛋糕款式。

（明明挑选后，指着相应图片。）

明　明：我要订这款蛋糕。

营业员：你要订几寸的蛋糕？

明　明：阿姨，我们家有四口人，订几寸的蛋糕比较好呢？

营业员：8 寸的吧。

明　明：好的，给你钱。

营业员：请问蛋糕上要写什么祝福语？

明　明：写"父亲节快乐，爸爸我爱你！"

营业员：你什么时候要取蛋糕？

明　明：周日下午。

营业员：好的。请留下你的姓名和电话号码。

明　明：明明，1380000****。

营业员：可以了。周日下午 3 点，请你带好这张取货单来取蛋糕。

明　明：好的，谢谢。再见！

拓展训练

母亲节快到了，请你为妈妈预订一个蛋糕。

蛋糕用途	具体要求	联系方式
母亲节	10 寸巧克力蛋糕	13512345678

评 价

评价内容	评价结果
预订蛋糕时，能听懂营业员的问话。	能 / 不能
会使用预订蛋糕时的常用语。	能 / 不能

训练小贴士

1. 训练材料：场景图片、蛋糕图片若干。
2. 本训练内容需要儿童有一定的生活经验及对话基础。例如，知道适用于不同纪念日的常用祝福语，了解不同年龄段的人的生日祝福语等。训练者可以根据儿童的能力拓展相应的训练内容。
3. 训练者在日常生活中要多为儿童创设沟通的机会，并让儿童体验预订蛋糕的过程，鼓励儿童大胆地表达。

3.25 取蛋糕

儿童姓名 _____ 训练者 _____ 日期 _____

知识 / 能力准备   **训练目标**

知识 / 能力准备

能看懂取货单上的取货日期。

训练目标

1. 取蛋糕时能听懂营业员的问话。
2. 会使用取蛋糕时的常用语。

热身训练

请你看一看图片，说出取蛋糕的日期和时间。

蛋糕取货单

取货时间：1月10日下午

蛋糕取货单

取货时间：6月1日上午

训练建议

　　热身训练的目的是检验儿童能否看懂取货单上的取货日期。如果儿童不能做到,训练者要帮助儿童学习这项内容。

对话训练

取生日蛋糕

训练要点

1. 取蛋糕时能听懂营业员的问话。
2. 会使用取蛋糕时的常用语。

训练方法

1. 训练者示范营业员和贝贝的对话,要求儿童理解对话内容。
2. 要求儿童模仿对话中贝贝的话。
3. 模拟取蛋糕的情景,让儿童使用取蛋糕时的常用语。

贝贝根据蛋糕取货单上的日期和时间,来到蛋糕店取蛋糕。

贝　贝:你好! 我来取预订的蛋糕。

(拿出取货单交给营业员。)

营业员:好的,请稍等!

营业员:你要几岁的生日蜡烛?

贝　贝:今天是妈妈40岁生日,我要40岁的生日蜡烛。

211

营业员: 你要几套餐具?

贝　贝: 我家有三个人, 我要三套。

(营业员包装好蛋糕交给贝贝。)

营业员: 你的蛋糕, 欢迎下次光临。

贝　贝: 谢谢! 再见!

取节日蛋糕

训练要点

1. 取蛋糕时能听懂营业员的问话。
2. 会使用取蛋糕时的常用语。

训练方法

1. 训练者示范营业员和明明的对话, 要求儿童理解对话内容。
2. 要求儿童模仿对话中明明的话。
3. 模拟取蛋糕的情景, 让儿童使用取蛋糕时的常用语。

明明根据蛋糕取货单上的日期和时间, 来到蛋糕店取蛋糕。

明　明: 你好! 我来取预订的蛋糕。

(拿出取货单交给营业员。)

营业员: 好的, 请稍等!

营业员: 需要生日蜡烛吗?

明　明: 这是我给爸爸订的父亲节蛋糕, 不需要蜡烛。

营业员: 好的, 你要几套餐具?

明　明：我家有四个人，我要四套。

（营业员放好餐具，包装好蛋糕交给明明。）

营业员：你的蛋糕，欢迎下次光临。

明　明：谢谢！再见！

拓展训练

奶奶的七十大寿快到了，妈妈为她订了一个生日蛋糕。请你去取预订的蛋糕。

评　价

评价内容	评价结果
取蛋糕时能听懂营业员的问话。	能 / 不能
会使用取蛋糕时的常用语。	能 / 不能

训练小贴士

1. 训练材料：场景图片、取货单若干（取货时间不同）。
2. 取蛋糕时，要根据人数拿相应数量的餐具。
3. 训练者在日常生活中要多为儿童创设沟通的机会，并让儿童体验取蛋糕的过程，鼓励儿童大胆地表达。

3.26 买电影票

儿童姓名 _____ 训练者 _____ 日期 _____

知识 / 能力准备　　训练目标

知识 / 能力准备

能看懂电影票，包括电影名、场次、票价等。

训练目标

1. 能听懂电影院工作人员的问话。
2. 会使用购买电影票时的常用语。

热身训练

1. 你看过哪些电影？
2. 请你看一看排片表，说一说表中的电影名、场次、票价等信息。

电影名	场次	票价
《我和我的祖国》	10:10　13:50　16:20　19:40	60 元
《流浪地球》	17:40	60 元
《大鱼海棠》	12:20　18:40	40 元

训练建议

热身训练的目的是检验儿童是否能够正确说出电影名、场次等。如果儿童不能正确说出以上信息，训练者要帮助儿童学习这项内容。

对话训练

训练要点

能说清楚想要观看的电影名、场次和电影票的数量。

训练方法

1. 训练者示范电影院工作人员和贝贝的对话，要求儿童理解对话内容。
2. 要求儿童模仿对话中贝贝的话。
3. 模拟电影院购票的情景，让儿童说清楚想要观看的电影名、场次和购票数量。

贝贝和明明一起去电影院看电影，他们来到售票处。

日期	电影名	场次	票价
7月30日（周日）	《战狼2》	第一场：9:00 第二场：13:00 第三场：15:00	40元

贝　贝：你好，我想看《战狼2》，请问有票吗？

售票员：有的，目前有上午9点场、下午1点场、下午3点场，请问你想看哪个场次？

贝　贝：我想看上午 9 点的。

售票员：好的，请问你要几张票？

贝　贝：我想买两张。

售票员：好的，请你选一下座位。

（贝贝点击屏幕选座位。）

贝　贝：我选好了。

售票员：好的，7 排 9 座和 10 座对吗？

贝　贝：对的，请问一共多少钱？

售票员：一张票 40 元，两张票一共 80 元。

贝　贝：给您。

售票员：正好 80 元。这是您的电影票，在 8 号厅，请提前 10 分钟到达检票口检票入场。祝您观影愉快。

贝　贝：好的，谢谢！

拓展训练

你会购买电影票吗？请你看一看下面这些信息，然后和家长、老师或同学模拟购买电影票的情景。

时间	电影名	场次	人数	票价
7 月 30 日	《建国大业》	上午 10:00—12:15	2	45 元 / 张

评 价

评价内容	评价结果
能听懂电影院工作人员的问话。	能 / 不能
会使用购买电影票时的常用语。	能 / 不能

训练小贴士

1. 训练材料：电影海报图片、电影票。家长可以在日常生活中留意收集。
2. 训练重点是在电影院售票处购买电影票，听懂售票员的问题并做出相应的回答。除了以上途径以外，还可以网上购票，或在影院提供的自助售票机上自助购票，训练者可以根据实际情况让儿童实地练习。
3. 训练者要鼓励儿童大胆地表达，并注意讲话时态度自然大方、有礼貌。

《手把手教你做语言训练》编写人员简介

马红英，华东师范大学特殊教育学系副教授，担任《培智学校义务教育实验教科书·生活语文》《生活语文·听说》主编。长期从事特殊学校语文教材教法、特殊学生语文学业评价、特殊儿童语言发展与训练等领域的教学和研究工作。主持《上海市辅读学校言语沟通训练课程指南》《特殊儿童语言与沟通能力评估指导手册》《随班就读学生语文学业评价指导手册》的研发和编写工作。主编、参编著作10余部，发表专业论文40余篇。参与教育部《培智学校义务教育生活语文课程标准（2016年版）》《培智学校义务教育艺术休闲课程标准（2016年版）》的审读工作。

李萍，上海市普陀区启星学校原校长，高级教师。曾荣获上海市三八红旗手、上海市特殊教育先进个人、上海市园丁及普陀区劳模等称号。主持多项全国课题和上海市规划课题，研究成果获上海市教学成果一等奖。参与《上海市辅读学校行为训练课程指南》的编写，主编《启启星星社交故事集》。

陈建军，上海市青浦区辅读学校原校长、党支部书记，青浦区特殊教育指导中心常务副主任，上海市教育学会特殊教育专业委员会理事，上海市基础教育督学，高级教师。曾荣获首届上海市"四有好老师"（师德楷模）提名，青浦区改革创新先进个人称号。领衔完成了上海市随班就读支持保障体系实验区、上海市特殊教育医教结合实验区、上海市特殊教育学前教育设点布局与管理研究实验区、上海市特殊教育送教上门、医教结合服务实验区等实验项目的研究，课题成果获上海市基础教育教科研成果二等奖。出版《医教结合——我们在行动》《医教结合——我们在探究》《从接纳走向融合——特殊教育教学康复及支持服务》《三十春秋育弱苗——特殊教育研究与实践启示录》等著作。

徐银秀，毕业于华东师范大学特殊教育学系，特殊教育学硕士。上海市青浦区特殊教育指导中心教师，上海市教育委员会教研室特殊教育中心组成员。主要从事特殊儿童言语-语言康复训练、随班就读巡回指导等工作。参与《特殊儿童语言与沟通能力评估指导手册》《培智学校义务教育实验教科书·生活语文》《生活语文·听说》的编写工作。

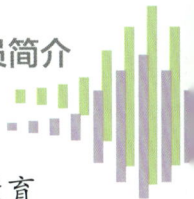

范敏，上海市普陀区启星学校党支部书记、校长，上海市普陀区特殊教育康复指导中心主任。长期从事义务教育阶段语文教学工作，参与《培智学校义务教育〈生活语文〉教师教学用书》的编写，主持和参与多项特殊教育教学各级课题的研究，多次受邀在华东师范大学和各级特殊教育教师培训中作专题讲座。

钱慧红，上海市青浦区辅读学校高级教师，青浦区特殊教育教研员。从事特教工作二十多年，参与编写《培智学校义务教育实验教科书·劳动技能》。担任青浦区第六届、第七届名优教师"种子计划"团队主持人，先后带领青浦区特殊教育团队领衔上海市医教结合、随班就读教学、学前特殊教育等项目研究。主持开展区级重点项目研究，开发"十三五""十四五"区级教师培训课程。主编《医教结合，我们以生为本》，发表论文10余篇。

刘君，上海市普陀区启星学校科研室主任，高级教师。长期从事语文教学和学校教育科研工作。荣获上海市中小学青年教师教学评选活动一等奖和全国首届培智学校青年教师基本功大赛二等奖。参与《培智学校义务教育实验教科书·生活语文》审读试教工作和《培智学校义务教育实验教科书〈生活语文〉教师教学用书》教学设计的撰写工作，以及《生活语文·学习实践与评估》的编写工作，发表专业论文10余篇。

余兆，上海市普陀区教育学院特殊教育教研员，上海市普陀区启星学校语文教师，高级教师。长期从事语文教学、特殊儿童语言与沟通能力评估和训练工作。参与《培智学校义务教育实验教科书·生活语文》试教工作。申报并主持多项区级重大课题、一般课题和个人课题。参与华东师范大学"特殊学校语文教材教法"慕课教学。获2016年度上海市中小学中青年教师教学评选一等奖、上海市金爱心教师二等奖、上海市园丁奖等荣誉。

杨燕，上海市普陀区启星学校语文教师，语言训练教研组组长，一级教师。长期从事特殊学生语文教学、特殊儿童语言与沟通能力评估工作。参与编写《培智学校义务教育实验教科书〈生活语文〉教师教学用书》，主持的区级重点课题获上海市普陀区第十三届教育科学研究成果二等奖。曾获上海市园丁奖、普陀区园丁奖等荣誉。

张珏春，上海市普陀区启星学校语文教师，上海市普陀区特殊教育指导中心巡回指导教师，高级教师。长期从事特殊学校语文、普通学校随班就读等领域的教育教学研究工作，参与编写《培智学校义务教育实验教科书〈生活语文〉教师教学用书》，主持的课题获得上海市特殊教育专业委员会三等奖和普陀区教科研个人课题优秀。曾获上海市金爱心教师二等奖、普陀区园丁奖、普陀区青年岗位能手等荣誉。

茅娟，高级教师，毕业于华东师范大学，现任教于上海市普陀区启星学校。专注于特殊儿童语文课堂的教学与研究，参与编写《生活语文·学习实践与评估》《辅读学校　实用语文学本》及配套教参。多次代表学校参加各级教学评比和展示活动，2016年获得上海市中青年教师教学评优一等奖，2018年参加课改三十年"量身定制，个性发展"的现场教学展示活动。

刘轶，上海市普陀区启星学校语文教师，语文教研组组长，一级教师。毕业于华东师范大学特殊教育系特殊教育专业。长期从事语文一线教学，语言与沟通训练。曾获2020年度上海市中小学中青年教师教学评选一等奖，2021年度普陀杯青年教师教学评选一等奖。参与编写《培智学校义务教育实验教科书·生活语文》，参与区级课题"上海市辅读学校言语沟通训练课程指南的细化研究"。

虞明稚，上海市普陀区启星学校语文教师，毕业于华东师范大学，二级教师。工作后一直从事特殊儿童语文教学和言语－语言康复训练。参与区级课题"上海市辅读学校言语沟通训练课程指南的细化研究"，获得"教坛新秀"荣誉称号。

徐珍珍，上海市普陀区启星学校语文教师，毕业于华东师范大学，二级教师。长期从事特殊儿童语文教学、言语－语言康复训练工作。参与上海市普陀区教育科研课题"科学领域的积极心理健康课程建构"和"自闭症儿童青春期问题行为指导"。

殷勤，上海市普陀区启星学校教师，毕业于上海中医药大学康复治疗系，二级教师。从事特殊教育工作十二年，擅长特殊儿童的言语－语言康复训练。参与区级课题"上海市辅读学校言语沟通训练课程指南的细化研究"，多次参与教学展示活动。

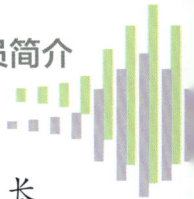

陈嬿，上海市普陀区启星学校语文教师，语文教研组组长，高级教师。长期从事特殊学生语文教学、特殊儿童个别化康复训练工作。参与编写《启启星星社交故事集》，参与区级重点课题研究，申报并主持区级课题，发表多篇论文。曾获上海市园丁奖、普陀区园丁奖等荣誉。

孙宏燕，毕业于华东师范大学特殊教育学系，特殊教育学硕士。目前就职于上海市青浦区辅读学校，一级教师。长期从事针对特殊幼儿语言与沟通的康复教学，参与编写《特殊儿童语言康复主题教学》，参与多项市、区级课题研究。

彭云晖，华东师范大学特殊教育硕士，上海市闵行区启智学校教师，闵行区教育学院特殊教育中心组成员。主要从事特殊儿童的语言康复训练和数学教学工作。参与编写《走向高质量融合教育》一书。

马占刚，毕业于华东师范大学特殊教育学系，特殊教育学硕士。上海市青浦区辅读学校教师，学校教科室主任，主要承担培智学校康复训练与研究工作，青浦区特殊教育中心组成员。近年来先后获得上海市园丁奖、青浦区名优教师、青浦区特殊教育先进个人等荣誉称号。主持市级课题3项，区级课题1项，发表学术论文5篇。

张荑婧，华东师范大学言语听觉科学专业本科，特殊教育学在职硕士。上海市青浦区特殊教育指导中心教师，兼任青浦区随班就读巡回指导教师、青浦区特殊教育听力语言康复训练研究基地秘书。主要承担特殊儿童听觉与言语－语言康复训练工作。曾获青浦区教育系统园丁奖、青浦区特殊教育先进个人称号，多次在教学技能大赛、课题研究和论文评比中获奖。参与编写培智教材《生活语文·听说》和《特殊儿童语言康复主题教学》一书。